岳麓書社

读名著　选岳麓

中国古典小说普及文库

清平山堂话本

〔明〕洪楩编

岳麓书社·长沙

快嘴李翠蓮記

張子房慕道記

董永遇仙傳

漢李广世號飛將軍

出版说明

说话艺术到了宋朝以后达到鼎盛，成为宋代文学的重要标签。毫不夸张地说，没有宋元说话，就没有后世的长篇白话小说。作为市民生活的重要组成部分，说话代表着一个时代的繁荣，也成为一个时代刻骨铭心的记忆。遗憾的是，说话作为一种口头讲说的艺术很少留下书面文本，后人往往只能从宋元笔记的相关描述中去推想当时的盛况。当然，也有少数宋元说话被整理刊印了出来，这就是我们通常所说的“话本”小说。我们今天能见到的宋元话本主要保存在《清平山堂话本》与“三言”当中，其中又以前者最为接近原貌。不过，因为小说在古代不受重视，故这两部书都有一个失而复得的经历。

《清平山堂话本》原名《六家小说》，编者为明代人洪楩，刊印于嘉靖年间，分为《雨窗》《长灯》《随航》《欹枕》《解闲》《醒梦》六集，每集十种又分为上下两册，全书共六十种。这部书在清初尚有流传，后来渐渐不为人所知。1928 年，日本学者长泽规矩也将其在日本内阁文库发现的残本（三册十五篇）拍照带来中国，第二年北京古今小品书籍印行会据照片影印出版，因为其中十一篇版心上都有“清平山堂”字样，故这三册小说被命名为《清平山堂话本》。1933 年，著名收藏家马廉先生在故乡宁波买到一包残书，其中有十二篇话本，据鉴定乃是鼎鼎大名的天一阁藏书，内容为《雨窗集上》五篇、《欹枕集上》两篇、《欹枕集下》五篇。这十二篇作品与长泽规矩也所发现的十五篇不相重复，但显然也来自《六家小说》。后来，阿英又发现了《翡翠轩》《梅杏争春》两个残篇，不过残缺比较严重，不能成文。

从现存的二十七篇完整作品来看，《清平山堂话本》所收内容较为芜杂，时间跨宋元至明初，语言有文言有白话，篇幅有长有短，题材更是五花八门。不过，这正好说明它没有经过统一的润色修改，我们借此可以领略宋元话本小说的原貌。

宋元说话延续了唐传奇作意好奇的特点，不少篇目的内容仍然诙诡奇怪。《西湖三塔记》是著名的白蛇传奇之原型，但相比温柔贤淑的白素贞，吃人心肝的白衣娘子只让人感到血腥恐怖。《李元吴江救朱蛇》倒是讲了一个救蛇获报的故事，书生李元无意中救了落难在野的龙子，龙君为了报答救子之恩做出有求必应的承诺，李元则表示不敢奢求，回答说“平生但得称心足矣”。作为一介书生，他所谓“称心”也就是登科及第，但戏剧性的一幕发生了，龙君唤出了自己的女儿，笑称她的名字就叫“称心”，不管李元答应不答应硬将她送给了李元。我们不知道这是巧合还是龙君的戏谑，李元最终如愿以偿得以高中。

宋元说话最突出的成绩在于开始关注耳目近闻的市井传奇，表现市民的生活百态，留下不少真挚感人的名篇。《简帖和尚》写奸僧设计构陷皇甫松之妻杨氏，鲁莽的皇甫松果然中计将花枝一般的浑家休离。事后皇甫松心生后悔，一个人冷清清地去大相国寺烧香，不由“簌地两行泪下，闷闷不已”。赶巧在这里撞见了杨氏，“当时丈夫看着浑家，浑家又觑着丈夫，两个四目相视，只是不敢言语”，细腻真实的描写令人感动。《快嘴李翠莲》的主人公翠莲出口成章，说话如打快板一般娓娓动人，读者在开怀大笑之余，却又不免对其不为俗世所容的命运感到惋惜。在《五戒禅师私红莲》中，人们为大才子苏东坡的才华横溢找到了理由，原来他前世是一个犯了淫戒的饱学和尚，带着宿慧而来，对于诗书经典自然是不学而会。《羊角哀死战荆轲》与《死生交范张鸡黍》是姊妹篇，分别讲述了两段超越生死的友谊。虽然其中的迷信成分我们不能接受，范张二人轻视生死、不会变通的做法也显得过于迂腐，但如古人所说，“落地为兄弟，何必骨肉亲”，他们博爱的胸怀以及对于信义的守护，都值得我们敬仰。

此次出版《清平山堂话本》，以古今小品书籍印行会影印《清平山堂话本》和马廉影印《雨窗欹枕集》为底本，并在其基础上进行了点校整理，以满足广大读者的需要。

目 录

卷一

柳耆卿诗酒玩江楼记 …… (1)
简帖和尚 …… (4)
西湖三塔记 …… (14)
合同文字记 …… (21)
风月瑞仙亭 …… (25)

卷二

蓝桥记 …… (30)
快嘴李翠莲记 …… (32)
洛阳三怪记 …… (42)
风月相思 …… (50)
张子房慕道记 …… (60)

卷三

阴骘积善 …… (67)
陈巡检梅岭失妻记 …… (71)
五戒禅师私红莲记 …… (80)
刎颈鸳鸯会 …… (87)
杨温拦路虎传 …… (96)

雨窗集上

花灯轿莲女成佛记 …… (108)
曹伯明错勘赃记 …… (117)
错认尸 …… (121)

董永遇仙传 …………………………………………………… (134)
戒指儿记 ……………………………………………………… (141)

雨窗集下

欹枕集上

羊角哀死战荆轲 ……………………………………………… (153)
死生交范张鸡黍 ……………………………………………… (159)

欹枕集下

老冯唐直谏汉文帝 …………………………………………… (165)
汉李广世号飞将军 …………………………………………… (171)
夔关姚卞吊诸葛 ……………………………………………… (176)
霅川萧琛贬霸王 ……………………………………………… (182)
李元吴江救朱蛇 ……………………………………………… (189)

附录一

马廉:清平山堂话本序目 …………………………………… (196)

附录二

阿英:记嘉靖本《翡翠轩》及《梅杏争春》 ………………… (198)

附录三

马廉:影印天一阁旧藏《雨窗》《欹枕集》序 ……………… (202)

卷一

柳耆卿诗酒玩江楼记

入话：

谁家柔女胜姮娥，行速香阶体态多。
两朵桃花焙晓日，一双星眼转秋波；
钗从鬓畔飞金凤，柳旁眉间锁翠（娥）[蛾]。
万种风流观不尽，马行十步九蹉跎。

这首诗是柳耆卿题美人诗。

当时是宋神宗朝间，东京有一才子，天下闻名，姓柳，双名耆卿，排行第七，人皆称为“柳七官人”。年方二十五岁，生得丰姿洒落，人材出众。吟诗作赋，琴棋书画，品竹调丝，无所不通。专爱在花街柳巷，多少名妓欢喜他。在京师与三个出名上[厅]行首打暖：一个唤做陈师师，一个唤做赵香香，一个唤做徐冬冬，这三个顶老陪钱，争养着那柳七官人。三个爱这柳七官人，曾作一首词儿为证。其词云：

师师媚容艳质，香香与我情多，冬冬与我煞脾和，独自窝盘三个。　　撰字苍王未肯，权将“好”字停那。如今意下待如何？‘奸’字中间着我。

这柳七官人在三个行首家闲耍无事，一日，做一篇歌头曲尾。歌曰：

十里荷花九里红，中间一朵白松松。
白莲则好（模）[摸]藕吃，红莲则好结莲蓬。

结莲蓬，结莲蓬，莲蓬好吃藕玲珑。开花须结子，也是一场空。一时乘酒兴，空肚里吃三钟。（番）[翻]身落水寻不见，则听得采莲船上，鼓打扑咚咚。

柳七官人一日携仆到金陵城外，玩江楼上，独自个玩赏。吃得大醉，命仆取笔，作一只词，词寄《虞美人》，乃写于楼中白粉壁上。其词曰：

春花秋月何时了？往事知多少！小楼昨夜又东风，故国不堪回首月明中！雕栏玉砌应（由）[犹]在，只是朱颜改。问君都有几多愁？恰似一江春水向东流。

柳七官人词罢，掷笔于楼，拂袖而返京都。

这柳耆卿诗词文采，压于才士。因此近侍官僚喜敬者，多举孝廉，保奏耆卿为江浙路管下余杭县宰。柳耆卿乃辞谢官僚，别了三个行首，各各饯别而不忍舍。遂别亲朋，将带仆人，携琴、剑、书箱，迤逦在路，不一日，来到余杭县上任。端的为官清政，讼简词清。

过了两月，用己财起造一楼于官塘水次，效金陵之楼，题（之）额曰“玩江楼”，以自取乐。本处有一美丽歌妓，姓周，小字月仙，柳七官人每召至楼上歌唱祗应。柳县宰见月仙果然生得：

云鬓轻梳蝉翼，（娥）[蛾]眉巧画春山。朱唇注一颗夭桃，皓齿排两行碎玉。花生媚脸，冰剪明眸；意态妖娆，精神艳冶。岂特余杭之绝色，尤胜都下之名花。

当日酒散，柳县宰看了月仙，春心荡漾，以言挑之。月仙再三拒而弗从而去。柳七官人（交）[教]人打听，元来这周月仙自有个黄员外，情密甚好。其黄员外宅，与月仙家离古渡一里有余，因此，每夜用船来往。耆卿备知其事，乃密召其舟人至，吩咐（交）[教]伊：“夜间船内强奸月仙，可来回复，自有重赏。”其舟人领台旨去了。

却说周月仙，一日晚，独自下船，欲往黄员外宅去。月色明朗，船行半路，舟人将船缆于无人烟处，走入船（仓）[舱]内，不问事由，向前将月仙搂抱在（仓）[舱]中，逼着定要云雨。周月仙料难脱身，不得已而从之。与舟人云收雨散，月仙惆怅而作诗歌之：

自恨身为妓，遭淫不敢言。

羞归明月渡，懒上载花船。

是夜周月仙被舟人淫勾，不敢明言，乃往黄员外家，至晓回家。

其舟人已自回复柳县宰。县宰设计，乃排宴于玩江楼上，令人召周月仙歌唱，却乃预令舟人假作客官预坐。酒半酣，柳县宰乃歌周月仙所作之诗，曰：

自恨身为妓，遭淫不敢言。

羞归明月渡，懒上载花船。

柳耆卿歌诗毕，周月仙惶愧羞惭满面，安身无地，低首不语。耆卿命舟人退去，月仙向前跪拜，告曰："相公恕贱人之罪，望怜而惜之！妾今愿为侍婢，以奉相公，心无二也！"当日，月仙遂与耆卿欢洽。耆卿大喜，而作诗曰：

佳人不自奉耆卿，却驾孤舟犯夜行。

残月晓风杨柳弄，肯教辜负此时情！

诗罢，月仙拜谢耆卿而回。自此，日夕常侍耆卿之侧，与之欢悦无怠。

忽一日，耆卿酒醉，命月仙取纸笔，作一词，词寄《浪里来》。词曰：

柳解元使了计策，周月仙中了机扣。我(交)[教]那打渔人准备了钓鳌钩。你是惺惺人，算来出不得文人手。姐姐，免劳惭皱，我将那点钢锹掘倒了玩江楼。

柳七官人写罢，付与周月仙。月仙谢了，自回。

这柳县宰在任三年，周月仙殷勤奉从，两情笃爱。却恨任满回京，与周月仙相别，自回京都。到今风月江湖上，万古渔樵作话文。

有诗曰：

一别知心两地愁，任他月下玩江楼。

来年此日知何处？遥指白云天际头。

又诗曰：

耆卿有意恋月仙，清歌妙舞乐怡然。

两下相思不相见，知他相会是何年？

简帖和尚

（亦名《胡姑姑》，又名《错下书》）

公案传奇

入话：

《鹧鸪天》

白苎新袍入嫩凉，春蚕食叶响长廊。禹门已准桃花浪，月殿先收桂子香。　鹏北海，凤朝阳，又携书剑路茫茫。明年此日青云去，却笑人间举子忙。

大国长安一座县，唤做咸阳县，离长安四十五里。一个官人，复姓宇文，名绶，离了咸阳县，来长安赴试，一连三番试不过。有个浑家王氏，见丈夫试不中归来，把复姓为题，做个词儿，专说丈夫试不中，名唤做《望江南》，词道是：

公孙恨，端木笔俱收，枉念歌馆经数载，寻思徒记万余秋，拓拔泪交流。　村仆固，闷驾独孤舟。不望手勾龙虎榜，慕容颜老一齐休，甘分守闾丘。

那王氏意不尽，看着丈夫，又做四句诗儿：

良人得（得）[意]负奇才，何事年年被放回？

君面从今羞妾面，此番归后夜间来。

宇文解元从此发忿道："试不中，定是不归！"到得来年，一举成名了，只在长安住，不归去，浑家王氏见这丈夫不归，理会得道："我曾做诗嘲他，可知道不归。"修一封书，叫当直王吉来："你与我将这封书去四十五里，把与官人。"书中前面略叙寒暄，后面做只词儿，名做《南柯子》。词道是：

鹊喜噪晨树，灯开半夜花，果然音信到天涯，报道玉郎登第出京华。　旧恨消眉黛，新欢上脸霞。从前都是误疑他，将谓经年狂荡不归家。

去这词后面，又写四句诗道：

长安此去无多地，郁郁葱葱佳气浮。
良人得意正年少，今夜醉眠何处楼？

宇文绶接得书，展开看，读了词，看罢诗，道："你前回做诗，教我从今归后夜间来，我今试过了，却要我回。"就旅邸中，取出文房四宝，做了只曲儿，唤做《踏(沙)[莎]行》：

足蹑云梯，手攀仙桂，姓名高挂登科记。马前喝道状元来！金鞍玉勒成行缀。　　宴罢归来，恣游花市，此时方显平生志。修书速报凤楼人，这回好个风流婿！

做毕这词，取张花笺，折叠成书，待要写了付与浑家，正研墨，觉得手重，惹(番)[翻]砚，水滴儿打湿了纸。再把一张纸折叠了，写成[一]封家书，付与当直王吉，教吩咐家中孺人："我今在长安试过了，到夜了归来。急去传语孺人：'不到夜，我不归来！'"王吉接得书，唱了喏，四十五里田地，直到家中。

话里且说宇文绶发了这封家书，当日天色晚，客店中无甚底事，便去睡。方才朦胧睡着，梦见归去，到咸阳县家中，见当直王吉在门前，一壁脱下草鞋洗脚，宇文绶问道："王吉，你早归了？"再四问他，不应。宇文绶焦(噪)[躁]，抬起头来看时，见浑家王氏把着蜡烛，入去房里。宇文绶赶上来叫："孺人，我归了。"浑家不(采)[睬]，他又说两声，浑家又不(采)[睬]。宇文绶不知身是梦里，随浑家入房去，看这王氏时，放烛灯在(卓)[桌]子上，取早间一封书，头上取下金篦儿一剔，剔开封皮看时，却是一幅白纸。浑家(底)[含]笑，就灯烛下把起笔来，就白纸上写了四句诗：

碧纱窗下启缄封，一纸从头彻底空。
知尔欲归情意切，相思尽在不言中。

写毕，换个封皮，再来封了，那妇女把金篦儿去剔那蜡烛灯，一剔剔在宇文绶(敛)[脸]上，吃一惊，撒然睡觉，却在客店里床上睡，灯犹未灭。桌子上看时，果然错封了一幅白纸归去，(着)[取]一幅纸写这四句诗。

到得明日，早饭后，王吉把那封[回]书来，(折)[拆]开看时，里面写着四句诗,便是夜来梦里见那浑家做底一般,当便安排行李,即时归家去。这便唤做"错封书"。

下来说底便是"错下书"。有个官人,夫妻两口儿正在家坐地,一个人送封简帖儿来与他浑家。只因这封简帖儿,变出一本跷蹊作怪底小说来。正是:

尘随马足何年尽? 事系人心早晚休。

淡画眉儿斜插梳,不忺拈弄绣工夫。云窗雾阁深深处,静拂云笺学草书。　多艳丽,更清姝,神仙标格世间无。当时只说梅花似,细看梅花却不如。

东京汴州开封府枣槊巷里,有个官人,复姓皇甫。单名松。本身是左班殿直,年二十六岁,有个妻子杨氏,年二十四岁,一个十三岁的丫环,名唤迎儿,只这三口,别无亲戚。

当时,皇甫殿直官差去押衣袄上边回来,是年节第二节。(去)[这][枣]槊巷口,一个小小底茶坊。开茶坊人唤做王二。当日茶市方罢,(相)[已]是日中,只见一个官人入来。那官人生得:

浓眉毛,大眼睛,蹶鼻子,略绰口。头上裹一顶高样大桶子头巾,着一领大宽袖斜襟褶子,下面衬贴衣裳,甜鞋净袜。

入来茶坊里坐下。开茶坊的王二拿着茶盏,进前唱喏奉茶。

那官人接茶吃罢,看着王二道:"少借这里等个人。"王二道:"不妨。"等多时,只见一个男女托个盘儿,口中叫:"卖鹌鹑馉饳儿!"官人把手打招,叫:"买馉饳儿。"僧儿见叫,托盘儿入茶坊内,放在(卓)[桌]上,将条篾篁穿那馉饳儿,捏些盐,放在官人面前,道:"官人吃馉饳儿。"官人道:"我吃。先烦你一件事。"僧儿道:"不知要做甚么?"那官人指着枣槊巷里第四家,问僧儿:"认得这人家么?"僧儿道:"认得,那里是皇甫殿直家里。殿直押衣袄上边,方才回家。"官人问道:"他家有几口人?"僧儿道:"只是殿直,一个小娘子,一个小养娘。"官人道:"你认得那小娘子也不?"僧儿道:"小娘子寻常不出帘儿外面,有时叫僧儿买馉饳儿,常去,认得。问他做甚么?"

官人去腰里取下版金线篋儿,抖下五十来钱,安在僧儿盘子里。僧儿见了,可煞喜欢,叉手不离方寸:"告官人,有何使令?"官人道:

"我相烦你则个。"袖中取出一张白纸,包着一对落索环儿,两只短金钗子,一个简帖儿,付与僧儿道:"这三件物事,烦你送去适间问的小娘子,你见殿直,不要送与他,见小娘子时,你只道官人再三传语,将这三件物来与小娘子,万望笑留。你便去,我只在这里等你回报。"

那僧儿接了三件物事,把盘子寄在王二茶坊柜上。僧儿托着三件物事,入枣槊巷来,到皇甫殿直门前,把青竹帘掀起,探一探。当时皇甫殿直正在前面(校)[交]椅上坐地,只见卖馉饳的小厮儿掀起帘子,猖猖狂狂,探一探了便走,皇甫殿直看着那厮,震威一喝,便是:

当阳桥上张飞勇,一喝曹公百万兵。

喝那厮一声,问道:"做甚么?"那厮不顾便走,皇甫殿直拽开脚,两步赶上,捽那厮回来,问道:"甚意思? 看我一看了便走。"那厮道:"一个官人教我把三件物事与小娘子,不教把来与你。"殿直问道:"甚么物事?"那厮道:"你莫问,不教把与你!"皇甫殿直搳得拳头没缝,去顶门上屑那厮一㨃,道:"好好的把出来教我看!"那厮吃了一㨃,只得怀里取出一个纸裹儿,口里兀自道:"教我把与小娘子,又不教把与你!"

皇甫殿直劈手夺了纸包儿,打开看,里面一对落索环儿,一双短金钗,一个简帖儿。皇甫殿直接得三件物事,拆开简子看时:

某皇恐再拜,上启小娘子妆前:即日孟春谨时,恭惟懿候起居万福。某外日荷蒙持杯之款,深切仰思,未尝少替。某偶以薄干,不及亲诣,聊有小词,名《诉衷情》,以代面禀,伏乞懿览。

词道是:

知伊夫婿上边回,懊恼碎情怀。落索环儿一对,简子与金钗。　伊收取,莫疑猜,且开怀。自从别后,孤帏冷落,独守书斋。

皇甫殿直看了简帖儿,劈开眉下眼,咬碎口中牙,问僧儿道:"谁(交)[教]你把来?"僧儿用手指着巷口王二哥茶坊里道:"有个粗眉毛、大眼(精)[睛]、蹶鼻子、略绰口的官人,教我把来与小娘子,不教我把与你。"皇甫殿直一只手捽着僧儿狗毛,出这枣槊巷,径奔王二哥茶坊前来。僧儿指着茶坊道:"恰才在(拶)[这]里面打底床铺上坐地底官人，教我把来与小娘子，又不(交)[教]把与你，你却打我。”

皇甫殿直再捽僧儿回来，不由开茶坊的王二分说。当时到家里，殿直焦躁，把门来关上，闩来闩(了)[去]，吓得僧儿战做一团。

殿直从里面叫出二十四岁花枝也似浑家出来，道：“你且看这件物事！”那小娘子又不知上件因依，去交椅上坐地。殿直把那简帖儿和两件物事度与浑家看。那妇人看着简帖儿上言语，也没理会处。殿直道：“你见我三个月日押衣袄上边，不知和甚人在家中吃酒？”小娘子道：“我和你从小夫妻。你去后，何曾有人和我吃酒！”殿直道：“既没人，这三件物从那里来？”小娘子道：“我怎知！”殿直左手指，右手举，一个漏风掌打将去。小娘子则叫得一声，掩着面，哭将入去。

皇甫殿直叫将十三岁迎儿出来，去壁上取下一把箭簝子竹来，放在地上，叫过迎儿来。看着迎儿生得：

短胳膊，琵琶腿。劈得柴，打得水。会吃饭，能屙屎。

皇甫松去衣架上取下一条绦来，把妮子缚了两只手，掉过屋梁去，直下打一抽，吊将妮子起去，拿起箭簝子竹来，问那妮子道：“我出去三个月，小娘子在家中和甚人吃酒？”妮子道：“不曾有人。”皇甫殿直拿起箭簝子竹，去妮子腿上便捽，捽得妮子杀猪也似叫，又问又打。那妮子吃不得打，口中道出一句来：“三个月殿直出去，小娘子夜夜和个人睡。”皇甫殿直道：“好也！”放下妮子来，解了绦，道：“你且来，我问你，是和兀谁睡？”那妮子揩着眼泪道：“告殿直，实不敢相瞒，自从殿直出去后，小娘子夜夜和个人睡，不是别人，却是和迎儿睡。”

皇甫殿直道：“这妮子却不弄我！”喝将过去，带一管锁，走出门去，拽上那门，把锁锁了。走出转弯巷口，叫将四个人来，是本地方所由，如今叫做“连手”，又叫做“巡军”，张千、李万、董霸、薛超四人。来到(闩)[门]前，用钥匙开了锁，推开门。从里面扯出卖馉饳的僧儿来，道：“烦上名收领这厮。”四人道：“父母官使令，领台旨。”殿直道：“未要去，还有人哩！”从里面叫出十三岁的迎儿，和二十四岁花枝[似]的浑家，道：“和他都领[去]。”薛超唱喏道：“父母官，不敢收领孺人。”殿直道：“你(懑)[们]不敢领他，这件事干人命！”吓得四个所由，则得领小娘子和迎儿，并卖馉饳儿的僧儿三个同去，解到开封钱大尹厅下。

皇甫殿直就厅下唱了大尹喏，把那简帖儿呈复了。钱大尹看见，即时(交)[教]押下一个所属去处，叫将山前行山定来。当时山定承了这件文字，叫僧儿问时，应道："则是茶坊里见个粗眉毛、大眼(精)[睛]、蹶鼻子、略绰口的官人，(交)[教]把这封简子来与小娘子，打杀后也只是恁地供。"问这迎儿，迎儿道："既不曾有人来同小娘子吃酒，亦不知付简帖儿来的是何人？打死也只是恁么供招。"却待问小娘子，小娘子道："自从(小)[少]年夫妻，都无一个亲戚来去，只有夫妻二人，亦不知把简帖儿来的是何等人。"

山前行山定看着小娘子生得(怎)[恁]地瘦弱，怎禁得打勘，怎地讯问他？从里面(交)[教]拐将过来两个狱子，押出一个罪人来。看这罪人时：

面长皴轮骨，胲生渗癞腮。

有如行病鬼，到处降人灾。

小娘子见这罪人后，两只手掩着面，那里敢开眼。山前行看着静山大王，道声与狱子："把枷梢一纽！"枷梢在上，道士头向下，拿起把荆子来，打得杀猪也似叫。山前行问道："你曾杀人也不曾？"静山大王应道："曾杀人。"又问："曾放火不曾？"应道："曾放火。"教两个狱子把静山大王押入牢里去，山前行回转头来，看着小娘子，道："你见静山大王，吃不得几杖子。杀人放火都认了。小娘子，你有事，只好供招了，你却如何吃得这般杖子？"小娘子簌地两行泪下，道："告前行，到这里隐讳不得。"觅幅纸和笔，只得与他供招，小娘子供道："自从(小)[少]年夫妻，都无一个亲戚来往，即不知把简帖儿来的是甚色样人。如今看要教侍儿吃甚罪名，皆出赐大尹笔下。"见恁么说，五回三次问他，供说得一同。

似此三日，山前行正在州衙门前立，倒断不下，猛抬头看时，却见皇甫殿直在面前相揖，问及这件事："如何三日理会这件事不下？莫是接了寄简帖的人钱物，故意不予决这件公事？"山前行听得，道："殿直，如今台意要如何？"皇甫松道："只是要休离了！"

当日山前行入州衙里，到晚衙，把这件文字呈了钱大尹。大尹叫将皇甫殿直来，当厅问道："捉贼见赃，捉奸见双；又无证佐，如何断得他罪?"皇甫松告钱大尹："松如今不愿同妻子归去，情愿当官休了。"大尹台判："听从夫便。"

殿直自归。僧儿、迎儿喝出，各自归去。

只有小娘子见丈夫不要他，把他休了，哭出州衙门来。口中自道："丈夫又不要我，又没一个亲戚投奔，教我那里安身？不若我自寻死后休!"上天汉州桥，看着金水银堤汴河，恰待要跳将下去，则见后面一个人，把小娘子衣裳一捽捽住，回转头来看时，恰是一个婆婆，生得：

眉分两道雪，髻挽一窝丝。眼昏一似秋水微浑，发白不若楚山云淡。

婆婆道："孩儿，你却没事寻死做甚么？你认得我也不?"小娘子［道］："不识婆婆。"婆婆道："我是你姑姑。自从你嫁了老公，我家寒，攀陪你不着，到今不来往。我前日听得你与丈夫官司，我日逐在这里伺候。今日听得道休离了，你要投水做甚么?"小娘子道："我上无片瓦，下无（卓）［立］锥，老公又不要我，又无亲戚投奔，不死更待何时!"婆婆道："如今且同你去姑姑家里，后［看］如何?"妇女自思量道："这婆子知他是我姑姑也不是。我如今没投奔处，且只得随他去了，却理会。"当时随这姑姑家去看时，家里没甚么活计，却好一个房舍，也有粉青帐儿，有交椅（卓）［桌］凳之类。在这姑姑家里，过了三两日。

当日，方才吃罢饭，则听得外面一个官人高声大气叫道："婆子，你把我物事去卖了，如何不把钱来还?"那婆子听得叫，失张失志，出去迎接来叫的官人："请入来坐地。"小娘子着眼看时，见入来的人：

粗眉毛，大眼（精）［睛］，蹶鼻子，略绰口，抹眉裹顶高装大带头巾，阔上领皂褙儿，下面甜鞋净袜。

小娘子见了，口喻心，心喻口，道："好似那僧儿说的寄简帖儿官人。"只见官人入来，便坐在凳子上，大惊小怪道："婆子，你把我三百贯钱物事去卖了，经一个月日，不把钱来还。"婆子道："物事自卖在人头,未得钱。支得时,即便付还官人。”官人道:“寻常交关钱物东西,何尝推许多日? 讨得时,千万送来。”官人说了自去。

婆子入来,看着小娘子,簌地两行泪下,道:“却是怎好!”小娘子问道:“有甚么事?”婆子道:“这官人原是蔡州通判,姓洪,如今不做官,却卖些珠翠头面。前日,一件物事教我把去卖,吃人交加了,到如今没这钱还他,怪他焦(燥)[躁]不得。他前日央我一件事,我又不曾与他干得。”小娘子问道:“却是甚么事?”婆子道:“(交)[教]我讨个细人,要生得好的。若得一个似小娘子模样去嫁与他,那官人必喜欢。小娘子,你如今在这里,老公又不要你,终不为了,不若姑姑说合,你去嫁官人,不知你意如何?”小娘子沉吟半晌,不得已,只得依姑姑口,去这官人家里来。

逡巡过了一年,当年是正月初一日,皇甫殿直自从休了浑家,在家中无好况,正是:

时间风火性,烧了岁寒心。

自思量道:“每年正月初一日,夫妻两人,双双地上本州大相国寺里烧香,我今年却独自一个,不知我浑家那里去[了]?”簌地两行泪下,闷闷不已,只得勉强着一领紫罗衫,手里把着银香盒,来大相国寺里烧香。到寺中烧香了,恰待出寺门,只见一个官人领着一个妇女。看那官人时,粗眉毛,大眼睛、蹶鼻子、略绰口,领着的妇女,却便是他浑家。当时丈夫看着浑家,浑家又觑着丈夫,两个四目相视,只是不敢言语。

那官人同妇女两个入大相国寺里去。皇甫松在这山门头正恁沉吟,见一个打香油钱的行者,正在那里打香油钱,看见这两人入去,口里道:“你害得我苦! 你这汉如今却在这里!”大踏步赶入寺来。

皇甫殿直见行者赶这两人,当时叫住行者道:“五戒,你莫待要赶这两个人上去?”那行者道:“便是。说不得,我受这汉苦,到今日抬头不起。只是为他。”皇甫殿直道:“你认得这个妇女?”行者道:“不识。”殿直道:“便是我的浑家。”行者问:“如何却随着他?”皇甫殿直把送简帖儿和休离的上件事对行者说了一遍。行者道:“却是怎地?”行者却问皇甫殿直:“官人认得这个人?”殿直道:“不认得。”

行者道:“这汉元是州东墦台寺里一个和尚。苦行便是墦台寺里行者。我这本师却是墦台寺监院,手头有百十钱,剃度这厮做小师。一年已前时,这厮偷了本师二百两银器,不见了;[累我]吃了些个情拷,如今赶出寺来,[没]讨饭吃处,罪过!这大相国寺里知寺厮认,留苦行在此间打化香油钱。今日撞见这厮,却怎地休得?”

方才说罢,只见这和尚将着他浑家,从寺廊下出来。行者牵衣带步,却待去捽这厮,皇甫殿直扯住行者,闪那身已在山门一壁,道:“且不得捽他。我和你尾这厮去,看那里着落,却与他官司。”两个后地尾将来。

话分两头。且说那妇人见了丈夫,眼泪汪汪,入去大相国寺里烧香了出来,这汉一路上却问这妇女道:“小娘子,你如何见了你丈夫便眼泪出?我不容易得你来!我当初从你门前过,见你在帘子下立地,见你生得好,有心在你处。今日得你做夫妻,也不通容易。”

两个说来说去,恰到家中门前,入门去。那妇人问道:“当初这个简帖儿,却是兀谁把来?”这汉道:“好(交)[教]你得知,便是我(交)[教]卖馉饳儿的僧儿把来,你的丈夫中我计,真个便把你休了。”妇人听得说,捽住那汉,叫声屈,不知高低。那汉见那妇人叫将起来,却(荒)[慌]就把只手去克着他(�)[脖]项,指望坏他性命。

外面皇甫殿直和行者尾着他两人,来到门首,见他(懑)[们]入去,听得里面大惊小怪,跄将入去看时,见克着他浑家,阑闼性命。皇甫殿直和这行者两个即时把这汉来捉了,解到开封府钱大尹厅下:

出则壮士携鞭,入则佳人捧臂。
世世靴踪不断,子孙出入金门。

他是:

两浙钱王子,吴越国王孙。

大尹升厅,把这件事解到厅下。皇甫殿直和这浑家把前面说过的话对钱大尹历历从头说了一遍。钱大尹大怒,(交)[教]左右索长枷把和尚枷了,当厅讯一百腿花,押下左司理院,(交)[教]尽情根勘这件公事。勘正了,皇甫松责领浑家归去,再成夫妻,行者当厅给赏。和尚大情小节,一一都认了,不合设谋奸骗,后来又不合谋害这妇人性命,准杂犯断,合重杖处死。这婆子不合假装姑姑,同谋不首,亦合编管邻州。

当日推出这和尚来,一个书会先生看见,就法场上做了一只曲儿,唤做《南乡子》:

怎见一僧人,犯滥铺模受典刑。案款已成招状了,遭刑,棒杀髡囚示万民。　　沿路众人听,尤念高王观世音。护法喜神齐合掌,低声,果谓金刚不坏身。

话本说彻,且作散场。

西湖三塔记

入话：

湖光潋滟晴偏好，山色溟蒙雨亦奇。

若把西湖比西子，淡妆浓抹也相宜。

此诗乃苏子瞻所作，单题西湖好处。言不尽意，又作一词，词名《眼儿媚》：

登楼凝望酒阑□，与客论征途。饶君看尽，名山胜景，难比西湖。　　春晴夏雨秋霜后，冬雪□□□。一派湖光，四边山色，天下应无。

说不尽西湖好处，吟有一词云：

江左昔时雄胜，钱塘自古荣华。不惟往日风光，且看西湖景物：有一千顷碧澄澄波漾琉璃，有三十里青娜娜峰峦翡翠。春风郊野，浅桃深杏如妆；夏日湖中，绿盖红蕖似画；秋光老后，篱边嫩菊堆金；腊雪消时，岭畔疏梅破玉。花坞相连酒市，旗亭萦绕渔村。柳洲岸口，画舡停棹唤游人；丰乐楼前，青布高悬沽酒帘。九里乔松青挺挺，六桥流水绿粼粼。晚霞遥映三天竺，夜月高升南北峰。云生在呼猿洞口，鸟飞在龙井山头。三贤堂下千浔碧，四圣祠前一镜浮，观苏堤东坡古迹，看孤山和靖旧居。杖锡僧投灵隐去，卖花人向柳洲来。

这西湖是真山真水，一年四景，皆可游玩。真山真水，天下更有数处：润州扬子江金山寺，滁州琅邪山醉翁亭，江州庐山瀑布泉，西川濯锦江滟滪堆。这几处虽然是真山真水，怎比西湖好处？假如：风起时，有千尺翻头浪；雨下时，有百丈滔天水。大雨一个月，不曾见满溢；大旱三个月，不曾见干涸，但见：

一镜波光青潋潋，四围山色翠重重。

生出石来浑美玉，长成草处即灵芝。

那游人行到乱云深处，听得鸡鸣犬吠，缫丝织布之声，宛然人间洞府，世上蓬瀛。一派西湖景致奇，青山叠叠水弥弥。隔林(纺)[仿]佛闻机(柠)[杼]，如有人家住翠微。

这西湖，晨、昏、晴、雨、月总相宜：

清晨豁目，澄[澄]潋滟，一派湖光；薄暮凭栏，渺渺暝蒙，数重山色。遇雪时，两岸楼台铺玉屑；逢月夜，满天星斗漾珠玑。双峰相峙分南北，三竺依稀隐翠微。满寺僧从天竺去，卖花人向柳阴来。

每遇春间，有艳草奇葩，朱英紫萼，嫩绿娇黄；有金林檎、玉李子、越溪桃、湘浦杏、东都芍药、蜀都海棠；有红郁李、白荼蘼、紫丁香、黄蔷薇、冠子样牡丹、耐戴的迎春；此只是花。更说那水，有蘸蘸色漾琉璃，有粼粼光浮绿腻。那一湖水，造成酒便甜，做成饭便香，作成醋便酸，洗衣裳莹白。这湖中出来之物：菱甜，藕脆，莲嫩，鱼鲜。那装銮的待诏取得这水去，堆青叠绿，令别是一般鲜明；那染坊博士取得这水去，阴紫阳红，令别是一般娇艳。这湖中何啻有千百只画舡往来，似箭纵横，小艇如梭，便是扇面上画出来的，两句诗云：

凿开鱼鸟忘情地，展出西湖极乐天。

这西湖不深不浅，不阔不远：太深来难下竹竿，太浅来难摇画桨，太阔处游玩不交，太远处往来不得。

又有小词，单说西湖好处：

都城圣迹，西湖绝景，水出深源，波盈远岸。沉沉素浪，一方千载丰登；叠叠青山，四季万民取乐。况有长堤十里，花映画桥，柳拂朱栏；南北二峰，云锁楼台，烟笼梵寺。桃溪杏坞，异草奇花，古洞幽岩，白石清泉。思东坡佳句，留千古之清名；效杜甫芳心，酬三春之媚景。王孙公子，越女吴姬，跨银鞍宝马，乘骨装花轿。丽日烘朱翠，和风荡绮罗。

若非日落都门闭，良夜追欢尚未休。

红杏枝头，绿杨影里，风景赛蓬瀛。异香飘馥郁，兰茝正芳馨。极目夭桃簇锦，满堤芳草铺茵。风来微浪白，雨过远山青。雾笼杨柳岸，花压武林城。

今日说一个后生，只因清明都来西湖上闲玩，惹出一场事来。直到如今，西湖上古迹遗踪，传诵不绝。

是时宋孝宗淳熙年间，临安府涌金门有一人，是岳相公麾下统制官，姓奚，人皆呼为奚统制。有一子奚宣赞，(有)[其]父统制弃世之后，嫡亲有四口，只有宣赞母亲及宣赞之妻，又有一个叔叔，出家在龙虎山学道。

这奚宣赞年方二十余岁，一生不好酒色，只喜闲要。当日是清明，怎见得：

乍雨乍晴天气，不寒不暖风光。盈盈嫩绿，有如剪就薄薄轻罗，袅袅轻红，不若裁成鲜鲜丽锦。弄舌黄莺啼别院，寻香粉蝶绕雕栏。

奚宣赞道："今日是清明节，佳人才子，俱在湖上玩赏，我也去一遭，观玩湖景，就彼闲要，何如？"来到堂前禀复："妈妈，今日儿欲要湖上闲玩，未知尊意若何？"妈妈道："孩儿，你去不妨，只宜早归。"

奚宣赞得了妈妈言语，独自一个拿了弩儿离家，一直径出钱塘门，过昭庆寺，往水磨头来。行过断桥四圣观前，只见一伙人围着，闹烘烘。宣赞分开人，看见一个女儿。如何打扮：

头绾三角儿，三条红罗头须，三只短金钗，浑身上下，尽穿缟素衣服。

这女孩儿迷踪失路，宣赞见了，向前问这女孩儿道："你是谁家女子，何处居住？"女孩儿道："奴姓白，在湖上住。我和婆婆出来闲走，不见了婆婆，迷了路。"就来扯住了奚宣赞道："我认得官人，在我左近住。"只是哭，不肯放。宣赞只得领女孩儿，搭舡直到涌金门上岸，到家见娘。娘道："我儿，你去闲要，却如何带这女儿归来？"宣赞一一说与妈妈知道："本这是好事，倘人来寻时，还他。"

女儿小名叫做卯奴，自此之后，留在家间，不觉十余日。宣赞一日正在家吃饭，只听得门前有人闹(炒)[吵]。宣赞见门前一顶四人桥，抬着一个婆婆。看那婆婆，生得：

鸡肤满体，鹤发如银。眼昏如秋水微浑，发白(侣)[似]楚山云淡。形如三月尽头花，命似九秋霜后菊。

这婆婆下轿，来到门前。宣赞看着婆婆身穿皂衣，卯奴却在帘儿下看着婆婆,叫声:"万福!"婆婆道:"(交)[教]我忧杀!沿门问(道)[到]这里。却是谁救你在此?"卯奴道:"我得这官人救我在这里。"

婆婆与宣赞相叫。请婆婆吃茶。婆婆道:"大难中难得宣赞救你,不若请宣赞到家,备酒以谢恩人。"婆子上轿,谢了妈妈,同卯奴上轿。奚宣赞随着轿子,直至四圣观侧首一座小门楼。奚宣赞在门楼下看见:

金钉珠户,碧瓦盈檐。四边红粉泥墙,两下雕栏玉砌。即如神仙洞府,王者之宫。

婆婆引着奚宣赞到里面,只见里面一个着白的妇人,出来迎着宣赞。宣赞着眼看那妇人真个生得:

绿云堆发,白雪凝肤。眼横秋水之波,眉插春山之黛。桃萼淡妆红脸,樱珠轻点绛唇。步鞋衬小小金莲,玉指露纤纤春笋。

那妇人见了卯奴,便问婆婆:"那里寻见我女?"婆婆便把宣赞救卯奴事,一一说与妇人。妇人便与宣赞叙寒温,分宾主而坐。两个青衣女童,安排酒来,少顷,水陆毕陈。怎见得:

琉璃钟内珍珠滴,烹龙炮凤玉脂泣。
罗帏绣幕生香风,击起鼍鼓吹龙笛。
当筵尽劝醉扶归,皓齿歌兮细腰舞。
正是青春白日暮,桃花乱落如红雨。

当时一杯两盏,酒至三杯,奚宣赞目视妇人,生得如花似玉,心神荡漾,却问妇人姓氏。只见一人向前道:"娘娘,今日新人到此,可换旧人?"妇人道:"也是,快安排来与宣赞作按酒。"只见两个力士,捉一个后生,去了巾带,解开头发,缚在将军柱上,面前一个银盆,一把尖刀。霎时间把刀破开肚皮,取出心肝,呈上娘娘。惊得宣赞魂不(赴)[附]体。娘娘斟热酒,把心肝请宣赞吃。宣赞只推不饮。娘娘、婆婆都吃了。娘娘道:"难得宣赞救小女一命,我今丈夫又无,情愿将身嫁与宣赞。"正是:

春为花博士,酒是色媒人。

当夜,二人携手,共入兰房。当夜已过,宣赞被娘娘留住,半月有余。奚宣赞面黄肌瘦,思归道:"娘娘,乞归家数日却来!"

说(由)[犹]未了,只见一个来禀复:"娘娘,今有新人到了,可换旧人?"娘娘道:"请来!"有数个力士,拥一人至面前。那人如何打扮:

眉疏目秀,气爽神清,如三国内马超,似淮甸内关索,似西川活观音,岳殿上炳灵公。

娘娘请那人共座饮酒,(交)[教]取宣赞心肝。宣赞当时三魂荡散,只得去告卯奴道:"娘子,我救你命,你可救我!"卯奴去娘娘面前,道:"娘娘,他曾救了卯奴,可饶他!"娘娘道:"且将那件东西与我罩了。"只见一个力士取出个铁笼来,把宣赞罩了,却似一座山压住。娘娘自和那后生去做夫妻。

卯奴去笼边道:"我救你。"揭起铁笼道:"哥哥闭了眼,如开眼,死于非命。"说罢,宣赞闭了眼,卯奴背了。宣赞耳畔只闻风雨之声,用手摸卯奴脖项上有毛衣。宣赞肚中道:"作怪!"霎时听得卯奴叫声:"落地!"开眼看时,不见了卯奴,却在钱塘门城上。天色犹未明。怎见得:

北斗斜倾,东方渐白。邻鸡三唱,唤美人傅粉施妆;宝马频嘶,催人争赴利名场。几片晓霞连碧汉,一轮红日上扶桑。

慢慢依路进涌金门,行到自家门前。娘子方才开门,道:"宣赞,你送女孩儿去,如何半月才回?(交)[教]妈妈终日忧念!"

妈妈听得出来,见宣赞面黄肌瘦。妈妈道:"缘何许久不回?"宣赞道:"儿争些不与妈妈相见!"便从头说与妈妈。大惊道:"我儿,我晓得了。想此处乃是涌金门水口,莫非闭塞了水口,故有此事。我儿,你且将息,我自寻屋搬出了。"忽一日,寻得一闲房,在昭庆寺弯,选个吉日良时,搬去居住。

宣赞将息得好,迅速光阴,又是一年,将遇清明节至。怎见得:

家家禁火花含火,处处藏烟柳吐烟。

金勒马嘶芳草地,玉楼人醉杏花天。

奚宣赞道:"去年今日闲耍,撞见这妇人,如今又是一年。"宣赞当日拿了弩儿,出屋后柳树边,寻那飞禽。只见树上一件东西叫,看

时,那件物是人见了(比)[皆]嫌。怎见得:

百禽啼后人皆喜,惟有鸦鸣事若何?
见者都嫌闻者唾,只为从前口嘴多。

元来是老(雅)[鸦]。奚宣赞搭上箭,看得清,一箭去,正射着老鸦。老鸦落地,猛然跳几跳,去地上打一变,变成个着皂衣的婆婆,正是去年见的。婆婆道:"宣赞,你脚快,却(般)[搬]在这里。"宣赞叫声:"有鬼!"回身便走。婆婆道:"宣赞那里去?"叫一声:"下来!"只见空中坠下一辆车来,有数个鬼使。婆婆道:"与我捉入车中!你可闭目,如不闭目,(交)[教]你死于非命。"只见香车叶□[似]地起,霎时间,直到旧日四圣观山门楼前坠下。婆婆直引宣赞到殿前,只见殿上走下着白衣底妇人来,道:"宣赞,你走得好快!"宣赞道:"望娘娘恕罪!"又留住宣赞做夫妻。

过了半月余,宣赞道:"告娘娘,赞有老母在家,恐怕忧念,去了还来。"娘娘听了,柳眉(剔)[倒]竖,星眼圆睁道:"你尤自思归!"叫:"鬼使那里?与我取心肝!"可(令)[怜]把宣赞缚在将军柱上。宣赞(任)[狂]叫卯奴道:"我也曾救你,你何不救我?"卯奴向前告娘娘道:"他曾救奴,且莫下手!"娘娘道:"小贱人,你又来劝我!且将鸡笼罩了。却结果他性命。"鬼使解了索,却把铁笼罩了。

宣赞叫天不应,叫地不闻,正烦恼之间。只见笼边卯奴道:"哥哥,我再救你!"便揭起铁笼道:"可闭目,抱了我。"宣赞再抱了卯奴,耳边听得风雨之声。霎时,卯奴叫声:"下去!"把宣赞撇了下来,正跌在茭白荡内,开眼叫声:"救人!"只见二人救起宣赞来。宣赞告诉一遍,二人道:"又作怪!这个后生着鬼。你家在那里住?"宣赞道:"我家在昭庆寺弯住。"二人直送宣赞到家。妈妈得知,出来见了二人。荡户说救宣赞一事。老妈大喜,讨酒赏赐了,二人自去,宣赞又说与老妈。老妈道:"我儿且莫出门便了。"

又过了数日,一日,老妈正在帘儿下立着,只见帘子(走)[掀]起,一个先生入来。怎的打扮:

顶分两个牧骨髻,身穿巴山短褐袍。道貌堂堂,威仪凛凛。料为上界三清客,多是蓬莱物外人。

老妈打一看，道："叔叔，多时不见，今日如何到此？"这先生正是奚统制弟奚真人，往龙虎山方回，道："尊嫂如何在此？"宣赞也出来拜叔叔。先生云："吾(见望)[望见]城西有黑气起，有妖怪缠人，特来[捉拿]，正是汝家。"老妈把前项事说一遍。先生道："吾侄，此三个妖怪，缠汝甚紧。"妈妈(交)[教]安排素食，请真人，斋毕，先生道："我明日在四圣观散符，你可来告我。就写张投坛状来，吾当断此怪物！"真人自去。

到明日，老妈同宣赞安排香纸，写了投坛状，关了门，吩咐邻舍看家，径到四圣观见真人。真人(投)[收]状子看了，道："待晚，吾当治之。"先与宣赞吃了符水，吐了妖涎。天色将晚，点起灯烛，烧起香来，念念有词，画道符灯上烧了。只见起一阵风。怎见得：

风风荡，翠飘红。忽南北，忽西东。春开杨柳，秋卸梧桐。凉入朱门户，寒穿陋巷中。

嫦娥急把蟾宫闭，列子登仙叫救人。

风过处，一员神将，怎生打扮：

面色深如重枣，眼中光射流星。皂罗袍打嵌团花，红抹额(肖)[销]金蚩虎。手持七宝镶装剑，腰系蓝天碧玉带。

神将唱喏："告我师父，有何法旨？"真人道："与吾湖中捉那三个怪物来！"神将唱喏。去不多时，则见婆子、卯奴、白衣妇人，都捉拿到真人面前。

真人道："汝为怪物，焉敢缠害命官之子？"三个道："他不合冲塞了我水门。告我师，可饶恕，不曾损他性命。"真人道："与吾现形！"卯奴道："告哥哥，我不曾奈何哥哥，可莫现形。"真人叫天将打，不打，万事皆休，那里打了几下，只见卯奴变成了(鸟)[乌]鸡，婆子是个獭，白衣娘子是条白蛇。奚真人道："取铁罐来，捉此三个怪物，盛在里面，封了，把符压住，安在湖中心。"

奚真人化缘，造成三个石塔，镇住三怪于湖内。至今古迹遗踪尚在，宣赞随了叔叔，与母亲在俗出家，百年而终。

只因湖内生三怪，至使真人到此间。

今日捉来藏篋内，万年千载得平安。

合同文字记

入话：

吃食少添盐醋，不是去处休去。

要人知重勤学，怕人知事莫做。

话说宋仁宗朝庆历年间，去这东京汴梁城，离城三十里，有个村，唤做老儿村。村里有个农庄人家，弟兄二人，姓刘，哥哥名刘添祥，年四十岁，妻已故；兄弟名刘添瑞，年三十五岁，妻田氏，年三十岁，生得一个孩儿，(叫名)[名叫]安住，年三岁。弟兄专靠耕田种地度日。

其年，因为旱涝不收，一日，添瑞向哥哥道："看这田禾不收，如何过日？不若我们搬去潞州高平县下马村，投奔我姨夫张学究处趁熟，将勤补拙过几时。你意下如何?"添祥道："我年纪高大，去不得。兄弟，你和二嫂去走一遭。"添瑞道："哥哥，则今日请我友人李社长为明证，见立两纸合同文字，哥哥收一纸，兄弟收一纸。兄弟往他州趁熟，人无前后眼，哥哥年(几)[纪]大，有桑田、物业、家缘，又将不去，今日写为照证。"添祥言："兄弟见得是。"遂请李社长来家，写立合同明白，各收一纸。

安排酒相待之间，这李社长对刘添祥说："我有个女孩儿，刘二哥求做媳妇，就今日说开。"刘大言："既如此，选个吉日良辰，下些定礼。"

不数日完备，刘二辞了哥哥，收拾了行李，长行而去。只因刘二要去趁熟，有分(交)[教]：

去时有路，回却无门。

正是：

旱涝天气数。家国有兴亡；

万事分已定，浮生空自忙。

当日，刘二带了妻子，在路行了数日，已到高平县下马村，见了姨夫张学究，备说来趁熟之事。其人大喜，留在家。

光阴荏苒，不觉两年。这刘二嫂害着个脑疽疮，医疗一月有余，疼痛难忍，饮食不进，一命倾世。刘二痛哭哀哀，殡葬已毕。又过两月，刘二恹恹成病，医疗少可。张学究劝刘二休忆妻子，将息身体，好养孩儿安住。又过半年，忽然刘二感天行时气，头疼发热。正是：

福无双至从来有，祸不单行自古闻。

害了六七日，一命呜呼，已归泉下。张家究葬于祖坟边刘二嫂坟上，已毕。

光阴似箭，日月如梭，安住在张家村里一住十五年，孩子长成十八岁，聪明智慧，德行方能，读书学礼。

一日，正值清明节日，张学究夫妻两口儿，打点祭物，同安住去坟上祭扫。到坟前，将祭物供养，张学究与婆婆道："我有话和你说。想安住今已长成人了，今年是大通之年，我有心待（交）[教]他将着刘二两口儿骨殖还乡，认他伯父。你意下如何？"婆婆道："丈夫，你说得是。这的是阴骘勾当。"

夫妻商议已定，（交）[教]安住："拜了祖坟，孩儿然后去兀那坟前，也拜几拜。"安住问云："父亲，这是何人的坟？"拜毕，学究言："孩儿休问，烧了纸，回家去。"安住云："父亲不通名姓，有失其亲。我要性命如何？不如寻个自刎。"学究云："孩儿且住，我说与你：这是你生身父母。我是你养身父母。你是汴梁离城[三]十里老儿村居住。你的伯父刘添祥。你父刘添瑞同你母亲刘二嫂，将着你——年方三岁，十五年前，三口儿因为年歉，来俺家趁熟，你母患脑疽疮身死，你父得天行时气而亡，俺夫妻两口儿备棺木殡葬了，将孩儿如嫡亲儿子看养。"

不说，万事俱休，说罢，安住向坟前放声大哭，曰："不孝子那知生身父母双亡？"学究云："孩儿不须烦恼。选吉日良时，将你父母骨殖还乡，去认了伯父刘添祥，葬埋了你父母骨殖。休忘了俺两口儿的抚养之恩。"安住云："父亲、母亲之恩，过如生身父母，孩儿怎敢忘恩？若得身荣，结草衔环报答！"道罢，收拾回家。

至次日，（交）[教]人择选吉日，将父母骨殖包裹了，收拾衣服、盘费、并合同文字，做一担儿挑了，来[拜别]张学究夫妻两口儿，学究云："你爹娘来时，盘缠无一文，一头挑着孩儿，一头是些穷家私。孩儿路上在意，山峻难行，到地头便(稍)[捎]信来，与我知之。"安住云："父亲放心，休忆念！"遂拜别父母，挑了担儿而去。

话休絮烦。却说刘添祥忽一日自思："我兄弟刘二夫妻两个都去趁熟，至今十五六年，并无音信，不知有无？"因为家中无人，娶这个婆婆王氏，带着前夫之子来家，一同过活。

一日，王氏自思："我丈夫老刘有个兄弟和侄儿趁熟去，倘若还乡来时，那里发付我孩儿？好烦恼人哉！"

当日春社，老刘吃酒不在家。至下午，酒席散回家，却好安住于路问人。来到门首，歇下担儿。刘婆婆问云："你这后生寻谁？"安住云："伯娘，孩儿是刘添瑞之子。□十五年前，父母与孩儿出外趁熟，今日回来。"正议论间，刘大醉了回来，见了安住，问云："你是谁？来俺门前做甚么？"安住云："爹爹，孩儿是安住！"老刘问："你那父母在何处？"安住云："自从离了伯父，到潞州高平县下马村张学究家趁熟，过不得两年，父母双亡，止存得孩儿。亲父母已故，多亏张学究看养到今。今将父母骨殖还乡安葬，望伯父见怜！"当下老刘酒醉。刘婆言："我家无在外趁熟人，那里走这个人来，胡认我家！"安住云："我见有合同文字为照，特来认伯父。"刘婆(交)[教]老刘："打这厮出去，胡厮缠来认我们！"老刘拿块砖，将安住打破了头，重伤血(去)[出]倒于地下。

有李社长遇，问老刘："打倒的是谁人？"老刘云："他诈称是刘二儿子，认我又骂我，被我打倒推死。"李社长云："我听得人说，因此来看。休问是与不是，等我扶起来问他。"李社长问道："你是谁？"安住云："我是刘添瑞之子，安住的便是。"社长问："你许多年那里去来？"安住云："孩儿在潞州高平县下马村张学究家抚养长成，如今带父母骨殖回乡安葬。伯父、伯母言孩儿诈认，我见将着合同文字，又不肯看，把我打倒，又得爹爹救命。"社长(交)[教]安住："挑了担儿，且同我回去。"即时领安住回家中。歇下担儿，拜了李社长。社长道："婆婆，你的女婿刘安住将着父母骨殖回乡。"李社长(交)[教]安住将骨殖放在堂前，乃言："安住，我是你丈人，婆婆是你丈母。"(交)

[教]满堂女孩儿出来:“参拜了你公公、婆婆的灵柩。”安排祭物,祭祀化纸已毕,安排酒食相待,乃言:“孩儿,明日去开封府包府尹处,告理被晚伯母、亲伯父打伤事。”

当日歇了一夜,至次早,安住径往开封府告包相公。相公随即差人捉刘(天)[添]祥并晚婆婆来,就带合同,一并赴官。又拘李社长明证。

当日,一干人到开封府厅上。包相公问:“刘添祥,这刘安住是你侄儿不是?”老刘言:“不是。”刘婆亦言:“不是。既是亲侄儿,缘何多年不知有无?”

包相公取两纸合同一看,大怒,将老刘收监问罪。安住:“告相公,可怜伯伯年老,无儿无女,望相公可怜见!”包相公言:“将晚伯母收监问罪。”安住道:“望相公只问孩儿之罪,不干伯父伯婆之事。”包相公(交)[教]将老刘打三十下。安住:“告相公,宁可打安住,不可打伯父。告相公,只要明白家事,安住日后不忘相公之恩!”

包相公见安住孝义,发放各回家:“待吾具表奏闻。”朝廷喜其孝心,旌表孝子刘安住,孝义双全,加赠陈留县尹,全刘添祥一家团圆。包相判毕,各自回家。

其李社长选日令刘安住与女李满堂成亲。一月之后,收拾行装,夫妻(三)[二]人拜辞两家父母,就起程直到高平县,拜谢张学究,已毕,遂往陈留县,赴任为官。夫妻谐老,百年而终。正是:

李社长不悔婚姻事,刘晚妻欲损相公嗣;
刘安住孝义两双全,包待制断合同文字。

话本说彻,权作散场。

风月瑞仙亭

入话：

夜静瑶台月正圆，清风淅沥满林峦。

朱弦慢促相思调，不是知音不与弹。

汉武帝元狩二年，四川成都府一秀士，司马长卿，双名为相如，自父母双亡，孤身无倚，齑盐自守。贯串百家，精通经史。虽然游艺江湖，其实志在功名。

出门之时，过城北七里许，曰升仙桥。相如大书于桥柱上："大丈夫不乘驷马赤车，不复过此桥！"所以北抵京洛，东至齐楚。遂于梁孝王之门，与邹阳、枚皋辈为友。

不期梁王薨，相如谢病归（城）[成]都市上。临邛县有县令王吉，每每使人相招。一日，到彼相会，盘桓旬日。谈间，言及本处卓王孙巨富，有亭台池馆，华美可玩。县令着人去说，（交）[教]他接待。

卓王孙资才巨万，童仆数百，门阑奢侈。园中有花亭一所，名曰"瑞仙"。四面芳菲，锦绣烂熳，真可游览休息。京洛名园，皆不能过此。所以游宦公子，江湖士夫，无不相访。

这卓员外丧偶不娶，慕道修真。止有一女，小字文君，及笄未聘。聪慧过人，姿态出众。诗词歌赋，琴棋书画。描龙刺凤，女工针指，饮馔酒浆，无所不通。员外一应家中事务，皆与文君计较。

其日早晨，闻说："县令友人司马长卿乃文章巨儒，知员外宅上园池佳胜，特来游玩。"卓员外慌忙迎接至后花园中瑞仙亭上。相如举目看那园中景致，但见：

径铺玛瑙，栏刻香檀。聚山坞风光，为园林景物。山叠岷岷怪石，槛栽西洛名花。梅开庾岭冰姿，竹染湘江愁泪。春风荡漾，上林李白桃红，秋日凄凉，夹道橙黄橘绿。池沼内，鱼跃锦鳞，花木上，禽飞翡翠。

卓员外动问姓名，相如答曰："司马长卿。因与王县令故旧，特来相探，留连旬日，闻知名园胜景，故来拜访。”卓员外道：“先生去县中安下不便，敢邀车马于(弊)[敝]舍，何如?”相如遂令人唤琴童，携行李来瑞仙亭安下。倏忽半月。

且说卓文君去绣房中，每每存想：“我父亲营运家业，富(之)[贵]有余，岁月因循，寿年已过。奈何！奈何！况我才貌过人，性颇聪慧，选择良姻，实难其人也。此等心事，非明月残灯，安能知之？虽有侍妾，(姿)[资]性狂愚，语言妄出，因此上抑郁之怀，无所倾诉。昨听春儿说：“有秀士司马长卿来望父亲，留他在瑞仙亭安下。乃于东墙琐窗内，窥视良久，见其人俊雅风流，日后必然大贵。但不知有妻无妻？我若得如此之丈夫，平生愿足！争奈此人箪瓢屡空，若待媒证求亲，俺父亲决然不肯。倘若挫过此人，再后难得。”

过了两日，女使春儿见小姐双眉愁蹙，必有所思，乃对小姐曰：“今夜三月十五日，月色光明，请小姐花园中散闷则个。”小姐口中不说，心下思量：“自见了那秀才，日夜废寝忘餐，放心不下，我今主意已定，虽然有亏妇道，是我一世前程。”收拾些金珠首饰在此。小姐吩咐春儿：“打点春盛食罍、灯笼。我今夜与你赏月散闷。”春儿打点完备，挑着，随小姐行来。

话中且说相如自思道：“文君小姐貌美聪慧，甚知音律。今夜月明下，(交)[教]琴童焚香一炷，小生弹曲瑶琴以挑之。”

文君正行数步，只听得琴声清亮，移步将近瑞仙亭，转过花阴下，听得所弹琴音曰：

> 凤兮，凤兮，思故乡，遨游四海兮求其凰。时未遇兮无所将，何悟今夕兮升斯堂？有艳淑女在闺房，室迩人遐[在]我傍。何缘交颈为鸳鸯？胡颉颃乎共翱翔。凤兮，凤兮，从我栖，得托孳尾永为妃。交情通体心和谐，中夜相从知者谁？双翼俱起翻高飞，无感我思使余悲！

小姐听罢，对侍女曰：“秀才有心，妾亦有心。今夜既到这里，可去与秀才相见。”遂乃行到亭边。

相如月下见了文君，连忙起身迎接，道：“小生闻小姐之名久矣，自愧缘悭分浅，不能一见。恨无磨勒盗红绡之方，每起韩寿偷香窃玉之意。今晚既蒙光临，小生不及远接，恕罪！恕罪！”文君敛衽向前道：“先生在此，失于恭敬，抑且寂寞，因此特来相见。”相如曰：“不劳小姐挂意，小生有琴一张，自能消遣。”文君曰：“妾早知先生如此迂阔，不来冒渎，今先生视妾有私奔之心，故乃轻言。琴中之意，妾已备知。”相如跪而告曰：“小生得见花颜，死也甘心。”文君曰：“请起。妾(一)[今]夜到此，与先生同赏月，饮三杯。”

春儿排酒果于瑞仙亭上。文君、相如对饮。相如细视文君，果然生得：

眉如翠羽，肌如白雪。振绣衣，被褂裳。[秾]不短，纤不长。毛嫱鄣(施)袂，不足程式；西施掩面，比之无色。临溪双洛浦，对月两嫦娥。

酒行数巡，文君令春儿：“收拾前去，我便回来。”

相如曰：“小姐不嫌寒儒鄙陋，欲就枕席之欢。”文君笑曰：“妾慕先生才德，欲奉箕帚，唯恐先生久后忘恩。”相如曰：“小生怎敢忘小姐之恩！”

文君许成夫妇。二人倒凤颠鸾，顷刻云收雨散。文君曰：“只恐明日父亲知道，不经于官，必致凌辱。如今收拾(此)[些]少金珠在此，不如今夜与先生且离此间，别处居住。倘后父亲想念，搬回，一家完聚，也未可知！”相如与文君同下瑞仙亭，出后园而走。却似：

鳌鱼脱却金钩去，摆尾摇头更不回。

且说春儿至天明不见小姐在房，亭子上又寻不见，报与老员外得知。寻到瑞仙亭上，和相如都不见。员外道：“相如是文学之士，为此禽兽之行！小贱人，你也自幼读书，岂不闻：女子出门，必拥蔽其面，夜行以烛，无则止。事无擅为，行无独处，所以正妇道也。你不闻父命。私奔苟合，你到他家，如何见人？”欲要讼之于官，争奈家丑不可外扬，故尔中止。“且看他有何面目相见亲戚乎！”从此，隐而不出。正所谓：

含羞无语自沉吟，咫尺相思万里心，
抱布贸丝君亦误，知音尽付七弦琴。

却说相如与文君到家，相[如]自思：“囊箧磬然，难以度日。正是:‘君子固穷,小人穷斯滥矣!’想我浑家乃富贵之女,岂知如此寂寞。所喜者,略无愠色,颇为贤达。他料想司马长卿必有发达时分。”

正愁闷间,文君至,曰:“我离家一年。你家业凌替,可将我首饰钗钏卖了,修造房屋。我见丈夫郁郁不乐,怕我有懊恼。我既委身于你,乐则同乐,忧则同忧。生同衾,死同穴。”相如曰:“深感小姐之恩。但小生殊无生意。俗语道:‘家有千金,不如日进分文;良田万(项)[顷],不如薄艺随身。’我欲开一个酒肆,如何?”文君曰:“既如此说,贱妾当[铲]。”

未及半年,忽一日,正在门前卖酒,只见天使捧诏道:“朝廷观先生所作《子虚赋》,文章浩烂,超越古人,官里叹赏,‘飘飘然有凌云之志气,恨不得与此人同时!’有杨得意奏言:‘此赋是臣之同里司马长卿所作,见在成都闲居。’天子大喜,特差小官来征。走马临朝,不许迟延。先生收拾行装,即时同行。”正是:

一封丹凤诏,方表丈夫才。

当夜,相如与文君言曰:“朝廷今日征召,(名)乃是友人杨得意举荐。如今天使在驿专等起程。”文君曰:“日后富贵,则怕忘了瑞仙亭上与日前布衣时节。”相如曰:“小生那时虽见小姐容德,奈深堂内院,相见如登天之难,若非小姐垂怜看顾,怎能匹配?小生怎敢忘恩负义!”文君曰:“如今世情至薄,有等蹈德守礼,有等背义忘恩者。”相如曰:“长卿决不为此!”文君曰:“秀才也有两般。有[那]‘君子儒’,不论贫富,志行不私;有那‘小人儒’,贫时又一般,富时就忘了贫时。”长卿曰:“人非草木禽兽,小姐放心!”文君又嘱:“非妾心多,只怕你得志忘了我!”夫妻二人不忍相别。文君嘱曰:“此时已遂题桥志,莫负当铲涤器人!”

且不说相如同天使登程,却说卓王孙听得杨得意举荐司马长卿,蒙朝廷征召去了,自言:“我女儿有先见之明,为见此人才貌双全,必然显达,所以成了亲事。老夫想起来,男(昏)[婚]女嫁,人之大伦。我女婿不得官[时],我先带侍女春儿,同往成都去望,乃是父子之情,无人笑我。若是他得了官时去看他,(交)[教]人道我趋时(棒)

[奉]势。”次日，带同春儿，径到成都府，寻见卓文君。

文君见了父亲，拜道：“孩儿有不孝之罪，望爹爹饶恕！”员外道：“我儿，你想杀我！今日送春儿来伏侍你。孩儿，你在此受寂寞，比在家(亨)[享]用不同。你不念我年老无人?”文君曰：“爹爹(根)[跟]前不敢隐讳。孩儿见他文章绝代，才貌双全，必有荣华之日，因此上嫁了他。”卓员外云：“如今且喜朝廷征召，正称孩儿之心。”卓员外住下，待司马长卿音信。正是：

眼望旌节旗，耳听好消息。

且说司马长卿同天使至京师，朝见，献《上林赋》一篇，天子大喜，即拜为著作郎，待诏金马门。近有巴蜀开通南夷诸道，用军兴法，转漕繁冗，惊扰夷民。官里闻知大怒，召长卿议论此事，令作谕巴蜀之[檄]。官里道：“此一事，欲待差官，非卿不可。”乃拜长卿为中郎将，持节，拥誓剑、金牌，先斩后奏：“卿若到彼，安抚百姓，缓骑回程，别加任用。”

长卿自思：“正是衣锦还乡，已遂平生之愿。”乃谢恩，辞天子出朝。遂车前马后，随从者甚多。一日，迤逦到彼处，劝谕巴蜀已平，蛮夷清静。不过半月，百姓安宁，衣锦还乡。正是：

……

[数日之间，已达成都府。本府官员迎接，到于新宅。文君出迎。相如道：“读书不负人，今日果遂题桥之愿。”文君道：“更有一喜。你丈人先到这里迎接。”相如连声：“不敢！不敢！”老员外出见，相如向前施礼，彼此相谢。排筵贺喜。自此遂为成都富室。有诗为证：

夜静瑶台月正圆，清风淅沥满林峦。
朱弦慢促相思调，不是知音不与弹。]

卷二

蓝桥记

入话：

洛阳三月里，回首渡襄川。

忽遇神仙侣，翩翩入洞天。

裴航下第，游于鄂渚，买舟归襄汉。同舟有樊夫人者，国色也。虽闻其言语，而无计一面，因赂侍婢袅烟，而求达诗一章。曰：

同舟胡越犹怀思，况遇天妃隔锦屏？

倘若玉京朝会去，愿随鸾鹤入青冥！

诗[往]，久不答，航数诘问，袅烟曰："娘子见诗，若不闻，如何？"航无计，因自求美酝、珍果献之。夫人乃使袅烟召航相识。及帷，但见月眉云鬓，玉莹花明，举止即烟霞外人。航拜揖。夫人曰："妾有夫在汉南，幸无[以]谐谑为意。然亦与郎君有小小姻缘，他日必得为姻懿。"后使袅烟持诗一章答航。曰：

一饮琼浆百感生，玄霜捣尽见云英。

蓝桥便是神仙宅，何必崎岖上玉京？

航览诗毕，不晓其意。后便不复见。航遂饰装归辇下，道经蓝桥驿，偶渴甚，遂下马求浆而饮。见一茅舍，低而隘，有老妪缉缀麻苎。航揖之，求浆。妪呼曰："云英，擎一瓯浆来，郎君要饮！"航讶之，因忆夫人"云英"之句。俄于苇箔之中，出双玉手，授瓷瓯。航接饮之，真玉液也，觉异香透于户外。因还瓯，遽揭箔，睹一女子，华容艳质，芳丽无比，娇羞掩面蔽身，航凝视，不知移步，因谓妪曰："某愿略憩于此！"妪曰："取郎君自便。"航谓妪曰："小娘子艳丽惊人，愿纳厚礼娶之，可乎？"妪曰："渠已许嫁一人，但未就耳。我今老而且病，只有此女孙。昨日神仙遗药一刀圭，但须得玉杵臼捣之百日，方可就吞。

君若的欲要娶此女，但要得玉杵臼，吾即与之，亦不愿其前时许人也。其余金帛无用。”航谢曰：“愿以百日为期，待我取杵臼至，莫更许他人！”妪曰：“然。”

航遂怅恨而去。及抵京师，但以杵臼为念。或于喧哄处，高声访问玉杵臼，皆无影响。众号为“风狂”。如此月余，忽遇一货玉老翁，曰：“近得虢州药铺卞老书，言他有玉杵臼要货。闻郎君恳求甚切，吾当为书而荐导之。”

航愧谢，珍重持书而去，果获玉杵臼，遂持归至蓝桥昔日妪家。妪大笑曰：“有如此之信士，吾岂爱惜一女子，而不酬其劳哉！”女微笑曰：“虽荷如此，然更用捣药百日，方可结姻。”

妪于襟带解药，令航捣之。航昼捣而夜息，夜则妪收杵臼于内室。航又闻杵声，因窥之，有玉兔持杵，雪光耀室，可鉴毫芒。于是，航之意愈坚。

百日足，妪(乔)[吞]药，曰：“吾入洞，为裴郎具帷帐。”遂挈女行，谓航曰：“但少留此。”

须臾，车盖来迎。俄见大第，锦绣帏帐，珠翠耀日。仙童、侍女引航入帐，就礼讫，航拜妪，感谢。乃引见诸亲宾，皆神仙中人。后有一女子，鬟髻，衣霓裳，称是妻之姊。航拜讫，女曰：“裴郎不忆鄂渚同舟，而抵襄汉乎？”航问左右，言：“是小娘子之[姊]云翘夫人，刘纲天师之妻，已是高真，为玉皇女史。”

妪遂遣航将妻入玉峰洞中，琼楼珠室而居之，饵以绛雪瑶英之丹，逍遥自在，超为上仙。正是：

玉室丹书著姓，长生不老人家。

快嘴李翠莲记

入话：

出口成章不可轻，开言作对动人情，
虽无子路才能智，单取人前一笑声。

此四句单道昔日东京有一员外，姓张名俊，家中颇有金银。所生二子，长曰张虎，次日张狼。大子已有妻室，次子尚未婚配。本处有个李吉员外，所生一女，小字翠莲，年方二八。姿容出众，女红针指，书史百家，无所不通。只是口嘴快些，凡向人前，说成篇，道成溜，问一答十，问十道百。有诗为证：

问一答十古来难，问十答百岂非凡。
能言快语真奇异，莫作寻常当等闲。

话说本地有一王妈妈，与二边说合，门当户对，结为姻眷，选择吉日良时娶亲。三日前，李员外与妈妈论议道："女儿诸般好了，只是口快，我和你放心不下。打紧他公公难理会，不比等闲的，婆婆又兜答，人家又大，伯伯、姆姆，手下许多人，如何是好？"婆婆道："我和你也须分付他一场。"只见翠莲走到爹妈面前，观见二亲满面忧愁，双眉不展，就道："爷是天，娘是地，今朝与儿成婚配。男成双，女成对，大家欢喜要吉利，人人说道好女婿：有财有宝又豪贵；又聪明，又伶俐，双六象棋通六艺；吟得诗，做得对，经商买卖诸般会。这们女婿要如何？愁得苦水儿滴滴地。"

员外与妈妈听翠莲说罢，大怒曰："因为你口快如刀，怕到人家多言多语，失了礼节，公婆人人不欢喜，被人笑耻，在此不乐。叫你出来，分付你少则声，颠倒说出一篇来，这个苦恁的好！"翠莲道："爷开怀，娘放意，哥宽心，嫂莫虑。女儿不是夸伶俐，从小生得有志气。纺得纱，绩得苎，能裁能补能绣刺；做得粗，整得细，三茶六饭一时备；推得磨，捣得碓，受得辛苦吃得累。烧卖匾食有何难，三汤两割我也会。到晚来，能仔细，大门关了小门闭，刷净锅儿掩厨柜，前后收拾自用意。铺了床，伸开被，点上灯，请婆睡，叫声安置进房内。如此伏侍二公婆，他家有甚不欢喜？爹娘且请放心宽，舍此之外直个屁！”

翠莲说罢，员外便起身去打。妈妈劝住，叫道：“孩儿，爹娘只因你口快了愁，今番只是少说些。古人云：‘多言众所忌。’到人家只是谨慎言语，千万记着！”翠莲曰：“晓得，如今只闭着口儿罢。”

妈妈道：“隔壁张大公是老邻舍，从小儿看你大，你可过去作别一声。”员外道：“也是。”翠莲便走将过去，进得门槛，高声便道：“张公道，张婆道，两个老的听禀告，明日寅时我上轿，今朝特来说知道。年老爹娘无倚靠，早起晚些望顾照！哥嫂倘有失礼处，父母分上休计较。待我满月回门来，亲自上门叫聒噪。”

张大公道：“小娘子放心，令尊与我是老兄弟，当得早晚照管，令堂亦当着老妻过去(倍)[陪]伴，不须挂意！”

作别回家，员外与妈妈道：“我儿，可收拾早睡休，明日须半夜起来打点。”翠莲便道：“爹先睡，娘先睡，爹娘不比我班辈。哥哥嫂嫂相傍我，前后收拾自理会。后生家熬夜有精神，老人家熬了打盹睡。”翠莲道罢，爹妈大恼曰：“罢、罢，说你不改了！我两口自去睡也。你与哥嫂自收拾，早睡早起。”

翠莲见爹妈睡了，连忙走到哥嫂房门口高叫：“哥哥嫂嫂休推醉，思量你们忒没意。我是你的亲妹妹，止有今晚在家中。亏你两口下着得，诸般事儿都不理，关上房门便要睡，嫂嫂，你好不贤惠。我在家不多时，相帮做些道怎地？巴不得打发我出门，你们两口得(零利)[伶俐]。”翠莲道罢，做哥哥的便道：“你怎生还是这等的？有父母在前，我不好说你。你自先去安歇，明日早起。凡百事，我自和嫂嫂收拾打点。”翠莲进房去睡。兄嫂二人，无多时，前后俱收拾停当，一家都安歇了。

员外、妈妈，一觉睡醒，便唤翠莲问道：“我儿，不知甚时节了？不知天晴天雨？”翠莲便道：“爹慢起，娘慢起，不知天晴是下雨。更不闻，鸡不语，街坊寂静无人语。只听得：隔壁白嫂起来磨豆腐，对门黄公舂糕米。若非四更时，便是五更矣。且待奴家先起。烧火劈柴打下水，且把锅儿刷洗起。烧些脸汤洗一洗，梳个头儿光光地。大家也是早起些，娶亲的若来慌了腿。”

员外、妈妈并哥嫂一齐起来，大怒曰：“这早晚，东方将亮了，还不梳妆完，尚兀(子)[自]调嘴弄舌！”翠莲又道：“爹休骂，娘休骂，看我房中巧妆画。铺两鬓，黑似鸦，调和脂粉把脸搽。点朱唇，将眉画，一对金环坠耳下。金银珠翠插满头，宝石禁步身边挂。今日你们将我嫁，想起爹娘撇不下，细思乳哺养育恩，泪珠儿滴湿了香罗帕。猛听得外面人说话，不由我不心中怕，今朝是个好日头，只管都噜都噜说甚么！”

翠莲道罢，妆办停当，直来到父母(根)[跟]前，说道：“爹拜禀，娘拜禀，蒸了馒头索了粉，果盒肴馔件件整。收拾停当慢慢等，看看打得五更紧。我家鸡儿叫得准，送亲从头再去请。姨娘不来不打紧，舅母不来不打紧，可耐姑娘没道理，说的话儿全不准。昨日许我五更来，今朝鸡鸣不见影。歇歇进门没得说，赏他个漏风的巴掌当邀请。”

员外与妈妈敢怒而不敢言，妈妈道：“我儿，你去叫你哥嫂及早起来，前后打点，娶亲的将次来了。”翠莲见说，慌忙走去哥嫂房门口前，叫曰：“哥哥、嫂嫂你不小，我今在家时候少。算来也用起个早，如何睡到天大晓？前后门窗须开了，点些蜡烛香花草。里外地下扫一扫，娶亲轿子将来了。误了时辰公婆恼，你两口儿讨分晓！”

哥嫂两个忍气吞声，前后俱收拾停当。员外道：“我儿，家堂并祖宗面前，可去拜一拜，作别一声。我已点下香烛了。趁娶亲的未来，保你过门平安！”翠莲见说，拿了一炷，走到家堂面前，一边拜，一边道：“家堂，一家之主。祖宗，满门先贤：今朝我嫁，未敢自专。四时八节，不(段)[断]香烟。告知神圣，万望垂怜！男婚女嫁，理之自然。有吉有庆，夫妇双全。无灾无难，永保百年。如鱼似水，胜蜜糖甜。五男二女，七子团圆。二个女婿，答礼通贤；五房媳妇，孝顺无边。孙男孙女，代代相传。金珠无数，米麦成仓。蚕桑茂(胜)[盛]，牛马挨(眉)[肩]。鸡鹅鸭鸟，满荡鱼鲜。丈夫惧怕，公婆爱怜。妯娌和气，伯叔忻然。奴仆敬重，小姑有缘。不上三年之内，死得一家干净，家财都是我掌管，那时翠莲快活几年！”

翠莲祝罢,只听得门前鼓乐喧天,笙歌聒耳,娶亲车马,来到门首。张宅先生念诗曰:

高卷珠帘挂玉钩,香车宝马到门头。

花红利市多多赏,富贵荣华过百秋。

李员外便叫妈妈将钞来,赏赐先生和媒妈妈,并车马一干人。只见妈妈拿出钞来,翠莲接过手,便道:“等我分! 爹不惯、娘不惯、哥哥嫂嫂也不惯,众人都来面前站,合多合少等我散。抬轿的合五贯,先生媒人两贯半。收好些,休嚷乱,吊下了时休埋怨。这里多得一贯文,与你这媒人婆买个烧饼,到家哄你呆老汉。”

先生与轿夫一干人听了,无不吃惊,曰:“我们见千见万,不曾见这样口快的!”大家张口吐舌,忍气吞声,簇拥翠莲上轿。一路上,媒妈妈吩咐:“小娘子,你到公婆门首,千万不要开口!”

不多时,车马一到张家前门,歇下轿子,先生念诗曰:

鼓乐喧天响汴州,今朝织女配牵牛。

本宅亲人来接宝,添妆含饭古来留。

且说媒人婆拿着一碗饭,叫道:“小娘子,开口接饭。”只见翠莲在轿中大怒,便道:“老泼狗,老泼狗,(交)[教]我闭口又开口,正是媒人之口无量斗,怎当你没的(番)[翻]做有。你又不曾吃早酒,嚼舌嚼黄胡张口。方才跟着轿子走,吩咐(交)[教]我休开口。甫能住轿到门首,如何又叫我开口? 莫怪我今骂得丑,真是白面老母狗!”

先生道:“新娘子息怒。他是个媒人,出言不可(大)[太]甚。自古新人无有此等道理。”翠莲便道:“先生你是读书人,如何这等不聪明? 当言不言谓之讷,信这虔婆弄死人! 说我婆家多富贵,有财有宝有金银,杀牛宰马做茶饭,苏木檀香做大门,绫罗段匹无算数,猪羊牛马赶成群。当门与我冷饭吃,这等富贵不如贫。可耐伊家忒恁村,冷饭将来与我吞。若不看我公婆面,打得你眼里鬼火生!”

翠莲说罢,恼得那媒婆一点酒也没[吃],一道烟先进去了,也不管他下轿,也不管他拜堂。

本宅众亲簇拥新人到了堂前,朝西立定。先生曰:“请新人转身向东,今日福禄喜神在东。”翠莲便道:“才向西来又向东,休将新妇便牵笼。转来转去无定相,恼得心头火气冲。不知那个是妈妈,不知那个是公公?诸亲九眷闹丛丛,姑娘小叔乱哄哄。红纸牌儿在当中,点着几对满堂红。我家公婆又未死,如何点盏随身灯?"

张员外与妈妈听得,大怒曰:"当初只说要(过)[个]良善人家女子,谁想娶这个没规矩、没家法、长舌顽皮村妇!"诸亲九眷面面相睹,无不失惊。先生曰:"人家孩儿在家中惯了,今日初来,须慢慢的调理他。且请拜香案,拜诸亲。"

合家大小俱相见毕。先生念诗赋,请新人入房,坐床撒帐:

新入(那)[挪]步过高堂,神女仙郎入洞旁。

花红利市多多赏,五方撒帐盛阴阳。

张狼在前,翠莲在后,先生捧着五谷,随进房中。新人坐床,先生拿起五谷,念道:"撒帐东,帘幕深围烛影红。佳气郁葱长不散,画堂日日是春风。撒帐西,锦带流苏四角垂。揭开便见姮娥面,输却仙郎捉带枝。撒帐南,好合情怀乐且耽。凉月好风庭户爽,双双绣带佩宜男。撒帐北,津津一点眉间色。芙蓉帐暖度春宵,月娥苦邀蟾宫客。撒帐上,交颈鸳鸯成两两。从今好梦叶维熊,行见琨珠来入掌。撒帐中,一双月里玉芙蓉。恍若今宵遇神女,红云簇拥下巫峰。撒帐下,见说黄金光照社。今宵吉梦便相随,来岁生男定声价。撒帐前,沉沉非雾亦非烟。香里金虬相隐(快)[映],文箫(金)[今]遇彩鸾仙。撒帐后,夫妇和谐长保守。从来夫唱妇相随,莫作河东狮子吼。"

说那先生撒帐未完,只见翠莲跳起身来。摸着一条面杖,将先生夹腰两面杖,便骂道:"你娘的臭屁!你家老婆便是河东狮子!"一顿直赶出房门外去,道:"撒甚帐?撒甚帐?东边撒了西边样。豆儿米麦满床上,仔细思量像甚样?公婆性儿又莽撞,只道新妇不打当。丈夫若是假乖张,又道娘子垃圾相。你可急急走出门,饶你几下杆面杖。"

那先生被打,自出门去了,张狼大怒曰:"千不幸,万不幸,娶了这个村姑儿!撒帐之事,古来有之。"翠莲便道:"丈夫、丈夫,你休气,听奴说得是不是?多想那人没好气,故将豆麦撒满地。到不叫人扫出去,反说奴家不贤惠。若还恼了我心儿。连你一顿赶出去。闭了门，独自睡，晏起早眠随心意。阿弥陀佛念几声，耳伴清宁到零利。”

张狼也无可奈何，只得出去参筵劝酒。至晚席散，众亲都去了，翠莲坐在房中自思道：“少刻丈夫进房来，必定手之舞之的，我须做个准备。”起身除了首饰，脱了衣服，上得床，将一条被裹得紧紧地，自睡了。

且说张狼进得房，就脱衣服，正要上床，被翠莲喝一声，便道：“堪笑乔才你好差，端的是个野庄家。你是男儿我是女，尔自尔来咱自咱。你道我是你媳妇，莫言就是你浑家。那个媒人那个主？行甚么财礼，下甚么茶？多少猪羊鸡鹅酒？甚么花红到我家？多少宝石金头面？几匹绫罗几匹纱？镯缠冠钗有几副？将甚插戴我奴家？黄昏半夜三更鼓，来我床前做甚么？及早出去连忙走，休要恼了我们家！若是恼咱性儿起，揪住耳朵采头发，扯破了衣裳，抓碎了脸，漏风的巴掌顺脸括，扯碎了网巾你休要怪，擒了你四鬓怨不得咱。这里不是烟花巷，又不是小娘儿家，不管三七二十一，我一顿拳头，打得你满地爬。”

那张狼见妻子说这一篇，并不敢近前，声也不则，远远地坐在半边。将近三更时分，且说翠莲自思：“我今嫁了他家，活是他家人，死是他家鬼。今晚若不与丈夫同睡，明日公婆若知。必然要怪。罢，罢，叫他上床睡罢。”便道：“痴乔才，休推醉，过来与你一床睡。近前来，吩咐你，叉手站着莫弄嘴，除网巾，摘帽子，靴袜布衫收拾起。关了门，下幔子，添些油在晏灯里。上床来，悄悄地，同效鸳鸯偕连理。休则声，慎言语，雨散云消脚后睡。束着脚，拳着腿，合着眼儿闭着嘴。若还蹬着我些儿，那时你就是个死！”

说那张狼果然一夜不敢则声。睡至天明，婆婆叫言：“张狼，你可(交)[教]娘子早起些梳妆，外面收拾。”翠莲便道：“不要慌，不要忙，等我换了旧衣裳。菜自菜，姜自姜，各样果子各样妆；肉自肉，羊自羊，莫把鲜鱼搅白肠；酒自酒，汤自汤，腌鸡不要混腊獐。日下天色且是凉，便放五日也不妨。待我留些整齐的，三朝点茶请姨娘。总然亲戚吃不了，剩与公婆慢慢嚏。”

婆婆听得,半晌无言,欲待要骂,恐怕人知笑话,只得忍气吞声,耐到第三日,亲家母来完饭。两亲[家]相见毕,婆婆耐不过,从头将打先生、骂媒人、触夫主、毁公婆,一一告诉一遍。李妈妈听得,羞惭无地,径到女儿房中,对翠莲道:“你在家中,我怎生吩咐你来?(交)[教]你到人家,休要多言多语,全不听我。今朝方才三日光景,适间婆婆说你许多不是,使我惶恐千万,无言可答。”翠莲道:“母亲,你且休(炒)[吵]闹,听我一一细禀告,女儿不是材天乐,有些话你不知道。三日媳妇要上灶,说起之时被人笑。两碗稀粥把盐醮,吃饭无茶将水泡。今日亲家初走到,就把话儿来诉告。不问青红与白皂,一(迷)[味]将奴胡厮闹。婆婆性儿忒急(燥)[躁],说的话儿不大妙。我的心性也不弱,不要着了我圈套。寻条绳儿只一吊,这条性命问他要!”妈妈见说,又不好骂得,茶也不吃,酒也不尝,别了亲家,上轿回家去了。

再说张虎在家叫道:“成甚人家?当初只说娶个良善女子,不想讨了个五量店中过卖来家,终朝四言八句,弄嘴弄舌,成何以看!”翠莲闻说,便道:“大伯说话不知礼,我又不曾惹着你。顶天立地男子汉,骂我是个过卖嘴!”

张虎便叫张狼道:“你不闻古人云:‘教妇初来。’虽然不致乎打他,也须早晚训诲;再不然,去告诉他那老虔婆知道!”翠莲就道:“阿伯三个鼻子管,不曾捻着你的碗。媳妇虽是话儿多,自有丈夫与婆婆。亲家不曾惹着你,如何骂他老虔婆?等我满月回门去,到家告诉我哥哥。我哥性儿烈如火,那时(交)[教]你认得我。巴掌拳头一齐上,着你旱地乌龟没处躲!”

张虎听了大怒,就去扯住张狼要打。只见张虎的妻施氏跑将出来,道:“各人妻小各自管,干你甚事?自古道:‘好鞋不踏臭粪!’”翠莲便道:“姆姆休得要惹祸,这样为人做不过。谨自伯伯和我嚷,你又走来添些言。自古妻贤夫祸少,做出事比天来大。快快来了里面去,窝风所在坐一坐。阿姆我又不惹你,如何将我比臭污?左右百岁也要死,和你两个做一做。我若有些长和短,阎罗殿前也不放过!”

女儿听得,来到母亲房中,说道:“你是婆婆,如何不管?尽着他放泼，(相)[像]甚模样？被人家笑话！”翠莲见姑娘与婆婆说，就道：“小姑，你好不贤良，便去房中唆调娘。若是婆婆打杀我，活捉你去见阎王！我爷平素性儿强，不和你们善商量。和尚道士一百个，七日七夜做道场。沙板棺材罗木底，公婆与我烧钱纸。小姑姆姆戴盖头，伯伯替我做孝子。诸亲九眷抬灵车，出了殡儿从新起。大小衙门齐下状，拿着银子无处使。(认)[任]你家财万万贯，弄得你钱也无来人也死！”

张妈妈听得，走出来道：“早是你才来得三日的媳妇，若做了二三年媳妇，我一家大小俱不要开口了！”翠莲便道：“婆婆休得(要)[耍]水性，做大不尊小不敬。小姑不要忒侥倖，母亲面前少言论。訾些轻事重报，老蠢听得便就信。言三语四把吾伤，说的话儿不中听。我若有些长和短，不怕婆婆不偿命！”

妈妈听了，径到房中，对员外道：“你看那新媳妇，口快如刀，一家大小，逐个个都伤过。你是个阿公，便叫将出来，说他几句，怕甚么！”员外道：“我是他公公，怎么好说他？也罢，待我问他讨茶吃，且看怎的。”妈妈道：“他见你，一定不敢调嘴。”只见员外吩咐：“(交)[教]张狼娘子烧中茶吃！”

那翠莲听得公公讨茶，慌忙走到厨下，刷洗锅儿，煎滚了茶，复到房中，打点各样果子，泡了一盘茶，托至堂前，摆下椅子，走到公婆面前，道：“请公公、婆婆堂前吃茶。”又到姆姆房中道：“请伯伯、姆姆堂前吃茶。”员外道：

“你们只说新媳妇口快，如今我唤他，却怎地又不敢说甚么？”妈妈道：“这番，只是你使唤他便了。”

少刻，一家儿俱到堂前，分大小坐下，只见翠莲捧着一盘茶，口中道：“公吃茶，婆吃茶，伯伯、姆姆来吃茶。姑娘、小叔若要吃，灶上两碗自去拿。两个拿着慢慢走，泡了手时哭喳喳，此茶唤作阿婆茶，名实虽村趣味佳。两个初煨黄栗子，半抄新炒白芝麻。江南橄榄连皮核，塞北胡桃去壳柤。二位大人慢慢吃，休得坏了你们牙！”

员外见说，大怒曰：“女人家须要温柔稳重，说话安详，方是做媳妇的道理。那曾见这样长舌妇人！”翠莲应曰：“公是大，婆是大，伯伯、姆姆且坐下。两个老的休得骂,且听媳妇来禀话:你儿媳妇也不村,你儿媳妇也不诈。从小生来性刚直,(说)[话]儿说了(必)[心]无挂。公婆不必苦憎嫌,十分不然休了罢。也不愁,也不怕,搭搭凤子回去罢。也不招,也不嫁,不搽胭粉不妆画。上下穿件缟素衣,侍奉双亲过了罢。记得几个古贤人:张良、蒯文通说话,陆贾、萧何快调文,子建、杨修也不亚,苏秦、张仪说六国,(吴晏)[晏婴]、管仲说五霸,六计陈平、李左车,十二(干)[甘]罗并子夏。这些古人能说话,齐家治国平天下。公公要奴不说话,将我口儿缝住罢!"

张员外道:"罢,罢,这样媳妇,久后必被败坏门风,(佑)[玷]辱上祖!"便叫张狼曰:"孩儿,你将妻子休了罢! 我别替你娶一个好的。"张狼口虽应承,心有不舍之意。张虎并妻俱劝员外道:"且从容教训。"翠莲听得,便曰:"公休怨,婆休怨,伯伯、姆姆都休劝。丈夫不必苦留恋,大家各自寻方便。快将纸墨和笔砚,写了休书随我便。不曾殴公婆,不曾骂亲眷,不曾欺丈夫,不曾打良善,不曾走东家,不曾西邻串,不曾偷人财,不曾被人骗,不曾说张三,不与李四乱,不盗不妒与不淫,身无恶疾能书算,亲操井臼与(炮)[庖]厨,纺织桑麻拈针线。今朝随你写休书,搬去妆奁莫要怨。手印缝中七个字:'永不相逢不见面。'恩爱绝,情意断,多写几个弘誓愿。鬼门关上若相逢,别转了脸儿不厮见!"

张狼因父母做主,只得含泪写了休书,两边搭了手印,随即讨乘轿子,(交)[教]人抬了嫁(装)[妆],将翠莲并休书送至李员外家。父母并兄嫂都埋(冤)[怨]翠莲嘴快的不是。翠莲道:"爹休嚷,娘休嚷,哥哥嫂嫂也休嚷。奴奴不是自夸奖,从小生来志气广。今日离了他门儿,是非曲直俱休讲。不是奴家牙齿痒,挑描刺绣能绩纺。大裁小剪我都会,浆洗缝联不说谎。劈柴挑水与(炮)[庖]厨,就有蚕儿也会养。我今年小正当时,眼明手快精神爽。若有闲人把眼观,就是巴掌脸上响。"

李员外和妈妈道:"罢,罢,我两口也老了,管你不得,只怕有些一差二误,被人耻笑,可怜! 可怜!"翠莲便道:"孩儿生得命里孤,嫁了无知村丈夫。公婆利害(由)[犹]自可,怎当姆姆与姑姑? 我若略略开得口,便去搬唆与舅姑。且是骂人不吐核,动脚动手便来拖。生出许多情切话,就写离书休了奴。止望[回]家图自在,岂料爹娘也怪吾。夫家娘家着不得,剃了头发做师姑。身披直裰挂葫芦,手中拿个大木鱼。白日沿门化饭吃,黄昏寺里称念佛祖念南无,吃斋把素用工夫。头儿剃得光光地,那个不叫一声小师姑。"

说罢,(榭)[卸]下浓妆,换了一套棉布衣服,向父母前合掌(闷信)[问讯]拜别,转身向哥嫂也别了。哥嫂曰:"你既要出家,我二人送你到前街明音寺去。"翠莲便道:"哥嫂休送我自去,去了你们得伶俐。曾见古人说得好:'此处不留有留处。'离了俗家门,便把头来剃,是处便为家,何但明音寺? 散(旦)[淡]又逍遥,却不到伶俐!"

不恋荣华富贵,一心情愿出家。
身披一领锦袈裟,常把数珠悬挂。
每日持斋把素,终朝酌水献花。
纵然不做得菩萨,修得个小佛儿也罢。

洛阳三怪记

尽日寻春不见春，杖梨槊破岭头云。

归来点检梅梢看，春在枝头已十分。

这四句探春诗是张元所作。东坡先生有一首探春词，名(《柳梢青》)[《浪淘沙》]，却又好。词曰：

昨日出东城，试探春情，墙头红杏暗如倾。槛内群芳芽未吐，草已回春。　　绮陌敛香尘，雪霁前村。东君着意不辞辛。料想风光先到处，吹绽梅英。

这一年四季，无过是春天，最好景致。日谓之"丽日"，风谓之"和风"，吹柳眼，绽花心，拂香尘。天色暖谓之"暄"。天色冷谓之"料峭"。骑的马谓之"宝马"。坐的轿谓之"香车"。行的路谓之"香径"。地下飞起土来，谓之"香尘"。应干草正发叶，花生芽蕊，谓之"春信"。春忒(然)[煞]好，有首词曰：

韶光淡荡，淑景融和。小桃深，妆脸妖娆，嫩柳袅，宫腰细腻。百啭黄鹂，惊回午梦，数声紫燕，说尽春愁。日舒迟暖澡鹅黄，水渺(荗葝)[茫藕]香鸭绿。隔水不知谁院落，秋千高挂绿杨阴。

春景果然是好。到春来。则那府州、县道、村乡、镇市，都有游玩去处。

且说西京河南府又名洛阳。这西京有一县，唤做寿安县，在西京罗城外。县内有一座山，唤做寿安山，其中有万种名花异草。今时临安府官巷口花市，唤做寿安坊，便是这个故事。

西京城官员、士庶人家，都爱栽种名花，曾有诗道：

满路公卿宰相家，收藏桃李壮芳芽。

年年三月凭高望，不见人家只见花。

西京定鼎门外，寿安县路上，有一名园，唤做会节园，甚次第，但见：

朱栏围翠玉，宝槛嵌奇珍。红花共丽日争辉，翠柳与晴天斗碧，妆起秋千架，彩结筑球门，流杯亭侧水弯环，赏月台前花屈曲。几竿翠竹如龙，绕就太湖山，数簇香松似凤。楼台侧畔杨花舞，帘幕中间燕子飞。

每遇到春三二月间，倾城都去这园里赏玩。

说这河南府章台街上，有个开金银铺潘小员外，(叫名)[名叫]潘松。时遇清明节，因见一城人都出去郊外赏花游玩，告父母，也去游玩。先到定鼎门里，寻相识的翁三郎。当时那潘松来到翁三郎门首，便问："三郎在家么？"只见其妻相见道："拙夫今日清明节，去门外会节园看花。却也去不多时，若是小员外行得快，便也赶得上。"

潘松听得说，独自行出定鼎门外，迤逦行到这会节园时，正是：

乍雨乍晴天气，不寒不暖风和。盈盈嫩绿，有如剪就薄薄香罗，袅袅轻红，不若裁成鲜鲜蜀锦。弄舌黄鹂穿(透奔)[绣笼]，寻香粉蝶绕雕栏。

这潘松寻不着翁三郎，独自游玩，待要归去，割舍不得(于)[一]路上景致。看着那青山似画，绿水如描，行到好观看处，不觉步入一条小路，独行半亩田地。这条路游人(希)[稀]少，正行之间，听得后面有人叫"小员外"，回转看时，只见路(停)[傍]高柳树下，立着个婆子。看这婆婆时，生得：

鸡皮满体，鹤发盈头。眼昏似秋水微浑，体弱如九秋霜后菊。浑如三月尽头花，好似五更风里烛。

潘松道："素昧平生，不识婆婆姓氏？"婆婆道："小员外，老身便是妈妈的姐姐。"潘松沉思半晌，道："我也曾听得说，有个姨姨，便是小子也疑道，婆婆面貌与家间妈妈相似。"婆婆道："好几年不见，你到我家吃茶。"潘松道："甚荷姨婆见爱！"即时引到一条崎岖小径，过一条独木危桥，却到一个去处。婆婆把门推开，是个人家，随着那婆婆入去，着眼四下看时，元来是一座崩败花园。但见：

亭台倒塌，栏槛斜倾，不知何代浪游园，想是昔时歌舞地。风亭(弊)[敝]陋，惟存荒草绿(凄凄)[萋萋]；月榭崩摧，四面野花红拂拂。[莺]啼绿柳，每□尽日不逢人；鱼戏清波，自恨终朝无食饵。秋来满地堆黄叶，春去无人扫落花。

这婆婆引到亭上：“请坐。等我入去报娘娘知，我便出来。”入去不多时，只见假山背后，两个青衣女童来道：“娘娘有请！”

这潘松道：“有甚么娘娘？”只见上首一个青衣女童，认得这潘松，失惊道：“小员外，如何在这里？”潘松也认得青衣女童，是邻舍王家女儿，叫做王春春，数日前，时病死了。潘松道：“春春，你如何在这里？”春春道：“一言难尽！小员外，你可急急走去，这里不是人的去处。你快去休！走得迟，便坏你性命！”当时，潘松唬得一似：

分开八片顶阳骨，倾下半桶冰雪水。

潘松(荒)[慌]忙奔走，出那花园门来，过了独[木桥]，□□旧大路来，道：(惭惭愧愧)[惭愧惭愧]，却才这花园，不知是谁家的？[那王春春是]死了的人，却在这里。白日见鬼！”迤逦取路而归，只见□□有一家村酒店。但见：

傍村酒店几多年，遍野桑麻在地边。

白板凳铺邀客坐，柴门多用棘针编。

暖烟灶前煨麦蜀，牛屎泥墙画醉仙。

潘松走到酒店门前，只见店里走出一人，却是旧结交的天应观道士徐守真，问道：“师兄如何在此？”守真道：“往会节园看花方回。”潘松道：“小子适来逢一件怪事，几乎坏了性命。”把那前事，对徐守真说了一遍。守真道：“我行天心正法，专一要捉邪祟。若与吾弟同行，看甚的鬼魅敢来相侵！”

二人饮酒毕，同出酒店。正行之次，潘松道：“师兄，你见不见？”[指]着矮墙上道：“两个白鹅子在瓦上厮啄，一个走入瓦缝里去。你看我捉这白鹅子。”方才抬起手来，只见被人一掀，掀入墙里去。却又是前番撞见婆子的去处。守真在前走，回头不见了人，只道又有朋友邀去了，自归。不在话下。

且说潘松在亭子上坐地。婆子道：“先时好意相留，如何便走？我有(些好)[好些]话共你说，且在亭子上相等，我便来。”潘松心下思量，自道：“不(方)[妨]再行前计。”只见婆子行得数步，再走回来：“适来娘娘相请，小员外便走去了，到怪我。你若再走，却不利害!”只见婆子取个大鸡笼,把小员外罩住,把衣带结三个结,吹口气在鸡笼上,自去了。

潘松用力推不动,用(手)尽平日气力,也却推不动。不多时,只见婆子同女童来道:“小员外在那里?”婆子道:“在客位里等待。”潘松在鸡笼里听得,道:“这个好客位里等待!”只见婆子解下衣带结,用指挑起鸡笼。青衣女童上下手一捽,捽住小员外,即时撮将去,到一个去处。只见:

金(丁)[钉]朱户,碧瓦盈檐。四边红粉泥墙,两下雕栏玉砌。宛若神仙之府,有如王者之宫。

那婆婆引入去,只见一个着白的妇人,出来迎接,小员外着眼看,那人生得:

绿云堆鬓,白雪凝肤。眼描秋月之□,眉拂青山之黛。桃萼淡妆红脸,樱珠轻点绛唇。步鞋衬小小金莲,十指露尖尖春笋。若非洛浦神仙女,必是蓬莱阆苑人。

那婆子引那妇女与潘松相见罢,分宾主坐定,(交)[教]两个青衣安排酒来,但见:

广设金盘雕俎,铺陈玉盏金瓯,兽炉内高爇龙涎,盏面上波浮绿蚁。筵间摆列,无非是异果蟠桃,席上珍羞,尽总是龙肝凤髓。

那青衣童女行酒,斟过酒来,饮得一盏,潘松始问娘娘姓氏。只听得外面走将一个人入来。看那人时,生得:

面色深如重枣,眼中光射流星。
身披(列)[烈]火红袍,手执方天画戟。

那(今个)[个人]怒气盈面,道:“娘娘又共甚人在此饮宴?又是白圣母引惹来的,不要带累我便[好]。”

当时娘娘(把)[起]身迎接他。潘松失惊,问娘娘:“来者何人?”娘娘道:“他唤做赤土大王。”相揖了,同坐饮酒。少时,作辞去了。

娘娘道:“婆婆费心力请得潘松到此,今夜与奴做夫妻。”唬得小员外不敢举头,也不由潘松,扯了手便走。两个便见:

共入兰房，同归鸳帐。宝香消，绣幕低垂，玉体共，香衾偎暖，揭起红绫被，一阵粉花香，掇起琵琶腿，慢慢结鸳鸯。三次亲唇情越盛，一阵(疏)[酥]麻体觉寒。

二人云雨，潘松终猜疑不乐，缠绵到三更已后，只见娘娘扑身起来出去。小员外(根底)[跟前]立着王春春，悄悄地与小员外道："我(交)[教]你走了，却如何又在这里？你且去看那件事。"引着小员外，蹑足行来。看时，见柱子上缚着一人，婆子把刀劈开了那人胸，取出心肝来，潘松看见了，唬得魂不附体，问春春道："这人为何？"春春说道："这人数日前时，被这婆婆迷将来，也和小员外一般，排筵会，也共娘娘做夫妻。数日间，又别迷得人，却把这人坏了。"潘松听得，两腿不摇身自动："却是怎生奈何？"

说(由)[犹]未了，娘娘入来了，潘松推睡着，少间，婆婆也入来，看见小员外睡着，婆子将那心肝，两个斟下酒，那婆子吃了自去，娘娘觉得醉了，便上床去睡着。只见春春蹑脚来床前，招起潘松来，道："只有一条路，我(交)[教]你走。若出得去时，对与我娘说(听)：多做些功德救度我。你记这座花园，唤做刘平事花园，无人到此。那着白的娘娘，唤做玉蕊娘娘，那日间来的红袍大汉，唤做赤土大王，这婆子，唤做白圣母。这三个不知坏了多少人性命。我如今放你出去，你便去房里床头边，有个大窟(笼)[窿]。你且不得怕，便下那窟(笼)[窿]里去，有路只[管]行，行尽处却寻路归去，娘娘将次觉来，你急急走！"

潘松谢了王春春，去床头看时，果然有个大窟(笼)[窿]。小员外(荒)[慌]忙下去，约行半里田地，出得路口时，只见天色渐(晚)[晓]。但见：

薄雾朦胧四野，残云掩映荒郊。江天(晚)[晓]色微分，海角残星尚照，牧牛儿未起，采桑女(由)[犹]眠，小寺内钟鼓初敲，高荫外猿声(怎)[乍]息。

正是：

大海波中红日出，世间吹起利名心。

潘松出得穴来，沿路上问采樵人，寻路归去，远远地却望见一座庙宇，但见：

朱栏临绿水，碧涧跨虹桥。依(希)[稀]观宝殿嵬嵬，仿佛见威仪凛凛，庙门开处，层层冷雾罩祠堂，(廉)[帘]幕中间，念念黑云光圣像。殿后檜松蟠异兽，阶前古桧似龙蛇。

行进数步，只见灯火灿烂，一簇人闹闹(炒炒)[吵吵]，潘松移身去看时，只见庙中黄罗帐内，泥金塑就，五彩(庄)[妆]成，中间里坐着赤土大王，上首[坐着]玉蕊娘娘，下首坐(地)着白圣母，都是夜来见的三个人。惊得小员外手足无措。问众人时，元来是清明节，当坊境人春赛，在这庙中烧纸酌献。

小员外走出庙来，急寻归路，来到家中，见了父母，备说昨夜的事，大员外道："世上有这般作怪！"父子二人，即时同去应天观，见徐守真。潘松说："与师兄在酒店里相会出来，被婆子摄入花园里去。"把那取人心肝吃酒的事，历历说了一遍，"不是王春春(交)[教]我走归，几乎不得相见！"

徐道士见说，即时登坛作法，将丈二黄绢，书一道大符，口中念念有词，把符一烧。烧过了，吹将起来，移时之间，就坛前起一阵大风，怎见得？那风：

风来穿陋巷，透王宫。喜则吹花谢柳，怒则折木摧松，春来解冻，秋谢梧桐。睢河逃汉主，赤壁走曹公。解得南华天意满，何劳宋玉辨雌雄！

那阵风过处，见个黄(抱)[袍]兜巾力士前来云："潘松该命中有七七四十九日灾厄，招此等妖怪，未可剿除。"徐守真向大员外道："令嗣有七七四十九日灾厄，只可留在(弊)[敝]观躲灾。"大员外谢了徐守真自归。

小员外在观中，住了一月有余，忽一日，行到鱼池边钓鱼，放下钩子，只见水面开处，一个婆子咬着(钩)[钓]鱼(钓)[钩]。唬得潘松丢下钓竿，大叫一声，倒地而死。急忙救起，半(饷)[晌]重苏。令人便去请将大员外来。

徐守真向大员外道："要捉此妖怪，除是请某师父蒋真人下山。"大员外问："这蒋真人却在何处？"徐守真道："见在中岳嵩山修行。"

大员外道:“敢烦先生亲自请蒋真人来捉此妖怪。”徐守真相别了,就行。

且说小员外同爹归到家里,只是开眼便见白圣母在书院里面。忽一日,潘松在门前立地,只见那婆子道:“娘娘(交)[教]我来请你。”正说之间,却遇着徐守真请蒋真人来到潘员外门前,却被蒋真人镇威一喝,唬得那婆子抱头鼠窜,化一阵冷风,不见了。

徐守真令潘松:“参拜了蒋真人,救你一命!”大员外即时请蒋真人(符)相见,叙礼毕,安排饭食。不在话下。

那蒋真人道:“今夜三更三点,先□这白圣母。”天色渐晚,但见:

金乌西坠,玉兔东生。满空□雾照平川,几缕残霞生远汉。渔父负鱼归竹径,牧童同犊返孤村。

当夜三更前后,蒋真人作罡法,念了咒语。两员神将驱提白圣母来,蒋真人(交)[教]抬过鸡笼来,把婆子一罩住,四下用柴围着。蒋真人喝声:“放火烧!”移(之)时,婆子不见了,只见一个炙干鸡在笼里。

□□天晓,蒋真人道:“今(卓)[朝]午时,刘平事花园里去,断除那两个妖怪。”到得日中,四人同行到花园门首。蒋真人道:“(交)[教]徐守真将一道灵符,将两枚大(丁)[钉],就花园门首地上,便钉将下去。”只见起一阵大风,风过处,见四员神将出现。但见:

黄罗抹额,污骖皂罗袍光;□□袖绣团花,黄金甲束身微窄(地)。剑横秋水,靴踏狻猊。上通碧汉之间,下彻九幽之地。业龙作过,(白)[自]海波水底擒来;邪祟为妖,入洞穴中捉出。六丁坛畔,权为符吏之名,玉帝阶前,走□天丁名号。搜捉山前为怪鬼,拥会乾坤下二神。

四员神将领了法旨,去不多时,就花园内起一阵风。但见:

无形无影透人怀,四季能吹万物开。

就地撮将黄叶去,入山推出白云来。

风过处,只听得豁辣辣一声响亮,从花园里,神将驱将两个为祸的妖怪来。蒋真人道:“与吾打杀,立(交)[教]现形!”神将那时就坛前打杀,一条赤斑蛇,一个白猫儿。

元来白圣母是个白鸡精,赤土大王是条赤斑蛇,玉蕊娘娘是个白猫精。

神将打死了妖怪,一阵风自去了。潘员外拜谢了蒋真人、徐守真,自去了。

话名叫做《洛阳三怪记》。

风月相思

入话：

深院莺花春昼长，风前月下倍凄凉，
只因忘却当年约，空把朱弦写断肠。

洪武元年春，有冯琛者，字伯玉，故成都府朝阳门兴庆坊人也。父组，为元先锋都督，生琛于金陵，时至元六年，庚(戌)[辰]岁也，幼失怙恃，(伊)[依]舅氏育养。至总角，颖悟聪明，词章翰墨，举世罕有。少长咸羡誉之。

未几，南北盗贼兴起。生奔走流离，浪迹江湖。至临安时，直殿将军赵彧见而异之。公无子，得生甚喜。生事之如亲父焉。公有女，名云琼，幼丧母，公命庶母刘氏育之。年至十三，同生延师教之。生[愈]加恭敬，如亲妹，而琼待生，亦如亲兄。

一日，生忧思干戈不宁，(测)[恻]然有感，(逐)[遂]赋一诗以呈师，云：

两虎争雄势不休，回头何处是神州？
一朝鼙鼓喧天动，万里尘埃匝地浮。
白日豺狼当路道，黄昏(锋)[烽]火起边楼。
何时南北干戈息，重睹君王旧冕旒！

师诵毕，特以示彧曰："此子当有大志，非常才也！"公亦喜。

将二载，刘氏以云琼年长，可笄，(逐)[遂]令入闺阁，习女工。

一日，生在书馆独坐，见春光明媚，蜂蝶交飞，不觉惆怅，吟一绝云：

桃花如锦草如茵，妆点园林无限春。
蜂蝶分飞缘底事？东君应念断肠人！

生吟毕，云琼在书馆后游玩，听其吟诗有惆怅之意，悒悒不乐。

越数日，百和亭前牡丹盛开，琛往观之，琼亦在彼，遂同玩赏。琼问曰："'东君应念断肠人'，为谁作也？"生笑而不答，又将牡丹花题诗一首：

娇姿艳质解倾城，似语还休意未成。
一点芳心谁共诉？千重(蜜)[密]叶苦相屏！
君王笑处天香满，妃子观时国色盈。
何幸倚栏同一赏，恨无杯酒浥芳馨！

琼见诗，知生意有属于己，乃一笑，叹息而去，回顾再三。

生自此之后，见其姿容秀丽，其心不能自持，琼此后无心针指，时出游戏消遣，见蜂蝶燕莺，景物繁华，赋诗一首：

春色平分二月时，弓鞋款款步莲池。
九回肠断无由诉，一点芳心不自持。
灼灼奇花留粉蝶，阴阴古木啭黄鹂，
晓来闷对妆台立，巧画蛾(媚)[眉]为阿谁？

琼有侍女韶华，颇巧慧，能讴(时)[诗]。见琼长吁短叹，识其意而不敢问。一日，偶过书馆，生语之曰："我万里无家，四海一身，与我结为兄妹，何如？"韶华曰："贱妾卑微，何敢上扳君子！"生曰："何害！"二人拜为兄妹。自此之后，与生来往甚密。

一日，生曰："连日不见琼娘子，固无恙乎？"答曰："娘子近日，偶疾如疟，神思不宁，倚床作《望江南》词。"生曰："愿闻。"韶华云：

香闺内，空自想佳期，独步花阴情绪乱，慢将珠泪两行垂，胜会在何时？　恹恹病，此夕最难持。一点芳心无托处，荼蘼架上月迟迟，惆怅有谁知？

韶华别去。[生]知琼有意于己，潸然下泪。

次日，与赵公会宴，琼侍父侧，虽然眉目往来，不能通言语为憾。生归室，见宝鸭香消，银台烛暗，愁怀万斛，展转至晓，乃赋一律：

暗思昨日可怜宵，得见佳人粉黛娇；
银海晓含珠泪湿，金莲微动玉钩摇。
谢鲲(从)[徒]折机边齿，弄玉空吹月下箫。
一笑倾城殊绝代，宁(交)[教]不瘦沈郎腰！

一日，生与韶华曰："我有手书一缄，烦汝送琼，幸勿沉滞！"韶华乃潜纳于镜奁。次早，琼梳妆，见书，视之，乃《满庭芳》词：

蝉鬓拖云，蛾(媚)[眉]扫月，天生丽质难描。樽前席上，百媚千娇。一点芳心初动，五更(清)[情]兴偏饶。诉衷肠不尽，虚度好良宵。　　秦楼明月夜，余音袅袅，吹彻鸾箫。闲敲棋子，愈觉无聊。何时识得东风面，堪成凤友鸾交？凭鸿雁，潜通尺素，盼杀董妖娆！

复吟一绝：

每同玉步踏香尘，曾见妆台点绛唇。
春色谩随桃杏去，天台谁为款刘晨？

琼读毕，怒责韶华曰："汝怎敢传消递息！我与夫人说知。"韶华悲泣哀告，琼意稍解，乃曰："舍人何以知我病，而送药方与我？当以实对。"韶华曰："向者，舍人与妾言曰：'我四海无亲，欲与结为兄妹！'当时妾惶愧不敢当，复问：'娘子无恙[乎]？'妾曰：'因病，稍安'。妾读娘子《望江南》词，舍人不觉泪下。至晚，以书令妾转达。"琼曰："我虽未愈，不服此药，不可辜其美意，我今回一缄去谢之。"

韶华候琼作书毕，持以诣生室。生见韶华，甚喜。生展视之，乃和《满庭芳》词，云：

短短金针，纤纤玉手，闲将绣带轻描。描鸾刺凤，想象剔还挑。不觉黄昏又到，谁知玉减香消！鸳鸯被，寻思展转，倏忽至中宵。　　阳台魂梦杳，彩鸾归去，辜负文箫！算人生几，行乐陶陶。何日相逢一面，樽前唱彻红绡？知此时芳心动也，愁杀盖宽饶。

复吟一绝：

丰姿绝代更青春，妾意拳拳在汝身。
明月一轮花满地，肯容香露湿湘裙？

生视毕，不觉失魂丧志，莫知身之所在。

琼曰："彼时以我病愈，兄妹之情，喜之。"当时，韶华颇疑之，退而叹曰："人生莫作妾婢身，城门失火池鱼殃，日后必贻祸于我矣！"自此，非堂前有命，不出于外。琼虽意恋，不能相会。生自此之后，竟不得见，憔悴疲倦，饮食减少。夫人刘氏时加宽慰以"休思乡里"，生但俯首而已。

有一日，夫人与侍女数人，于后花园里风亭上观赏荷花。琼推疾不出，夫人去后，琼潜至生室，谓："兄何恙?"生泪下，不能答言，琼曰："兄何故如此？万事岂由人乎？琼闻夫子曰：'贤贤易色。'古圣所戒。"生曰："钻穴逾墙，吟琴（拆）[折]齿，妹独不知?"言语未尽，侍女报曰："夫人至。"琼曰："且与告别，情话难尽。翌日牛女佳期，妾当陈瓜果，与君登楼乞巧，以占灵配。"生诺。

至期，生乃赴约。刘氏命琼在堂行酒，亦召生预宴。生不胜懊恨，仰观其天，轻云翳月，乍明乍暗，织女牵牛，黯淡莫辨。忽听谯楼鼓已三更矣，乃赋诗云：

几度如梳上碧空，缺多圆少古今同。
正期得见嫦娥面，又被痴云半掩笼！

次日，于堂侧偶见琼，生以此[诗]示之。[琼]口占一绝：

停杯对月问蟾蜍，独宿嫦娥似妾无?
今日逢君言未尽，令人长恨命多孤！

琼自后作事，闷闷不已，女工之事，俱无情意，患病数日，家人惊惶，乃白刘氏。夫人即唤韶华，曰："汝知娘子之病?"韶华不敢答。夫人再三逼之，只得言："娘子与冯官人相见之后，至今三好两怯。"夫人即与公曰："妾闻：'男冠而有室，女笄而有家。'今琼年二十，闺房之事，想已知之。且琛居门下，亦有年矣，而琼岂无思念之心？妾视动静之间，俱有不足之意，不如早命纳琛为婿，庶免彰人之耳目。"彧大怒，不悦，寻思良久，乃曰："依汝言也罢。"当韶华面前告琼。琼喜，令韶华告生。生喜，赋诗一首以自贺：

昨日窗前阅简编，银缸双结并头莲。
当时以此非容易，今日方知岂偶然。
红叶沟中传密意，赤绳月下结姻缘。
从前多少心头事，尽付东流水一川。

翌日，公令人探生。[生]曰："投托门下，多蒙厚恩，敢效结草之意。既蒙有命，安敢不从！"退以告公。

越十余月，公命媒行（娉）[聘]为婿，于二室。至期，屏开孔雀，褥隐芙蓉；花烛莹煌，管弦歌沸。生与琼拜于堂，一如神仙归洞府。

宾客叹其郎才女貌,世间罕有。

至筵席散,生偕入洞房,见其象床瑶席,凤枕鸳衾,乐谐琴瑟,生与琼曰:"昔慕子之心,每于花前月下,抚景伤怀。今日至此,岂非天假良缘耶!"琼曰:"遇君之后,行无定迹,寝不贴席。今也,天随人愿,获侍巾栉。但愿君子始终如一,则万幸矣!"琼似蜂情蝶意,遂词云:

翠荷花里鸳鸯浴,碧桃枝上鸾凤宿。花烂枝尚柔,俄惊一夜秋。百岁共谐和,相看奈汝何?

生亦口占《减字木兰花》词一[阕]云:

调云弄雨,迤逦罗帏同笑语,春透花枝,一[日偎依十二]时。　相怜相爱,还了平生憔悴债,鱼水欢情,剪下青丝结誓盟。

越月余,公被召,促装赴京,嘱生家事而别。越三月,公奏曰:"臣老,不能用也。有婿冯琛,素怀异才。臣荐为国,非私也。"上大悦,遣使召生。

生与琼曰:"蒙旨征召,暂与相别。"琼曰:"相会未几而遽别,奈何!奈何!妾闻金陵胜地,歌楼不可留恋!"生曰:"噫!卿误也。我心尤如冰玉,后当自知。"即促装起程。

琼令韶华备酒肴,饯于郊外。琼握生手,相视大恸。生亦呜咽。琼曰:"君今弃妾,妾无负于君!"生曰:"我与子岂一朝一夕之缘分!今日之行,出于无奈,卿有是言,殆非以为陌路人耶?"琼曰:"君无二心,妾何以报!"口占二绝以赠。其一:

鱼水欢娱未一秋,临岐分袂更绸缪,
诉君不尽衷肠事,惟有潸潸珠泪流。

其二:

香闺绣幙恨悠悠,一片离情不自由。
争奈君心似流水,滔滔东去不能留。

生赋律诗一首以答:

懒上雕鞍闷不胜,此心如醉为多情。
空垂眼底千行泪,难阻天涯万里程。

最苦凄凉冯伯玉，可怜憔悴赵云琼。
男儿且学四方志，铁石心肠作广平。

琼情不已，亦作《茶瓶词》云：

忆昔当时相会，共结百年姻配，枕前盟誓如山海，此意千载难买，恩和爱，知何在？情默默，有谁揪采？妾心未改君先改，奈好事多成败。

词毕，恸哭不舍。生扶琼至家，嘱韶华劝慰。次早，不令琼知而去。

琼晚见月界窗痕，风鸣纸隙，举目无亲，以赋《临江仙》词一阕：

明窗纸隙风如箭，几多心事难忘，荼蘼架下见行藏，交加双粉蝶，交颈两鸳鸯。岂知今日成抛弃，尪羸减玉消香。谁与诉衷肠？行云空缥缈，恨杀楚襄王。

生行不觉逾旬，未尝不思琼也，观京畿将近，偶成一律：

冉冉时光日似梭，相思无计欲如何？
五云缥缈皇畿近。万里迢遥客恨多，
愁望银河看织女，魂飞阆苑问仙娥。
金陵谩说花如锦，一点芳心誓匪他。

生行至京，见上于奉天殿。上甚爱其才，即日除为起居郎。一日出朝，因便人，作书以寄：

冯琛端肃书奉云琼娘子妆前：拜违懿范，已经月余，思仰香闺，梦寝行坐，未尝离于左右。迩来未审淑候何如？琛至京，蒙授起居郎。谁料菲才，幸际风云之会，得依日月之光。偶因风便，封缄以寄眷恋之私云。

琼得书，一喜一悲。贺者填门，而琼悲号不已，刘夫人命具杯酌，弦歌宽慰。琼编《驻马听》，命韶华讴之，闻者莫不凄惋。自兹愈无聊赖，鸾孤凤只，竹瘦梅癯，面似梨花带雨，眉如杨柳含烟。署中风凉月冷，形只影单，赋诗一律：

夜深独坐对残灯，默默怀人百感增。
愁肠百结如丝乱，珠泪千行似雨倾。
月照纱窗光皎皎，风摇铁马响铃铃，

总借夫人宽慰我，金樽漫有酒如渑。

(素娥)[韶华]善言语，一日，对琼曰："妾闻西湖鸳鸯失侣，相思而死，何谓也？"琼曰："汝戏我乎？"曰："既知，何不自想？"琼曰："汝不闻李白云：

锦水连天碧，荡漾双鸳鸯。甘同一处死，不忍两分张。

(素娥)[韶华]曰："谁无夫妇，如宾似友？至于离合，故不可测。《关雎》诗曰：'乐虽盛，而不失其正；忧虽深，而不害于和。'是以传之于经，娘子朝夕哭泣，过于哀怨；倘致不虞，将如之何？望以身命为重！"琼意稍解。

琼恐生心有异，不能无疑焉，乃作古风一章以自慰：

忆昔与君相拜别，三月鹃声哀夜月。
鸳鸯帐里彩鸾孤，惆怅良人音信绝。
妾心如水水复深，妾泪如珠珠溅血。
深院无人春昼长，几回独把湘帘揭。
湘帘揭起飞双燕，燕燕差池相眷恋。
令人感动心益悲，欲寄征鸿风不便。
文君空有白头吟，婕妤谩赋齐纨扇。
君心若与我心同，妾亦于君复何怨！

琼作虽非怨悔，相思之心殊切，抚景兴怀，时无休歇。伫见：征鸿北去，乌鹊南飞；寒蛩在壁，秋水连天；桐风飒飒，桂月娟娟；香残烛暗，枕冷衾寒。斯时也：空闺寂寂，人各一天；经年累月，有谁见怜！作《满庭芳》一阕：

皓月娟娟，清灯灼灼，回身转过西厢。可人才子，流落在他乡。只望团圆到底，谁知反属参商。君知否？星桥别后，一日九回肠。相思无尽极，惨云愁雨，减玉消香。几回梦里，与子飞扬。(尤)[犹]记山盟海誓，地久天长，春已老，桃花无主，何日遇刘郎？

题毕，谓韶华曰："古之女，亦有如我者乎？"答曰："有之。如王妫之丧身，姜女之死节，皆如此也。然悲欢离合，亦自古有之；若不自惜其身，至于殒绝，亦或有之。"琼曰："汝之言，我非不知。但恨与生

会合未久,遽成离别,恐作王魁负桂英也。”因而赋歌一首:

黄昏渐近兮,白日颓西。对景思人兮,我心空悲。云归岫兮去远,霞映水兮呈辉。倏天光兮黯淡,月初出兮星稀。叹南飞兮乌鹊,绕树枝兮无依。久凭栏兮徒倚,追往事兮嗟吁。香消兮玉减,花落兮色衰。陟高庭兮(跳)[眺]望,仍凝思兮迟迟。霜凋残兮落叶,雨滴损兮花枝。花委谢兮寂寂,叶辞柯兮凄凄。恨关山兮路远,极目望兮天涯,自勉强兮假寝,风飒飒兮吹衣。奈好梦兮杳渺,忽惊觉兮邻鸡。傍妆台兮抑郁,临宝镜兮惨凄。霞鬓云鬟兮,为谁梳洗?兰心蕙质兮,空自昏迷。睹双飞兮粉蝶,听百啭兮黄鹂。何人生兮不若?嗟物类兮如斯。愧年少兮多别离,望美人兮空踌躕。

韶华观其吟,亦掩泪,谓娘子曰:“恐生有‘富易妻,贵易交’之意,莫若令人赍书与冯生,起居动静,可知之矣。胡乃孤眠独宿,行吁坐叹,而自苦若此也!”琼曰:“岂必书也。自生别后,有诗十余首,并录寄赠,以见我之心耳!”即日遣家童,赍书抵京。

生得书,不胜欣喜,展视之,皆琼佳制也:“泪雨潸潸洒满衣,含愁强赋断肠诗。自从昔日相分手,直至今朝懒画眉。东阁尚怀挥翰墨,西园尤想折花枝。自君一去无消息,独对青铜怨别离!”

[生读罢,不胜悲咽,遂差人接琼抵京。琼谓韶华曰:“素承]不弃,我今将行,汝从我乎?”韶华曰:“妾幼侍夫人,居于闺阁之中,誓生死相随。今夫人将行,妾愿(侍随)[随侍]。”即日治办行装而去。

离朝五里许,生先在郊外,候琼而来,其[乐]融融,乃曰:“一别许久,不想今日复睹仪容。”琼再拜谢曰:“妾女流也,不知理法。荷蒙君子不弃,誓同生死!”

生与琼轿马相随,归衙,重寻旧约,再整前盟:“今夕之会,何幸如之。”生赋诗一律:

朱颜一别几经春,两地相思各惨神,
失意如今还得意,旧人偏觉胜新人,
颠鸾倒凤情何治?誓海盟山乐更真。
寄语司天台上客,更筹促漏莫交频!

不觉已五更鼓矣,生起,整衣冠而进朝。俄闻倭夷有警,上敕生为静海将军。即日承命,至家,与琼曰:“吾奉朝命,领兵收贼,有一载之别。汝宜保重!吾不敢久留,以缓君命。”于是率凤阳精兵四万,上大悦,亲劳军士,同兵部尚书李斌、左平章廖禹,复率羽林等卫五十八万军马,旌旗蔽野,水陆继进。生之英风锐气,所向无前,驻札连栈。倭夷鏖战(徉)[佯]走,生兵追之,倭度其半入,以精兵五千,出其不意,由别道尾其后,官军溺死者无算,江水为之不流,生呼谓众曰:“今天败我,非众人罪也!第无以报效朝廷。”生复招集残兵,整顿军旅,身先士卒。众乃奋身戮力,与敌鏖战,无不一[以]当百。倭夷大败。生喜曰:“不意天兵之果锐也如此!”倭夷遂遣使,称臣求和。生恐有变,许之,奏凯而还。

上得捷音,天颜大悦,谓宋景曰:“以羸败之兵,入危险之地,而能克敌,皆卿之荐举得其人也。”景稽首拜曰:“愚臣无(知)[琛]之明敏果断,举选得人。”上曰:“古有社稷之臣,今琛近之矣!”

生引兵由玄武门,上[坐]召生入丹陛。上慰劳之,曰:“克战之功,出于卿也!”生拜曰:“陛下顺行天道,御物无私;臣下奉行政令而已。”遂拜生为镇国大将军,赐剑履趋朝;云琼封为赵国夫人,金冠霞(玻)[帔]。夫荣妻贵,近世未有。

夫何盛极有衰,天年不永。洪武七年甲寅岁,十一月初一日壬戌,薨。病亟之夕,执琼手谓曰:“吾负汝矣!路隔幽冥,不复相见也!”急呼家童,燃灯取笔,题诗云:

九泉未肯忘恩爱,一死无由报主恩。
君命妻情俱未了,空留怨气塞乾坤!

琼曰:“君无忧也,不久当相见!”言讫,生卒。

次日,大夫宋景奏闻。上曰:“天何夺吾伯玉之速也!”命礼部官,具衾椁,拟以王礼祭之,曰:明仁忠烈武安王。

越十五日丙子,琼亦以忧思,不进饮食而卒。敕合葬于采石之阳。越一月,御祭,墓碑丹书,命陶凯篆额,宋景作序。

有子二人:长曰明德,[娶]尚平公主;次子明烈,(娉)[聘]廖禹之女。

是为之记。

伉俪相期寿百年，谁知一旦丧黄泉，
云琼节义非容易，伯玉姻缘岂偶然！
配获鸾凤真得意，敬同宾友不虚传。
关雎风化今重见，特为殷勤著简编。

风月相思记终。

张子房慕道记

入话：

梦中富贵梦中贫，梦里欢娱梦里嗔。

闹热一场无个事，谁人不是梦中人？

话说汉朝年间，高祖登基，驾坐长安大国。忽一日，设朝，聚集文武两(斑)[班]，九卿四相。各人奏事以毕。(斑)[班]部中转过一人，紫袍金带，执简当胸，出(斑)[班]奏曰："我王万岁！微臣看得近今天下太平，风调雨顺，万民乐业。臣欲要慕道修行，不知我王意下如何？"

高祖问曰："卿因何要入山慕道？"

张良答曰："臣见三王苦死，不能全终。"

高祖曰："那三王？"

张良曰："是齐王韩信，大梁王彭越，九江王英布。元来这三王，忠烈直臣，安邦定国。臣想昔日楚王争战之时，身不离甲，马不离鞍；悬弓插箭，挂剑悬鞭；昼夜不眠，日夜辛苦，这般猛将尚且一命归阴，何况微臣。岂不怕死？"

高祖曰："卿莫非[嫌]官小职低，弃却寡人？岂不闻刚刀虽快，不斩无罪之人？"

张良曰："岂无罪过！臣思日月虽明，(倘)[尚]不照覆盆之下，三王向如此乎？"

高祖曰："齐王韩信，他有罪过，如何苦死？卿不知其情，寡人有诗为证：

韩信功劳十代先，夜斩诗祖赫赵燕。

长要损人安自己，有心要夺汉朝天。

张良诉说已罢，微微冷笑，便道："我王岂不闻古人云：'君不正，臣投外国；父不正，子奔他乡。'我王失其政事，不想褒州筑坛拜将之时。我王不信，有诗为证：

韩信遭逢吕后机，不由天子只由妃。

智赚未央宫内死，不想褒州拜将时。

高祖曰：“卿，韩信、彭越、英布三人有怨寡人之心。”

张良答曰：“臣自有诗为证：

韩信临危剑下亡，低头无语怨高皇。

早知死在阴人手，何不当初顺霸王。”

张良言曰：“微臣眼前不见三人，一心只要慕道。”

高祖曰：“卿，你作官中第一，极品随朝，身穿紫罗袍，腰悬白玉带，口餐珍羞百味，因甚却要归山慕道？”张良曰：“臣见三王遭诛，臣怀十怕。”

高祖曰：“卿那十怕？”

张良曰：“赦臣之罪，微臣敢说。”

（朕）[高祖]曰：“赦之。”

良曰：“听臣所说，有诗为证：

一怕火院锁牢缠，二怕家眷受熬煎，

三怕病患缠身体，四怕有病服药难，

五怕气断身（忘）[亡]死，六怕有难哭皇天，

七怕采木花棺椁，八怕牢中展却难，

九怕身葬荒郊外，十怕萧何律上亡。”

张良曰：“我王，倘若无常到来，如何躲得？”

高祖曰：“卿，你正好荣华富贵，却要受冷耽饥。”

张良曰：“皇若不信，有词为证：

慕道逍遥，修行快乐，粗衣淡饭随时着，草履麻鞋无拘束。不贪富贵荣华，自在闲中快乐。手内提着荆（蓝）[篮]，便入深山采药。去下玉带、紫袍，访友携琴取乐。”

高祖曰：“卿要归山，你往那里修行？”

张良曰：“臣有诗存证：

放我修行拂（柚）[袖]还，朝游峰顶卧苍田。

渴饮蒲萄香醪酒，饥餐松柏壮阳丹。

闲时观山游野景，闷来潇洒抱琴弹。

若问小臣归何处？身心只在白云山。”

高祖曰：“卿意要去修行，久后寡人有难，要卿扶助朝纲，协立社稷。”

张良回答曰：“臣有诗存证：

十年争战定干戈，虎斗龙争未肯和。
虚空世界安日月，争南战北立山河。
英雄良将年年少，血染黄沙岁岁多。
今日辞君臣去也，驾前无我待如何！”

高祖曰：“如今天下太平，正好随伴寡人，在朝受荣华富贵，却要耽寒受冷，黄齑淡饭，修行慕道！”

张良听说：“有诗为证：

两轮日月疾如梭，四季光阴转眼过。
省事少时烦恼少，荣华贪恋是非多。
紫袍玉带交还主，象简乌靴水上波。
脱却朝中名与利，争名夺利待如何！”

高祖曰：“不要卿管职事，早晚随伴寡人，意下如何？”

张良曰：“臣有诗存证：

荣华富贵终无久，仔细思量白发多。
为人不免无常到，人生最怕老来磨。”

高祖曰：“卿若年老，寡人赐你俸米，月支钱钞，四季衣服，封妻荫子，有何不可？”

张良曰：“蒙赐衣、钱、米，老来如何替得？有词存证：

老来也，百病熬煎。一口牙疼，两臂风牵。腰驼难立，气急难言。吃酒饭，调痰倒转；饮茶汤，口角流涎。手冷如钳，脚冷如砖。似这般百病，直不得两个沙模儿铜钱。”

高祖曰：“卿一心既要入山慕道，寡人管你四季道粮并衣服、鞋袜。”

张良曰：“臣有诗为证：

日月如梭架不捞，时光似箭斩人刀。
清风明月朝朝有，火院前程无下梢。

日月韶光随时转，太阳真火把人熬。
你强我弱争名利，不免阎王走一遭。”

高祖苦劝，张良不允。“且回相府，明日再来商议。”

张良辞驾出朝，吟诗一首：

游遍江湖数百州，人心不似水长流。
受恩深处宜先退，得意浓时便可休。
莫待是非来灌耳，从前恩爱反为仇。
不是微臣归山早，服侍君王不到头。

张良拜辞，出朝回家。

高祖曰：“众文武百官，寡人苦劝张子房不听。”遂令百官领圣旨，往张良相府，劝他回心转意：“丞相，主人留你，‘不要入山修行，在家出家，朝暮随伴寡人，道粮、衣服、钱米，每月供俸。’却不是好？”

张良曰：“臣想韩信、彭越、英布，争江山，夺社稷，累建大功。如今功劳却在何处？”张良不允。众官又劝：“丞相，如今天下太平，官封极品，位至三公，朝中享荣华富贵，如何归山慕道？”

张良呵呵大笑：“有诗为证：

汉世张良散楚歌，八千兵散走奔波。
霸王只为江山死，悔不当初过界河。
万里江山朝皇帝，八方宁(净)[静]罢干戈。
因甚子房归山早，恩深倒惹是非多。”

众文武百官苦劝不从，各回去了。

张良送众官，回到相府，辞了老夫人：“我今欲要入山慕道。”老夫人便道：“丞相，你每日受享龙楼凤阁，耳听山呼万岁，吃珍羞，饮御酒，端的是：

春眠红锦帐，夏卧碧纱厨，两双红烛引，一对美人扶。如何却要归山慕道？旷野荒郊，孤身独自；冬夏衣服道粮谁管？闷来有谁消愁？只在家中修行。”

张良见说：“有诗为证：

兔走乌飞不暂闲，古今兴废已千年。
才见婴儿并幼女，不觉苍颜白鬓边。

慕道修真还苦行，游山玩景炼仙丹。
闲时便把琴来操，闷看猿猴上树巅。”

老夫人听说：“丞相如今高官极品，富贵荣华；一人之下，万人之上，朝则同欢，暮则同乐；不肯受用，情愿入山慕道。耽寒受冷，忍饥受饿，那时悔之晚矣！”

张良不允，留诗一首：

生死轮回几万遭，迷人不省半分毫。
贪心似草年年长，造罪如山渐渐高。
不去佛前求忏悔，贪迷火院受煎熬。
若人不行平等事，三途地狱苦难逃。

老夫人道：“丞相，你却修行去了，家中儿女未曾婚配，男孤女只。待等家事已完，那时未迟。”张良答曰：“倘若大限到来，身归泉世，命染黄沙，如何留得？”张良即便题诗一首：

一日无常万事休，半床席卷不中留。
忧愁恋儿年纪小，爱子贪妻不到头。
使尽机关争名利，魂离魄散做骷髅。
人人尽是痴呆汉，难免荒郊卧土丘。

张良说罢而去。

高祖传旨，遂令把门官军：“不要放出张丞相，若不辞朕，怎敢便去？”高祖正说之间，张良将冠带、袍服、象简、乌靴，朱红盘内托来，放于五凤楼前，私行去了。高祖差人四下追赶捕获，寻至数日，杳无踪迹。只见朱红盘内，有诗为证：

懒把兵书再展开，我王无事斩贤才。
腰间金印无心挂，拂袖白云归去来。
两手拨开名利锁，一身跳出是非街。
不是微臣归山早，怕死韩信剑下灾！

高祖自从去了张良，每日思想悬悬，放心不下。朝门外大张黄榜：“有人得知张良下落者，封其官职。”忽有一樵夫，分开人众，前来揭榜，入朝：“奏上我王万岁，臣见张丞相却在白云山修行慕道。”高祖听罢，心中大喜，龙颜甚悦，即排銮驾，前往白云山前，寻访一遭。

行至一日，只见茅庵一所，不见张良，令人来到名山，有诗为证：

白云山前字两行，张良留下劝人方：
红颜爱色抽心死，紫草连枝带叶亡。
蜂采百花人食蜜，牛耕荒地鼠餐粮。
世上三般冤屈事：月缺花残人少亡。

高祖念诗已罢，不见张良，眼中垂泪，吟诗一首：

君王亲自驾临山，不见贤臣空到庵。
日映桃花侵目艳，风吹竹叶透人寒。
炉内烧丹灰未冷，壁上题诗墨未干。
棋盘踪迹端然在，子房何处把身安？

高祖吟诗已罢，不见张良，仰天长叹。回驾，行至半山，忽见张良渔鼓简子，口唱道情，仙鹤绕舞，野鹿衔花，前来接驾。高祖一见张良，龙颜大喜，作诗一首：

十度宣卿九不朝，关心路远费心劳。
明知你有神仙法，点石成金不用烧。
朝中缺少擎天柱，单等贤臣挂紫袍。
卿若转心回朝去，寡人世界得坚牢。

张良听说："面奏我王，臣誓不回，只在山中修行(办)[慕]道。我王不信，微臣有诗一首：

闲时山中采药苗，不愿朝中挂紫袍。
高祖咬牙封雍齿，汉王滴泪斩丁公。
萧何稳坐为丞相。韩信安邦命不牢。
不是微臣嫌官小，犯了王法不肯饶。"

张良："奏上我王万岁得知，韩信、英布、彭越三人，争南夺北，个个死于剑下。我王不信，有诗为证：我去归山脱离灾，韩信遭计倒尘埃。因为我王无正道，吕后定计斩英才。"

高祖曰："卿不比在前浑浊之时。"

张良答曰："我王若要回朝，请我王到茅庵，献清茶一盏。"张良引驾，正行之间，前面一个仙童，指化一条大涧，横担独木高桥一根，请高祖先行。高祖恐怕木滚，不敢行过。张良拂袖而过此桥，吟诗一首：

桥上横担松一根，不知那是造桥人？
独木怎过龙驹马，深水难行伴侣人。
百条龙尾空中挂，千根大(莽)[蟒]涧边存。
虽然不是神仙法，(赫)[吓]得人心不敢行。

这涧中碧沉沉水，波浪千层阻隔，高祖龙车不能前进。张良见了，呵呵大笑，吟诗一首：

范蠡归湖脱紫襤，子房修道不回还。
心猿牢锁无根树，意马牢栓不放闲。
辞文官来别武将，功名二字两分单。
不是微臣归山去，免被云阳剑下丹。

高祖苦劝张良不回，心中忧闷，眼泪恓惶。张良就于涧边拜辞高祖，吟诗二首：

张良交印与高皇，范蠡归湖别越王。
二人不嫌官职小，只怕江山不久长，
向后莫听吕后语，君王失政损忠良。
万丈火坑抛撒了，一身跳出是非场。

张良收心归山，普劝世人，作诗一首：

普劝阎浮贤大良，世间莫要把名扬。
无常那怕公侯子，不怕文官武将强。
不俱男女收心早，大限来时手脚忙。
学得子房归山去，免向阎王论短长。

卷三

阴骘积善

入话：

燕门壮士吴门豪，竹中注铅鱼隐刀。

感君恩重与君死，太山一击若鸿毛。

唐德宗朝有［个］秀才，南剑州人，姓林，名积，字善甫。为人聪俊，广览诗书，九经、三史，无不通晓，更兼为事梗直。在京师太学读书，给假在家，侍奉母亲之病。母病愈，不免再往学中，（离）［免］不得暂别母亲，相辞亲戚、邻里，教当直王吉，挑着行李，迤逦前进。在路但见：

或过山林，听樵歌于云岭；又经别浦，闻渔唱于烟波。或抵乡村，却遇市井。才见绿杨垂柳，影迷（已）［几］处之楼台；那堪啼鸟落花，知是谁家之院宇？行处有无穷之景致，奈何说不尽之驱驰。

饥餐渴饮，夜住晓行，无路登舟。不只一日，至蔡州，到个去处。天色［已］晚，但见：

十（色）［里］俄（分）［惊］黑雾，九天云里星移。八方［滴］［商］旅，归店解卸行李；北斗七星，隐隐遮归天外。六海钓叟，系船在红蓼滩头；五户山边，尽总牵牛羊入圈，四边明月，照耀三清。边廷两塞动寒更，万里长天如一色。

天色晚，两个投宿于旅邸。小二哥接引，拣了一间宽洁房［子］，当直的安顿了担杖。林善甫稍歇，讨了汤，洗了脚，随分吃了些个晚食。无事闲坐则个，不觉早点灯，（交）［叫］当直安排宿歇，来日早行。当直王吉（下了宿），在床前打铺自睡。

且说林善甫脱了衣裳也去睡，但觉物瘾其背，不能睡着。壁上有灯,尚犹未灭,遂起身揭起荐席看时,见一布囊。囊中有一锦囊,其中有大珠百颗,遂收于箱箧中。当夜不在话下。

到来朝,天色晓,但见:

晓雾装成野外,残霞染就荒郊。耕夫陇上,朦胧月色(时)[将]沉;织女机边,幌荡金乌欲出。牧牛儿尚睡,养蚕女(由)[犹]眠。樵舍外犬吠,岭边山寺犹未起。

天色晓,起来洗漱罢,系裹毕,(交)[叫]当直一面安排了行李,林善甫出房(中)来,问店主人:"前夕甚人在此房内宿?"店主人说道:"昨夕乃是一客商。"林善甫见说:"此乃吾之故友也,因俟[我]失期。"看着那店主人道:"此人若回来寻时,可使他来京师上庠贯道斋,寻问林上舍,名积,字善甫。千万!千万!不可误事!"说罢,还了房钱,相揖作别了去。

当直的前面挑着行李什物,林善甫后面行,迤逦前进。林上舍善甫不放心,恐店主人忘了,遂于沿路上。令当直王吉,于墙壁粘贴手榜,云:

某年、某月、某日,有剑浦林积假馆上庠,有故人元珠,可相访于贯道斋。

不只一日,到于学中,参了假,仍旧归斋读书。

且说张客到于市中,取珠欲货,(不)[方]知失去。吓得魂不附体,道:"苦也!苦也!我生受数年,只选得这包珠子。今已失了,归家,妻子、孩儿如何肯信!"再三思量,不知于何处(去失)[失去],只得再回[去],沿路店中寻讨。直寻到林上舍所歇之处,问店小二时,店小二道:"我却不知你失去物事。"张客道:"我歇之后,有甚人在此房中安歇?"店主人道:"我便忘了。从你去后,有个客人来歇一夜了,绝早便去,临行时吩咐道:'有人来寻时,可千万使他来京师上庠贯道斋,问林上舍,名积。'"

张客见说[的]言语蹺蹊,口中不道,心下思量:"莫是此人收得我之物?"当日,只得离了店中,迤逦再取京师路[上来]。见沿路贴着手榜,[数]中有"元珠"之句,略略放心。不只一日,直到上庠,未去歇泊,便来寻问。学对门,有个茶坊,但见:

花瓶高缚，吊挂纸□。壁间名画，皆则唐朝吴道子丹青；瓯内新茶，尽点山居玉川子佳茗。风流上灶，盏中点出百般花；结棹佳人，柜上挑茶千种韵。

张客入茶坊坐，吃茶了罢，问茶博士道："那个是林上舍？"茶博士见问，便道："姓林的甚多，不知[是]那个林上舍？"(店小二)[张客]说："贯道斋，名积，字善甫。"茶博士见说："这个便是贯道斋的官人。"张客见说道[是]好人，心下又放下二三分。(小二)[张客]说："上舍多年个远亲，不相见，怕忘了，若来时，相指引则个。"正说不了，茶博士道："兀的出斋来的官人便是。他在我家寄衫帽。"

张客见了，不敢造次。林善甫入茶坊，脱了衫帽。张客方才向前，看着林上舍唱个喏，便拜。林上舍见道："男儿膝下有黄金，如何拜人？"那时林上舍不识他，道："有甚事？但说。"张客簌簌地泪下，哽咽了说不得。歇定，便把这上件事一一细说一遍。林善甫见说，便道："不要慌！物事在我处。我且问你则个，里面有甚么？"张客道："布囊中有锦囊，内有大珠百颗。"林上舍道："都说得是。"带他去安歇处，取物交[还]，张客看见了道："这个便是。不愿都得，但只觅得一半归家，养赡老小，感戴恩德不浅！"林善甫道："岂有此说！我若要你一半时，须不沿路粘贴手榜，(交)[教]你来寻。只是此物非是小可事，官凭文引，私凭要约。若便还你，恐后无以为凭。你可亲书写一幅领状来领去。"张客再三不肯都领，情愿只领一半。林善甫坚执不受。如此数次相推，张客见林上舍再三再四不受，免不得去写一张领状来，与林上舍。上舍看毕，收了领状，双手付那珠子，还那张客，(交)[叫]张客："你自看仔细，我不曾动你些个。"张客感戴洪恩不已，拜谢而去。

张客将珠子一半，于市货卖。卖得那钱，舍在有名佛寺斋僧，就与林上舍建立生祠供养，报(达)[答]还珠之恩。

不说张客自去。林善甫后来一举及第。怎见得？诗曰：

林积还珠古未闻，利心不动道心存。
暗施阴德天神助，一举登科耀贵名。

上舍名及第，位至三公，养子长成，历任显官。正是：

积善有善报，作恶有恶报，积善之家，必有余庆，积不善之家，必有余殃。

正是：

祸福无门人自招，须知乐极有悲来。
夜静玉琴三五弄，金风动处月光寒。
除非是个知音听，不是知音莫与弹。
黑白分明造化机，谁人会解劫中危？
分明指与(常)[长]生路，争奈人心着处迷！

陈巡检梅岭失妻记

入话：

独坐书斋阅史篇，三真九烈古来传。
历观天下崎岖峤，大庾梅岭不堪言。
君骑白马连云栈，汝驾孤舟乱石滩，
扬鞭举棹休相笑，烟波名利大家难。

话说大宋徽宗宣和三年上春间，黄榜招贤，大开选场。去这东京汴城内，虎翼营中，一秀才姓陈，名辛，字从善，年二十岁。故父是殿前太尉。这官人不幸父母早亡，只单身独自，自小好学，学得文武双全。正是：文欺孔孟，武赛孙吴。五经三史，六韬三略，无有不晓。新娶得一个浑家，乃东京金梁桥下张待诏之女，小字如春，年方二八，生得如花似玉：比花花解语，比玉玉生香。夫妻二人，如鱼似水，且是说得着：不愿同日生，只愿同日死。

这陈辛一心向善，常好斋供僧道，一日，与妻言说："今黄榜招贤，我欲赴选，求得一官半职，改换门闾，多少是好。"如春答曰："只恐你命运不通，不得中举。"陈辛曰："我正是'学成文武艺，货与帝王家。'"不数日，去赴选场，偕众伺候挂榜，旬日之间，金榜题名，已登三甲进士。上赐琼林宴，宴罢谢恩。御笔除授广东南雄沙角镇巡检司巡检。回家，说与妻如春道："今我蒙圣恩，除做南雄巡检之职，就要走马上任。我闻广东一路，千层峻岭，万叠高山，路途难行，盗贼烟瘴(及)[极]多；如今便要收拾前去，如之奈何?"如春曰："奴一身嫁与官人，只得同受甘苦；如今去做官，便是路途险难，只得前去，何必忧心。"陈辛见妻如此说，心下稍宽。正是：

青龙与白虎同行，吉凶事全然未保。
天高寂没声，苍苍无处寻；
万般皆是命，半点不由人。

当日，陈巡检唤当直王吉，吩咐曰："我今得授广东南雄巡检之职，争奈路途险峻，好生艰难。你与我寻一个使唤的，一同前去。”王吉领命，往街市寻觅，不在话下。

却说陈巡检吩咐厨下使唤的：“明日是四月初三日，设斋，多备斋供，不问云游全真道人，都要斋他，不得有缺。”

不说这里斋主备办，且说大罗仙界有一真人，号曰紫阳真(人)[君]，于仙界观见陈辛奉真斋道，好生志诚，今投南雄巡检，争奈他妻有千日之灾，叫一真人，化作道童：“听吾法旨，权与陈辛作伴当，护送夫妻二人。他妻若[遇]妖精，你可护送。”

道童听旨，同真君到陈辛宅中，与陈巡检相见。礼毕，斋罢，真君问陈辛曰：“何故往日设斋欢喜，今日如何烦恼？”陈辛叉手告曰：“听小生诉禀：今蒙圣恩除南雄巡检，争奈路远，实难行(程)，又无兄弟，心怀千里，因此忧闷也。”真人曰：“我有这个道童，唤做罗童，年纪虽小，有些能处。今日权借与斋官，送到南雄沙角镇，便着他回来。”夫妻二人拜谢曰：“感蒙尊师降临，又赐道童相伴，此恩难报。”真君曰：“贫道物外之人，不思荣辱，岂图报答！”拂袖而去了。

陈辛曰：“且喜添得罗童做伴。”收拾琴剑书箱，辞了亲戚邻里，封锁门户，离了东京十里长亭，五里短亭，迤逦在路道：

村前茅舍，庄后竹篱。村醪香透磁缸，浊酒满盛瓦瓮。架上麻衣，昨日芒郎留下当；酒(市)[帘]大字，乡中学究醉时书。李白闻言休驻马，刘伶知味且停舟。小桥曲涧野梅芳，茅舍竹篱村犬吠。

陈巡检骑着马，如春乘着轿，王吉、罗童挑担书箱、行李，在路少不得饥餐渴饮，夜住晓行。罗童心中自忖：“我是大罗仙中大慧真人，今奉紫阳真君法旨，(交)[教]我跟陈巡检去南雄沙角镇去。吾故意装风做痴，(交)[教]他不识咱真相。”(随)[遂]乃行[走]不动，上前退后。如春见罗童如此嫌迟，好生心恼，再三要赶回去。陈巡检不肯，恐(误)[违]背了真人重恩。罗童正行在路，打火造饭，哭哭啼啼不[肯]吃。陈巡检与如春孺人定要赶罗童回去，罗童越[耍](风)[疯]，(要)叫“走不动”。王吉搀扶着行，不五里叫“腰疼”。(笑)[大]哭不止。如春说与陈巡检：“当初(止)[指]望得罗童用，今日不曾得他半分之力，不如(交)[教]他回去。"陈巡检不合听了孺人言语，打发罗童回去，有分交[教]如春争些个做了失乡之鬼。正是：

鹿迷郑相应难辨，蝶梦周公未可知。

神明不肯说明言，凡夫不识大罗仙。

早知留却罗童在，免(交)[教]洞内苦三年。

当日打发罗童回去，且得耳根清净。陈巡检[夫妻]和王吉三人[前行]。

且说梅岭之北，有一洞，名曰申阳洞。洞中有一怪，号曰(白申公)[申阳公]，乃猢狲精也。弟兄三人：一个是通天大圣，一个是弥天大圣，一个是齐天大圣。小妹便[是]泗洲圣母。

这齐天大圣，神通广大，变化多端，能降各洞山魈，管领诸山猛兽。兴妖作法，摄偷可意佳人；啸月吟风，醉饮非凡美酒。与天地齐休，日月同长。这齐天大圣在洞中观见岭下轿中抬着一个佳人，娇嫩如花似玉，意欲娶他，乃唤山神分付："听吾号令，便化客店，你做小二哥，我做店主人。他必到此店投宿，更深夜静，摄此妇人入洞中。"山神听令，化作一店，申阳公变作店主，坐在店中。

却好至黄昏时分，陈巡检与孺人如春并王吉至梅岭下，见天色黄昏，路逢一店，唤"招商客店"。王吉向前去敲门。店小二问曰："客长有何勾当？"王吉答道："我主人乃南雄沙角巡检之任，到此赶不着馆驿，欲借店中一宿，来早便行。"申阳公迎接陈巡检夫妻二人入店，头房安下。申阳公说与陈巡检曰："老夫今年八十余岁，今晚多口劝官人一句：前面梅岭，好生僻静，虎狼劫盗(及)[极]多，不如就老夫这里安下孺人，官人自先去到任，多差弓兵人等来取不好？"陈巡检答曰："小官三代将门之子，通晓武艺，常怀报国之心，岂怕狼虎盗贼！"申公情知难劝，便不敢言，自退去了。

且说陈巡检夫妻二人到店房中吃了些晚饭，却好一更。看看二更，陈巡检先上床脱衣而卧，只见就中起一阵风。正是：

风穿珠户透帘栊，灭烛能交蒋氏雄。

吹折地狱门前树，刮起(风)[丰]都顶上尘。

那阵风过处，吹得灯半灭则复明，陈巡检大惊，急穿衣起来看时，就房中不见了孺人张如春。开房门叫得王吉，那王吉睡中叫将起来，不知头由，(荒)[慌]张失势，陈巡检说与王吉："房中起一阵狂风，不见了孺人张氏。"主仆二人急叫店主人时，叫不应了，仔细看时，和店房都不见了，(和)[连]王吉也(乞)[吃]一惊，看时，二人立在荒郊野地上，止有书箱、行李并马在面前，并无灯火；客店、店主人，皆无踪迹。只因此夜，直(交)[教]陈巡检三年不见孺人之面，未知久后如何。正是：

千千丈琉璃井里，(番)[翻]为失脚夜行人。
雨里烟村雾里都，不分南北路程途。
多疑看罢僧繇画，收起丹青一轴图。

陈巡检与王吉听谯楼更鼓，正打四更。当夜月明星光之下，主仆二人，前无客店，后无人家，惊得魂飞天外，魄散九霄。只得(交)[教]王吉挑了行李，自跳上马，月光之下，依路径而行。在路[上]，巡检知是申公妖法："化作客店，摄了我妻去，(自)从古至今，不见闻此异事。"巡检一头行，一头哭："我妻不知着落！"迤逦而行，却好天明。王吉劝官人："且休烦恼，理会正事，前面梅岭，望着好生险峻崎岖，凹凸难行，只得捱过此岭，且去沙角镇上了任，却来打听，寻取孺人不迟。"陈巡检听[了]王吉之言，只得勉强而行。

且说申阳公摄了张如春，归于洞中，惊得魂飞魄散，半晌醒来，(泪两行)[两行泪]下。元来洞中先有一娘子，名唤牡丹，亦被摄在洞中日久，向前来劝如春不要烦恼。申公说与如春："娘子，小圣与娘子前生有缘，今日得到洞中，别有一个世界。你吃了我仙桃、仙酒、胡麻饭，便是长生不死之人。你看我这洞中仙女，尽是凡间摄将来的。娘子休闷，且共你兰房同室云雨。"如春见说，哀哀痛哭。告申公曰："奴奴不愿洞中快乐，长生不死，只求早死。若说云雨，实然不愿！"申公见他如此，自思："我为他春心荡漾，他如今烦恼，未可归顺。其妇人性执，若逼令他，必定寻死，却不可惜了这等端妍少貌之人？"乃唤一妇人，名唤金莲，洞主也是日前摄来的，在洞中多年矣！申公分付："好好劝如春，早晚好待他。将好言语诱他，等他回心。"

金莲引如春到房中，将酒食管待。如春酒也不吃，食也不吃，只是烦恼。金莲、牡丹二妇人再三劝说："你既被摄到此间，只得无奈何。自古道：'在他矮檐下，怎敢不低头！'"如春告金莲云："姐姐，你岂知我今生夫妻分离，被这老妖半夜摄将到此，强要奴家云雨，决不依随，只求快死，以表我贞洁。古云：'(列)[烈]女不更二夫。'奴今宁死而不受辱！"金莲[说]："'要知山下事，请问过来人。'这事我也曾经来。我家在南雄府住，丈夫富贵，也被申公摄来洞中五年。你见他貌恶，当初我亦如此，后来惯熟，方才好过。你既到此，只得没奈何随顺了他罢！"如春大怒，骂云："我不似你这等淫贱，贪生受辱。枉为人在世，泼贱之女！"金莲云："好言不听，祸必临身！"遂自回报申公，说："新来佳人，不肯随顺，恶言诽谤，劝他不从。"申公大怒而言："本待将铜锤打死这个贱人，如此无礼！为他花容无比，不忍下手。如此，交付牡丹娘子，你管押着他。将这贱人剪发齐眉，蓬头赤脚，罚去山头挑水，浇灌花木，一日与他三顿淡饭。"牡丹依言，将张如春剪发齐眉，赤脚，把一(付)[副]水桶[与他]。如春自思："我今情愿挑水。(守)[争]奈本欲投岩涧中而死，倘有再见丈夫之日。"不免含泪挑水。正是：

宁可洞中挑水苦，不作贪淫下贱人。世路山河险，石门烟雾深。年年上高处，未肯不伤心。

不说张氏如春在洞中受苦。且说陈巡检与同王吉自离东京，在路两月余，至梅岭之北，被申阳公摄了孺人去，千方无计寻觅。王吉劝官人且去上任，巡检只得弃舍而行，乃望前面一村酒店，巡检到店门前下马，与王吉入店，买酒饭吃了，算还酒饭钱，再上马而去。见一个草舍，乃是卖卦的，在梅岭下，招牌上写："杨殿干，请仙下笔，吉凶有准，祸福无差。"陈巡检到门前，下马离鞍，入门与杨殿干相见已毕。殿干问："尊官何来？"陈巡检将昨夜遇申公之事，从头至尾，说了一遍。杨殿干焚香请圣，陈巡检跪拜，祷祝昨夜遇申公摄了孺人之事。只见杨殿干请仙圣，降笔判断四句诗曰：

千日逢灾厄，佳人意自坚。
紫阳来到日，镜破再团圆。

杨殿干断曰："官人且省烦恼，孺人有千日之灾，三年之后，再遇紫阳，夫妇团圆。"陈巡检自思："东京曾遇紫阳真人借罗童为伴，因罗童呕气，打发他回去，此间相隔数千里路，如何得紫阳到此？遂乃心中少宽，还了卦钱，谢了杨殿干，上马同王吉并众人上梅岭来。

陈巡检看那岭时，真险峻。陈巡检并一行过了梅岭，直（交）［教］陈巡检：

施呈三略六韬法，威镇南雄沙角营。
欲问世间烟瘴路，大庾梅岭苦心酸。
山中大象成群走，吐气巴蛇满地攒。

这巡检过了梅岭，岭南二十里，有一小亭，名唤做接官亭。巡检下马，入亭中暂歇。忽见王吉报说："有南雄沙角镇巡检衙弓兵人等，远来迎接。"陈巡检唤入，参拜毕。过了一夜。次日，同共弓兵吏卒走马上任。至于衙中，升厅，众人参贺（以）［已］毕。

陈巡检在沙角镇做官，且是清正严谨。光阴似箭，正是：

窗外日光弹指过，席前花影坐间移。

倏忽在任，不觉一载有余，差人打听孺人消息，并无踪迹。端的：好似石沉东海底，犹如线断纸风筝。

陈巡检为因孺人无有消息，心中好闷，思忆浑家，终日下泪。正思念（间）张如春之际，忽弓兵上报："相公，祸事！今有南雄府府尹（府）札来报军情：'有一强人，姓杨名广，绰号镇山虎，聚集五七百小喽罗，占据南林村，打家劫舍，杀人放火，百姓遭殃。札付巡检，火速带领所管一千人马，关领军器，前去收捕，毋得迟误！'"陈巡检听知，火速收（什）［拾］军器、鞍马、披挂已了，引着一千人马，迳奔南林村来。

却说那南林村镇山虎正在寨中饮酒，小喽罗报说："官军到来！"急上马持刀，一声（罗）［锣］响，引了五百小喽罗，前来迎敌。陈巡检与镇山虎并不打话，两马相交。那草寇怎敌得陈巡检过，斗无十合，一矛刺镇山虎于马下，枭其首级，杀散小喽罗，将首级回南雄府，当厅呈献，府尹大喜，重赏了当，自回巡检衙，办酒庆贺已毕。只因斩了镇山虎，真个是：

威名大振南雄府，武艺高强众所钦。
亭亭孤月照行舟，寂寂长江万里流，
乡国不知何处好？云山漫漫遣人愁。

这陈巡检在任，倏忽却早三年官满，新官交替，陈巡检收(什)[拾]行装，与王吉离了沙角镇，两程并作一程行。相望庾岭之下，红日西沉，天色已晚，陈巡检一行人，望见远远松林间，有一座寺。王吉告官人："前面有一座寺，我们去投宿则个。"陈巡检勒马向前，看那寺时，额上有"红莲寺"三个大金字。巡检下马，同一行人入寺。元来这寺中长老，名号旃大惠禅师，佛法广大，德行清高，是个古佛出世。当日行者报与长老："有一过往官人投宿。"长老[交][教]行者相请。巡检入方丈，参见长老。礼毕，长老问："官人何来？"陈巡检备说前事。"万望长老慈悲，指点陈辛寻得孺人回乡，不忘重恩。"长老曰："官人听禀，此怪是白猿精，千年成器，变化难测。你孺人性(真)[贞]烈，不肯依随，被他剪发赤脚，挑水浇花，受其苦楚。此人号曰申阳公，常到寺中，听说禅机，讲其佛法。官人若要见孺人，可在我寺中住几时，等申阳公来时，我劝化他回心，放还你妻，如何？"陈巡检见长老如此说，心中喜欢，且在寺中歇下。正是：

端的眼观旌节旗，分明耳听好消息。
五里亭亭一小峰，上分南北与西东。
世间多少迷路客，一指还归大道中。

陈巡检在红莲寺中，一住十余日，忽一日，行者报与长老："申阳公到寺来也。"巡检闻之，躲于方丈中屏风后面。只见长老相迎。申阳公入方丈，叙礼毕，分位而坐。行者献茶，茶罢，申阳公告长老曰："小圣无能断除爱欲，只为色心，迷恋本性，谁能虎项解金(令)[铃]？"长老答曰："尊圣要解虎项金铃，可解色心本性。色即是空，空即是色，一尘不染，万法皆明。莫怪老僧多言相劝，闻之你洞中，有一如春娘子，在洞三年。他是(真)[贞]烈之妇，可放他一命还乡，此便是断却欲心也。"申阳公听罢，回言长老："小圣心中正恨此人，罚他挑水三年，不肯回心。这等愚顽，决不轻放。"陈巡检在屏风后听得说，正是：

心头一把无明起，怒气咬碎口中牙。

陈巡检大怒，拔出所佩宝剑，(匹)[劈]头便砍。申阳公用手一指，其剑自着身。

申阳公曰："吾不看长老之面，将你粉骨碎身。此冤必报！"道罢，申阳公别了长老，自去了，自洞中叫张如春在面前，欲要剖腹取心，害其性命，得牡丹、金莲二人救解，依旧挑水浇花，不在话下。

且说陈巡检不知妻子下落也罢，[既晓得在申阳洞中，心下倍加烦恼。]在红莲寺方丈中，拜告长老："怎生得见我妻之面?"长老曰："要见不难，老僧指一径路，上山去寻。"长老叫行者引巡检去山间寻访。行者自回寺。

只说陈辛去寻妻，未知寻得见寻不见。正是：

风定始知蝉在树，灯残方见月临窗。
夫妻会合是前缘，堪恨妖魔逆上天。
悲欢离合千般苦，烈女真心万苦传。

当日，陈巡检带了王吉，一同行者，到梅岭山头，不顾崎岖峻险，走到山岩潭畔，见个赤脚挑水妇人，慌忙向前看时，正是如春。夫妻二人抱头而哭，各诉前情，莫非梦中相见，一一告诉。如春说："昨日申公回洞，几乎一命不存！"巡检乃言："谢红莲寺长老指路来寻，不想却好遇你，不如共你逃走了罢！"如春道："走不得。申公妖法广大，神通莫测，他若知我走，赶上[时]，和官人性命不留！我闻申公平日只怕紫阳真君，与官人降仙笔诗亦同，官人可急回寺去，莫待申公知之，其祸不小。"

陈巡检只得弃了如春，归[寺]中拜谢长老说："已见娇妻，言申公只怕紫阳真君。他在东京曾与陈辛相会，今此间穹远，如何得他来救?"长老(则)[见]他如此哀告，乃言："等我与你入定去看，便见分晓。"长老(交)[教]行者焚香，入定去了；一晌，入定回来，说与陈巡检曰："当初紫阳真人与你一个道童，你到半路赶了他回去。你如今便可往，急走三日，必有报应。"陈巡检见说，(衣)[依]其言，急急步行出寺。迤逦行了两日，并无踪迹。

且说紫阳真人在大罗仙镜，与罗童曰："吾三年前，那陈巡检去上任时,他妻合有千日之灾,今已将满。吾怜他养道修真,好生虔心,吾今与汝同下凡间,去梅岭救取其妻回乡。”罗童听旨,一同下凡,(而)往广东路上行来。

这日,却好陈巡检撞见真君同罗童远远而来,乃急急向前跪拜,哀告曰:“真君,望救度弟子妻张如春,被申阳公妖法摄在洞中三年,受其苦楚,望真君救难则个!”真君笑曰:“陈辛,你可先去红莲寺中等,我便到也。”陈辛拜别,先回寺中,备办香案,迎接真君救难。正是:

从空伸出拿云手,救出天罗地网人。

法箓持身不等闲,立身起业有多般。

千年铁树开花易,一旦酆都出世难。

陈巡检在寺中等了一日,只见紫阳真君行至寺中,端的道貌非凡,长老直出寺门迎接,入方丈叙礼毕,分宾主坐定。长老看紫阳真君端的有神仪八极之表,道貌堂堂,威仪凛凛,陈巡检拜在真君面前,告曰:“望真君慈悲,早救陈辛妻张如春性命还乡,自当重重拜答深恩!”真君乃于香案前,口中不知说了几句言语,只见就方丈里起一阵风,但见:

无形无影透人怀,二月桃花被绰开。

就地撮将黄叶去,入山推出白云来。

那风过去,只见两个红忔兜巾天将出现,甚是勇猛,这两员神将朝着真君声喏道:“吾师有何法旨?”紫阳真君曰:“快与我去申阳洞中擒拿齐天大圣前来,不可有失!”两员天将去不多时,将申公一条铁索锁着,押到真君面前。申公跪下。紫阳真君判断,喝令天将将(押)申公入酆都天牢问罪;(交)[教]罗童入申公洞中,将众多妇女各各救出洞来,各令发付回家去讫。张如春与陈辛夫妻再得团圆,向前拜谢紫阳真人。真人别了长老、陈辛,与罗童冉冉腾空而去了。

这陈巡检将礼物拜谢了长老,与一寺僧行(已)[别]了。收拾行李轿马,王吉并一行从[人],离了红莲寺,迤逦在路。不则一日,回到东京故乡,夫妻团圆尽老、百年而终。正是:

虽为翰府名谈,编作今时佳话。

话本说彻,权作散场。

五戒禅师私红莲记

入话：

禅宗法教岂非凡，佛祖流传在世间。

铁树花开千载易，坠落阿鼻要出难。

话说大(采)宋英[宗]治平年间，去这浙江路宁海军钱塘门外，南山净慈孝光禅寺，乃名山古刹。本寺有二个得道高僧，是师兄、师弟，一个唤做五戒禅师，一个唤作明悟禅师。

这五戒禅师，年三十一岁，形容古怪，左边瞽一目，身不满五尺。本贯西京洛阳人，自幼聪明，举笔成文，琴棋书画，无所不通。长成出家，禅宗释教，如法了得，参禅访道。俗姓金，法名五戒。

且问：何谓之五戒？第一戒者，不杀生命。第二戒者，不偷盗财物。第三戒者，不听淫声美色。第四戒者，不饮酒茹荤。第五戒者，不妄言(起)[造]语。此谓之五戒。

忽日，云游至本寺，访大行禅师，禅师见五戒佛法晓得，留在寺中，做了上色徒弟。不数年，大行禅师圆寂，本寺僧众立他做住持，每日打坐参禅。

那第二个唤做明悟禅师，年二十九岁。生得头圆耳大，面阔口方，眉清目秀，丰彩精神，身长七尺，貌类罗汉。本贯河南太原府人氏，俗姓王，自幼聪(惠)[慧]，笔走龙蛇，自幼参禅访道，出家在本(寺)[处]沙陀寺，法名明悟。后亦云游至(海宁)[宁海]军，到净慈寺来访五戒禅师。禅师见他聪明晓事，就留于本寺做师弟。二人如一母所生，且是好。但遇着说法，二人同升法座，讲说佛经。不在话下。

忽一日，冬尽春初，天道严寒，阴云作雪，下了两日。第三日，雪霁天晴，五戒禅师清早在方丈禅椅上坐，耳内远远的听得小孩儿啼哭声，当时便叫身边一个知心腹的(一个)道人，唤做清一，吩咐道："你可去山门外各处看有甚事，来与我说。"清一道："长老，落了两日雪，今日方晴,料无甚事。”长老道:“你可快去,看了来回话。”清一推托不过,只得走到山门边。那时天未明,山门也不曾开,叫门公开了山门,清一打一看时,(乞)[吃]了一惊,道:“善哉! 善哉!”正所谓:

日日行方便,时时发道心。

但行平等事,不用问前程。

当时清一见山门(开)[外],松树根雪地上,一块破席,放一个小孩儿在那里,口里道:“苦哉! 苦哉! 甚人家将这个孩儿丢在此间,不是冻死,便是饿死!”走向前仔细一看,却是五六个月一个女[孩]儿,将一个破衲头包着,怀内揣着个纸条儿,上写生年、月、日、时辰。

清一口里不说,心下思量:“古人有云:‘救人一命,胜造七级浮屠。’”连忙走回方丈,禀(仗)[复]长老道:“不知甚人家,将个五六个月女孩儿,破衣包着,撇在山门外松树根头。这等寒天,又无人来往,怎的做个方便,救他则个?”长老道:“善哉! 善哉! 清一,难得你善心。你如今抱了回房,早晚把些粥饭与他,(畏)[喂]养长大,把与人家,救他性命,胜做出家人。”

当时清一急急出门去,抱了回方丈中,把(着)[与]长老看。[长老]道:“清一,你将那纸条儿[与]我看。”清一递与长老,长老看上[面](却)写道:“今年六月十五日午时生,小名红莲。”长老吩咐清一:“好生抱去房里,养到五七岁,把与人家去,也是好事。”清一依言,抱到千佛殿后一带三间四椽平屋房中,放些火在火囤内烘他,取些粥喂了。似此日往月来,藏在空房中,无人知觉,一向,长老也忘了。不觉红莲已经十岁。清一见他生得(青)[清]秀,诸事见便,藏匿在房里,出门锁了,入门关了,且是谨慎。

光阴似箭,日月如梭,倏忽这红莲女(长年)[年长]一十六岁。这清一如自生的女[儿]一般看待。虽然女子,却只打扮如男子,衣服、鞋袜,头上头发,前齐眉,后齐项,一似个小头陀。且是生得清楚。在房内茶饭针线,清一(止)[指]望对个女婿,要他养老送终。

一日,时遇六月炎天,五戒禅师忽想十数年前之事,洗了浴,吃了晚粥,径走(来)[到]千佛阁后来。清一道:“长老希行。”长老道:“我问你,那年抱的红莲,如今在那里?”清一不敢隐匿,引长老到房

中,一见[红莲](乞)[吃]了一惊,却是:

分开八块顶阳骨,倾下半桶冰雪来!

长老一见红莲,一时差讹了念头,邪心遂起,嘻嘻笑道:“清一,你今晚可送红莲到我卧房中来,不可有误,你若依我,我自抬举你。此事切不可泄漏,只(交)[教]他做个小头陀,不要(交)[教]人识破他是女子。”

清一口中应允,心内想道:“欲待不依长老,又难;依了长老,今夜去房中,必坏了女身。千难！万难!”长老见清一应不爽利,便道:“清一,你锁了房门,跟我去房里去。”清一跟了长老,径到房中。长老去衣箱里取出十两银子,把与清一,道:“你且将这些[银子]去用。我明[日]与你讨道度牒,剃你做徒弟。你心下如何?”清一道:“多谢长老抬举!”只得收了银子,别了长老,回到房中,低低说与红莲道:“我儿,却才来的,是本寺长老,他见[了]你,心中喜爱你。今等夜(净)[静],我送你去伏事长老。你可小心仔细,不可有误!”红莲见父亲如此说,便应允了。

到晚,两个吃了晚饭。约莫二更天气,清一领了红莲,径到长老房中,门窗无些阻当。原来长老有两个行者在身边伏事,当晚吩咐:“我要出外闲走乘凉,门窗且未要关。”因此无阻。长老自在房中,等清一送红莲来,候至(三)[二]更,只见清一送小头陀来房中。长老接入房内,吩咐清一:“你到明日此时,来领他回房去。”清一自回房中去了。

且说长老关了房门,灭了琉璃灯,携住红莲手,一将将到床前,(交)[教]红莲脱了衣服。长老向前一搂(搂住),搂在怀中,抱上床去。却便似:

戏水鸳鸯,穿花鸾凤。喜孜孜,连理并生;美甘甘,同心带绾。恰恰莺声,不离耳畔,津津甜唾,笑吐舌尖。杨柳腰,脉脉春浓;樱桃口,微微气喘。星眼朦胧,细细汗流香玉体;酥胸荡漾,涓涓露滴牡丹心。一个初侵女色,(由)[犹]如饿虎吞羊;一个乍遇男儿,好似渴龙得水。可惜菩提甘露水。倾入红莲两(办)[瓣]中。

当日长老与红莲云收雨散,却好五更。天将明,长老思一计,怎生藏他在房中。房中有口大衣厨,长老开了锁,将厨内物件,都收(什)[拾]了,却(交)[教]红莲坐在厨中,分付道:“饭食,我自将来与你吃,可放心宁耐则个。”红莲自是女孩儿家,初被长老淫勾,心中也喜,躲在衣厨内,把锁锁了。

少间,长老上殿诵经,毕,入房,闩了房门,将厨开了锁,放出红莲,把饮食与他吃了,又放些果子在厨内,依先锁了。至晚,清一来房中,领红莲回房去了。

却说明悟禅师当夜在禅椅上入定回来,慧眼已知五戒禅师差了念头,犯了色戒,淫了红莲,把多年清行直抛弃[了]。“我今劝省他,不可如此。”也不说出。至次日,正是六月尽,门外撇骨池内,红白莲花盛开。明悟长老令行者采一朵白莲花,将[回]自己房中,取一(枝)[花]瓶插了,(交)[教]道人(被)[备]杯清茶在房中,(交)[教]行者去请五戒禅师:“我与他赏莲花,吟诗谈话则个。”

不多时,行者请到五戒禅师。两个长老坐下。明悟道:“师兄,我今日见莲花盛开,对此美景,折一朵在瓶中,特请吾兄吟诗(清)[谈]话。”五戒道:“多蒙清爱。”行者捧茶至。茶罢,明悟禅师道:“行者,取文房四宝来。”行者取至面前。五戒道:“将何物为题?”明悟道:“便将莲花为题。”[五戒]长老捻起笔来,便写四句诗道:

一枝菡萏瓣儿张,相伴蜀葵花正芳。
红榴似火复如锦,不如翠盖芰荷香。

长老诗罢。明悟道:“师兄有诗,小僧岂得无言语乎?”落笔便写四句。诗曰:

春来桃杏柳舒张,千花万蕊斗(分)[芬]芳。
夏赏芰荷真可爱,红莲争似白莲香?

明悟长老依韵诗罢,(阿阿)[呵呵]大笑。

五戒听了此言,心中一时解(语)[悟],面皮红一回,青一回,便转身辞回卧房,对行者道:“快与我烧桶汤来洗浴!”行者连忙烧汤,与长老洗浴罢,换了一身新衣服,取张禅椅到房中,将笔在手,拂[开]一张纸(开)。便写八句《辞世颂》,曰:

吾年四十七，万法本归一。
只为念头差，今朝去得急。
传与悟和尚，何劳苦相逼？
幻身如雷电，依旧苍天碧！

写罢《辞世颂》，交焚一炉香在面前，长老上禅椅上，左脚压右脚，右脚压左脚，合掌坐化。行者忙去报与明悟禅师。禅师听得，大惊，走到房中看时，见五戒师兄已自坐化去了，看了面前《辞世颂》，道："你好却好了，只可惜差了这一着，你如今虽是个男子身，长成不信佛、法、僧三宝，必然灭佛谤僧，后世却坠落苦(仑)[轮]，不得皈依佛道。深可痛哉！真可惜哉！你道你走得快，我赶你不着不信。"当时，也(交)[教]道人烧汤，洗浴，换了衣服，到方丈中，上禅椅跏趺而坐，吩咐徒众道："我今去赶五戒和尚，汝等可将两个龛子(成)[盛]了，放三日，一同焚化。"嘱罢，圆寂而去。

众僧皆惊："有如此异事。"城内城外听得本寺两个禅师同日坐化，各皆惊讶。来烧香礼拜，布施者，人山人海，男子妇人，不计其数。嚷了三日，抬去金牛寺焚化，拾骨撇了。

这清一遂浼人说议亲事，将红莲女嫁与一个做扇子的刘(大)[待]诏为妻，养了清一在家过了[下半]世。

且说明悟一灵真性，直赶至西川眉州眉山县城中，五戒已自托生在一个人家，姓苏，名洵，字明允，号老泉居士，诗礼之人。院君王氏夜梦一瞽目和尚走入房中，(乞)[吃]了一惊，明旦，分娩一子，生得眉清目秀，父母皆喜。三朝满月，百(岁)[日]一周，不在话下。

却说明悟一灵也托生在本处，姓谢名原，字道清，妻章氏亦梦一罗汉，手持一印，来家抄化，因惊醒，遂生一子。年长，取名谢端卿，自幼不肯吃(晕)[荤]酒，只要吃素，一心要出家。父母见他如此心坚，送他在本处寺中做了和尚，法名佛印，参禅问道，如法聪明，是个诗僧，不在话下。

却说苏老泉的孩儿(长年)[年长]七岁，(交)[教]他读书、写字，十分聪明，目视五行书。后至十岁来，五经书史，无所不通。取名苏轼，字子瞻。年十六岁，神宗天子熙宁三年，子瞻往东京应举，一举成名,御笔除翰林院学士。不三年,升端明殿大学士。道号东坡。此人文章(慢)[冠]世,举笔珠玑,为官清廉公正,只是不信佛法,最不喜和尚,自言:“我若一朝管了军民,定要灭了这和尚们。”

且说佛印在于开元寺中出家,闻知苏子瞻一举成名,在翰林院学士,特地到东京大相国寺来做住持。

忽一日,苏学士在府中闲坐,忽见门吏报说:“有一名和尚要见学士相公。”相公(交)[教]门吏出问:“何事要见相公?”佛印见问,于门吏外借纸笔墨来,便写四(句)[字],送入府去。学士看其四字:“诗僧谒见。”学士取笔来,批一笔云:“诗僧焉敢谒王(候)[侯]。”交门吏把与和尚。和尚又写四句诗,道:

四海尚容蛟龙隐,五湖还纳百川流。
问一答十知今古,诗僧特地谒王(候)[侯]。

学士见此僧写、作二者俱好,必是个诗客,遂请入。佛印到厅前(闷)[问]讯,学士起身叙礼,邀坐待茶。学士问:“和尚,上刹何处?”佛印道:“小僧大相国寺住持。久闻相公誉,欲求参拜。今日得见,大慰所望!”学士见佛印如此言语,问答如流,令院子备斋。佛印已罢,相别回寺。自此,学士与佛印,吟诗作赋,交往。

忽一日,学士被宰相王荆公寻件风流罪过,把学士奏贬黄州安置去了。佛印退了相国寺,径去黄州,住持甘露寺,又与苏学士相友至厚。

后哲宗登基,取学士回朝,除做临安府太守。佛印又退了甘露寺,直到临安府灵隐寺住持,又与苏东坡为诗友。在任清闲无事,忽遇美景良辰,去请佛印到府,或吟诗,或作赋,饮酒尽醉方休。或东坡到灵隐寺,闲访终日。两个并不怠倦。

盖因是佛印监着苏子瞻,因此省悟前因,敬佛礼僧,自称为东坡居士。身上礼衣,皆用茶合布为之。在于杭州临安府,与佛印并龙井长老辨才、智果寺长老南轩,并朋友黄鲁直、妹夫秦少游,此人皆为诗友。

这苏东坡去西湖之上造一所书院,门栽杨柳,园种百花,至今西湖号为苏堤杨柳院。又开建西湖长堤,堤上一株杨柳一株桃。后有诗为证：

苏公堤上多佳景，惟有孤山浪里高。
西湖十里天连水，一株杨柳一株桃。

后元丰五年，神宗天子取子瞻回京，升做翰林学士、经筵讲官。不数年，升做礼部尚书、端明殿大学士。告老致仕还乡，尽老而终，得为大罗天仙。佛印禅师圆寂在灵隐寺了，亦得为至尊古佛。二人俱得善道。

虽为翰府名谈，编入《太平广记》。

刎颈鸳鸯会

入话：

眼意心期卒未休，暗中终拟约秦楼。
光阴负我难相偶，情绪牵人不自由。
遥夜定怜香蔽膝，闷时应弄玉搔头。
樱桃花谢梨花发，肠断青春两处愁。

丈夫只手把吴钩，欲斩万人头；如何铁石打成心性，却为花柔？　君看项籍并刘季，一怒使人愁；只因撞着虞姬戚氏，豪杰都休。

上诗、词各一首，单说着"情""色"二字。此二字，乃一体一用也。故色绚于目，情感于心；情色相生，心目相视。虽亘古迄今，仁人君子，弗能忘之。晋人有云："情之所钟，正在我辈。"慧远曰："顺觉如磁石遇针，不觉合为一处。无情之物尚尔，何况我终日在情里做活计耶？"

如今(则)[只]管说这"情""色"二字则甚？

且说个临淮武公业，于咸通中，任河南府功曹参军。爱妾曰非烟，姓步氏，容止纤丽，弱不胜绮罗；善秦声，好诗弄笔。公业甚嬖之。比邻乃天水赵氏(弟)[第]也，亦衣缨之族。其子赵象，端秀有文学。忽一日，于南垣隙中，窥见非烟，而神气俱丧，废食思之。遂厚赂公业之阍人，以情告之。阍有难色，后为赂所动，令妻伺非烟(闻)[闲]处，具言象意。非烟闻之，但含笑而不答。

阍媪尽以语象。象发狂心荡，不知所如，乃取薛涛笺，题一绝于上。诗曰：

绿暗红稀起暝烟，独将幽恨小庭前。
沉沉良夜与谁语？星隔银河月半天。

写讫，密缄之，祈阍媪达于非烟。非烟读毕，吁嗟良久，向媪而言曰："我亦曾窥见赵郎，大好才貌，今生薄福，不得当之。尝嫌武生粗

悍,非青云器也。”乃复酬篇,写于金凤笺。诗曰:

画檐春燕须知宿,兰浦双鸳肯独飞?
长恨桃源诸女伴,等闲花里送郎归。

封付阍媪,(会)[令]遗象。象启缄,喜曰:“吾事谐矣!”但静室焚香,时时虔祷以候。

越数日,将夕,阍媪促步而至,笑且拜,曰:“赵郎愿见神仙否?”象惊,连问之。传非烟语曰:“功曹今夜府直,可谓良时。妾家后庭即君之前垣也。若不[渝]约好,专望来仪,方可候晤。”语罢,既曛黑,象乘梯而登,非烟已(令)[置]重榻于下。既下,见非烟艳妆盛服,迎入室中,相携就寝,尽缱绻之意焉。及晓,象执非烟手,曰:“接倾城之貌,挹希世之人,已誓幽明,永奉(劝)[欢]狎。”言讫,潜归。

兹后不盈旬日,常得一期于后庭矣,展幽彻之思,罄宿昔之情,以为鬼鸟不知,人神相助,如是者周岁。

无何,非烟数以细过,挞其女奴。奴衔之,乘间尽以告公业。公业曰:“汝慎勿扬声,我当自察之!”后常至直日,乃密陈状请(暇)[假]。迨夜,如常入直,遂潜伏里门。俟暮鼓既作,蹑足而回,循墙至后庭,见非烟方倚户微吟,象则据垣斜睇。公业不胜其忿,挺前欲擒象。象觉,跳出。公业持之,得其半襦,乃入室,呼非烟诘之。非烟色动,不以实告。公业愈怒,缚之大柱,鞭(楚)[挞]血流。非烟但云:“生则相亲,死亦无恨!”遂饮杯水而绝。

象乃变服易名,远窜于江湖间,稍避其锋焉。可怜:

雨散云消,花残月缺!

且如赵象知机识务,(事)[离]脱虎口,免遭毒手,可谓善悔过者也。于今又有个不识窍的小二哥,也与个妇人私通,日日贪欢,朝朝迷恋,后惹出一场祸来,尸横刀下,命赴阴间,致母不得侍,妻不得顾,子号寒于严冬,女啼饥于永昼,静而思之,着何来由!况这妇人不害了你一条性命了?真个:

蛾眉本是婵娟刃,杀尽风流世上人。

权做个笑耍头回。

说话的,你道这妇人住居何处?姓甚名谁?元来是浙江杭州府武林门外落乡村中,一个姓蒋的生的女儿,小字淑珍。生得甚是标致:脸衬桃花,比桃花不红不白;眉分柳叶,如柳叶犹细犹弯。自小聪明,从来机巧,善描龙(于)[而]刺凤,能剪雪以裁云。心中只是好些风月,又饮得几杯酒。年已及笄,父母议亲,东也不成,西也不就。每兴凿穴之私,常感伤春之病。自恨芳年不偶,郁郁不乐。垂帘不卷,羞教紫燕双(双)[飞];高阁慵凭,厌听黄莺并语。

未知此女儿时得偶素愿?因成商调《醋葫芦》小(合)[令]十篇,(击)[系]于事后,少(迷)[述]斯女始末之情。奉劳歌伴,先听格律,后听芜词:

湛秋波,两剪明;露金莲,三寸小。弄春风,杨柳细身腰;比红儿,态度应更娇。他生的诸般奇妙,纵司空见惯也魂消!

况这蒋家女儿,如此容貌,如此伶俐,缘何豪门巨族,王孙公子,文士富商,不行求聘?却这女儿心性有些跷蹊,描眉画眼,(付)[傅]粉施朱,梳个纵鬟头儿,着件叩身衫子,做张做势,乔模乔样,或倚槛凝神,或临街献笑,因此闾里皆鄙之。所以迁延岁月,顿失光阴,不觉二十余岁。

隔邻有一儿子,名叫阿巧,未曾出幼,常来女家嬉戏,不料此女(以)[已]动不正之心有日矣。况阿巧不甚长成,父母不以为怪,遂得通家,往来无间。一日,女父母他适,阿巧偶来。其女相诱入室,强合焉。忽闻扣户声急,阿巧惊遁而去。女父母至家,亦不知也。且此女欲心如炽,久渴此事,自从情窦一开,不能自已,阿巧回家,惊气冲心而殒。女闻(之)[其]死,哀痛弥极,但不敢形诸颜颊。

奉劳歌伴,再和前声:

锁修眉,恨尚存;痛知心,人已亡。霎时间,云雨散巫阳;自别来,几日行坐想。空撇下一天情况,则除是梦里见才郎。

这女儿自因阿巧死后,心中好生不快活,自思量道:“皆由我之过,送了他青春一命。”日逐蹀躞不下。倏尔又是一个月来,女儿晨起梳妆,父母偶然视听其女颜色精神,语言恍惚。老儿因谓妈妈曰:“莫非淑珍做出来了?”(除)[殊]不知其女春色飘零,蝶粉、蜂黄都退了;韶华狼籍,花心、柳眼已开残。妈妈、老儿互相埋怨了一会,

“只怕亲戚耻笑。常言道：‘女大不中留’留在家中，却如私盐包儿，脱手方可。不然，直待事发，弄出丑来，不好看。”那妈妈和老儿说罢，央王嫂嫂作媒，将高就低，添长补短，发落了罢。

一日，王嫂嫂来，说嫁与近村某二郎为妻。且某二郎是个农庄之人，又四十多岁，只图美貌，不计其他（也）。过门之后，两个颇说得着。瞬忽间十有余年，某二郎被他彻夜盘弄衰惫了，年将五十之上，此心已灰，奈何此妇正在妙龄，酷好不厌，仍与夫家西宾有事。某二郎一见，病发身故。这妇人眼见断送两人性命了。

奉劳歌伴，再和前声：

结姻缘，十数年；动春情，三四番。萧墙［祸］起片时间。到如今，反为难上难，把一对鸾凤惊散，倚栏干，无语泪偷弹。

那某大郎斥退西宾，择日葬弟之柩。这妇人不免守孝三年。其家已知其非，着人防闲；本妇自揣于心，亦不敢妄为矣。朝夕之间，受了多少的熬煎，或饱一顿，或缺一餐，家人咸视为敝帚也。将及一年之上，某大郎自思：“留此无益，不若逐回，庶免辱门败户。”遂唤原媒，眼同将妇罄身赶回。本妇如鸟出笼，似鱼漏网，其余服饰，亦不［计］较也。

妇抵家，父母只得收留，那有好气待他，如同使婢。妇亦甘心忍受。

一日，张二官过门，因见本妇，心甚悦之。俾人说合，求为继室。女父母允诺，恨不推将出去。且张二官是个行商，多在外，少在内，不曾打听得备细，就下盒盘羊酒，涓吉成亲。这妇人不去则罢，这一去，好似：猪羊奔屠宰之家，一步步来寻死路！

是夜，画烛摇光，粉香喷雾。绮罗筵上，依旧两个新人；锦绣衾中，各出一般旧物。

奉劳歌伴，再和前声：

喜今宵，月再圆；赏名园，花正芳。笑吟吟，携手上牙床；恣交欢，恍然入醉乡。不觉的浑身通畅，把断弦重续两情偿。

他两个自花烛之后，日则并肩而坐，夜则叠股而眠，如鱼藉水，似漆投胶。一个全不念先夫之恩（念）［爱］，一个那曾题亡室之音容。

妇羡夫之殷富,夫怜妇之(半)[丰]仪。两个过活了一月。一日,张二官人早起,吩咐虞候收拾行李,要往德清取账。这妇人怎生割舍得他去?张二官人不免起身,这妇人(簌簌)[簌簌]垂下泪来。张二官人道:“我你既为夫妇,不须如此。”各道保重而别。

别去又早半月光景。这妇人是久旷之人,既[成]佳配,未尽畅怀,又值孤守岑寂,好生难遣,觉身子困倦,步至门首闲望,对门店中一后生,约三十已上年纪,资质丰粹,举止闲雅,遂问随侍阿满,阿满道:“此店乃朱(理)秉中开的。此人和气,人称他为朱小二哥。”妇人问罢,夜饭也不吃,上楼睡了。楼外乃是官河,舟船歇泊之处。将及二更,忽闻(梢)[艄]人嘲歌声隐约,记得后两句曰:

有朝一日花容退,双手招郎郎不来。

妇人自此复萌觊觎之心,往往倚门独立。朱秉中时来调戏。彼各相慕,(自)[目]成眉语,但不能一叙款曲为恨也。

奉劳歌伴,再和前声:

美温温,颜面肥;光油油,鬓发长。他半生花酒肆颠狂,对人前扯拽都是谎。全无有风云气象,一谜里窃玉与偷香。

这妇人羡慕朱秉中不已,只是不得(辏)[凑]巧。一日,张二官讨账回家,夫妇相见了,叙些间阔的话。本妇似有不悦之意,只是(免)[勉]强奉(呈)[承],一心倒在朱秉中身上了。张二官在家,又住了一个月之上,正值仲冬天气,收买了杂货赶节,赁船装载,到彼发卖之间,不甚称意,把货都赊与人上了,旧账又讨不上手,俄然逼岁,不得归家过年,预先寄些物事回家支用不题。

且说朱秉中因见其夫不在,乘机去这妇人家贺节。留饮三五杯,意欲做些暗昧之事,奈何来往之人,应接不暇,取便约在灯宵相会。秉中领教而去。捻指间,又届十三日试灯之夕。于是:

户户鸣锣击鼓,家家品(吹)竹弹丝。游人队队踏歌声,仕女翩翩垂舞袖,鳌山彩结,嵬峨百尺矗晴空;凤篆香浓,缥缈千层笼绮陌。闲庭内外,溶溶宝烛光辉;杰阁高低,烁烁华灯照耀。

奉劳歌伴,再和前声:

奏箫(条)[韶],一派鸣;绽池莲,万朵开。看六街三市闹攘攘，笑声高，满城春似海。期人在灯前相待，几回(家)[价]又恐燕莺猜。

其夜，秉中老早的更衣着靴，只在街上往来。本妇也在门首抛声衒俏。两个相见暗喜，准定目下成事。不期伊母因往观灯，就便探女。女扃户邀入参见，不免留宿。秉中等至夜分，闷闷归卧。次夜如前，正遇本妇，怪问如何爽约，挨身相就，止做得个“吕”字儿而散。

少间，具酒奉母，母见其无情无绪，向女(而)[言]曰：“汝如今迁于乔木，(凡)[只]宜守分，也与父母争一口气。”岂知本妇已约秉中等了二夜了，可不是鬼门上(贴)[占]卦？平旦，买两盒饼馓，雇顶轿儿，送母回了。

薄晚，秉中张个眼慢，钻进妇家，就便上楼。本妇灯也不看，解衣相抱，曲尽于飞。然本妇平生相接数人，或老或少，那能造其奥处？自经此合，身酥骨软，飘飘然，其滋味不可胜言也。且朱秉中日常在花柳丛中打交，深谙十要之术。那十要？

一要滥于撒镘，二要不算工夫，三要甜言美语，四要软款温柔，五要乜斜缠帐，六要施(呈)[逞]枪法，七要(妆)[装](声)[聋]做哑，八要择友同行，九要串杖新鲜，十要一团和气。若狐媚之人，缺一不可行也。

再说秉中已回，张二官又到，本妇便害些“木边之目”，“田下之心”，要好，只除相见。

奉劳歌伴，再和前声：

报黄昏，角数声；助凄凉，泪几行。论深情，海角未为长；难捉摸，这般心内痒。不能够相偎相傍，恶思量萦损九回肠。

这妇人自庆前夕欢娱，直至佳境，又约秉中晚(西)[些]相会，要连歇几十夜，谁知张二官家来，心中气闷，就害起病来，头疼、腹痛、骨热、身寒。张二官颙望回家将息取乐，因见本妇身子不快，倒(带)[戴]了一个愁帽，遂请医调治，倩巫烧献，药必亲尝，衣不解带，反受辛苦似在外了。

且说秉中思想，行坐(遑)[不]安，托故去望张二官，称道：“小弟久疏趋侍，昨闻荣回，今特拜谒，奉请明午于蓬舍少具鸡酒，聊与兄长洗尘。幸勿他却!”翌日,张二官赴席。秉中出妻女奉劝,大醉扶归。已后还了席,往往来来。本妇但闻秉中在座,说也有,笑也有,病也无。倘或不来,就呻吟叫唤,邻壁厌闻。张二官指望便好,谁知日渐沉重。本妇病中,但瞑目,就见向日之阿巧支手某二郎偕来索命,势甚狞恶。本妇惧怕,难以实告,惟向张二官道:“你可替我求问,几时脱体?”如言,径往洞虚先生卦肆,卜下卦来,判道:“此病大分不好,有横死老幼阳人(在)[死]命为(祜)[祸]。非今生,乃宿世之冤。今夜就可办备福物、酒果、冥衣各一分,用鬼宿渡河之次,向西铺设,苦苦哀求,庶有少救。不然,不可也。”

奉劳歌伴,再和前声:

(椰揄)[揶揄]来,(若)[苦]怨咱;朦胧着,便见他。病恹恹,害的眼儿花;瘦身躯,怎禁没乱杀?则说不和我干罢,几时节离了两冤家!

张二官正依法祭祀之间,本妇在床又见阿巧和某二郎击手言曰:“我辈已诉于天,着来取命。你央后夫张二官再四恳求,意甚虔恪,我辈且容你至五五之间,待同你一会之人,却假弓长之手,与你相见。”言讫,歘然不见了。本妇当夜似觉精爽些个。后看看复旧,张二官喜甚不题,却见秉中旦夕亲近,馈送迭至,意颇疑之,(尤)[犹]未为信。一日,张二官入城催讨货物,回家进门,正见本妇与秉中执手联坐。张二官倒退扬声,秉中迎出相揖。他两个亦不知其见也。话说的张二官当时见他殷勤,已自生疑七八分了,今日(辏)[撞]个满怀,(辏)[凑]成十分。张二官自思量道:“他两个若犯在我手里,教他死无葬身之地!”遂往德清去做买卖,到了德清,(以)[已]是五月初一日,安顿了行李在店中,上街买一口刀,悬挂腰间,至初四日,连夜奔回,匿于他处,不在话下。

再题本妇渴欲一见,终日去接秉中。秉中也有些病在家里。延至初五日,阿满又来请赴鸳鸯会,秉中勉强赴之。楼上已张筵水陆矣:盛两盂煎石首,贮二器炒山鸡。酒泛菖蒲,糖烧角黍。其余肴馔蔬果,未暇尽录。两个逐相轰饮,亦不顾其他也。

奉劳歌伴,再和前声:

绿溶溶，酒满斟；红焰焰，烛半烧。正中庭，花月影儿交；直吃得，玉山时自倒。他两个贪欢贪笑，不提防门外有人瞧。

两个正饮间，秉中自觉耳热眼跳，心惊肉战，欠身求退。本妇怒曰："怪见终日请你不来，你何轻贱我之甚！你道你有老婆，我便是无老公的？你殊不知我做鸳鸯会之主意。夫此二鸟，飞鸣宿食，镇常相守；尔我生不成双，死作一对。"昔有韩凭妻美，郡王欲夺之，夫妻[皆]自杀。王恨，两冢瘗之。后冢上(二)[生]连理树，上有鸳鸯，悲鸣飞去。此两个要效鸳鸯比翼交颈，不料便成语谶。况本妇甫能阁阁得病好，就便荒淫无度，正是：

偷鸡猫儿性不改，养汉婆娘死不(改)[休]。

再说张二[官]提刀在手，潜步至门，梯树窃听，见他两个戏谑歌呼，历历在耳，气得按捺不下，打一砖去。本妇就吹灭了灯，声也不则了。连打了三块，本妇教秉中先睡："我去看看便来。"阿满持烛前行，开了大门，并无人迹。本妇叫道："今日是个端阳佳节，那家不吃几杯雄黄酒？"正要骂间，张二官跳将下来，喝道："泼贱！你和甚人夤夜吃酒？"本妇(呼)[吓]得战做了一团，只说："不！不！不！"张二官乃曰："你同我上楼一看，如无，便罢！(荒)[慌]做甚么？"本妇又见阿巧、某二郎一齐都来，自分必死，延颈待尽。秉中赤条条惊下床来，匍匐，口称："死罪！死罪！情愿将家私并女奉报，哀怜小弟母老妻娇，子幼女弱！"张二官那里准他？则见刀过处：

一对人头落地，两腔鲜血冲天。

当初本妇卧病，已闻阿巧、某二郎言道："五五之间，待同你一会之人，假弓长之手，再与相见。"果至五月五日，被张二官杀死。"一会之人"，乃秉中也。

祸福未至，鬼神必先知之，可不惧欤！故知士矜才则德薄，女衒色则情放。若能如执盈，如临深，则为端士、淑女矣。岂不美哉？唯愿率土之民，夫妇和柔，琴瑟谐协；有过则改之，未萌则戒之，敦崇风教，未为晚也。

在座看官，要备细，请看叙大略，漫听秋山一本《刎颈鸳鸯会》。又调《南乡子》一阕于后。

奉劳歌伴，再和前声：

见抛砖，意暗猜；入门来，魂已惊。举青锋过处丧多情，到今朝你心还未省！送了他三条性命，果冤冤相报有神明。

词曰：

春云怨啼鹃，玉损香消事可怜。一对风流伤白刃，冤，冤。惆怅劳魂赴九泉。抵死苦留连，想是前生有业缘。景色依然人已散，天！天！千古多情月自圆。

正所谓：

当时不解恩成怨，今日方知色是空。

杨温拦路虎传

入话：

阔(含)[舍]平野断云连，苇岸无穷接楚田。

翠苏苍崖森古木，坏桥危磴走飞泉。

风生谷口猿相叫，月上青林人未眠。

独倚阑干意难写，一声邻笛旧山川。

话说杨令公之孙，重立之子，名温，排行第三，唤做杨三官人，武艺高强，智谋深粹。长成几冠，娶左班殿值太尉冷镇之女为妻。择定良时吉日，娶那冷太尉宅院小娘子归，花烛宴会。可谓是：

箫鼓喧天，笙歌聒地。画烛照两行珠翠，星娥拥一个婵娟。鼓乐迎来，绣房深处，果谓名不虚传。这冷氏体态轻盈，俊雅仪容。楚鸣云料凤髻，上峡岫扫蛾眉。刘源桃凝作香腮，庾岭梅印成粉额。朱唇破一点樱桃，皓齿排两行碎玉。弓鞋窄小，浑如衬水金莲；腰体纤长，俏似摇风细柳。想是嫦娥离月殿，犹如仙女下瑶台。

这杨官人自娶冷□氏之后，行则同行，坐则并坐，不觉过了三年五载。一日，出街市闲走，见一个(挂)[卦]肆，名牌上写道："未卜先知。"那杨三官人不合去买了一卦，占出许多事来，言道："作怪！作怪！"杨三官人说了年、月、日、时，这先生排下卦，大笑一声，道："这卦爻动，必然大凶。破财、失脱、口舌，件件有之。卦中主腾蛇入命，白虎临身，若出百里之外，方可免灾。"

这杨三官人听得先生说这话，心中不乐。度日如年，饮食无味，恹恹成病。其妻冷氏见杨三官人日夜忧闷，便启朱唇，露皓齿，问杨三官人道："日来因何忧闷？"杨三官人把那"未卜先知"先生占卦的事，说与妻子。冷氏听罢，道："这先生既说卦象不好，我丈夫不须烦恼，我同你去东岳还个香愿，祈禳此灾，便不妨。"杨三官人道："我妻说得也是。"次日，同妻禀辞父母，并丈人冷太尉，便归房中，收拾担杖,安排路费,摆布那暖轿、马匹,即时出京东门。少不得饥餐渴饮,夜住晓行。不在话下。迤逦行到一个市井,唤做仙居市,(取)[去]东岳不远,但见天晚:

烦阴已转,日影将斜。遥观(鱼)[渔]翁收缯罢钓归家,近睹处处柴扉半掩。望远浦几片帆归,听高楼数声画角。一行塞雁,落隐隐沙汀;四五只孤舟,横萧萧野岸。路上行人归旅店,牧童骑犊转庄门。

天色已晚,杨三官人同那妻子和当直去客店,解一房歇泊。到得三更,被一伙强盗劫入店来,那贼是甚么人:大林木编成寨栅,涧下水急作泉流。霹雳火性气难当,城头上勇身便跳。刀见金时时拈弄,天河水夜夜观瞻。月黑搜寻钗钏金,风高放起山头火。那一伙强人劫入店来。当时杨三官人一时无准备,没军器在手,被强人捽住,用刀背剁铡,噎气一口,僻然倒地。正是:

假饶千里外,难躲一时灾。

那杨三官人,是三代将门之子,那里怕他强人,只是当下手中无随身器械,便说不得,却被那强人入房,挟了杨三官人妻子冷氏夫人,和那担杖什物,却有一千贯细软金珠富贵,都被那强人劫去。杨官人道:"我是将门之家,却被强人劫了,我如今却有何面目归去?"

当时杨三官人受这一口气,便不奈烦,没出豁得,便离了这客店,来县里投奔刘家客店安歇,自思量道:"我当初夫妻二人出来,如今独自一身,(交)[教]我归去不得!我要去官司下状,又没个钱!"身体觉得病起来,在店中倒了半个月。后来幸得无事。出那店来,行去市心,见一座茶坊,入去坐地,只见茶博士叫道:"官人,吃茶吃汤?"那杨三官人道:"吃茶也不争,只是我没茶钱。"茶博士道:"官人吃茶也不妨。"茶博士点茶来。这茶是:

溪岩胜地,乘晓露剪拂云芽;玉井甘泉,汲清水烧汤烹下。赵州一碗知滋味,清入肌肤远睡魔。

那杨三官人吃茶罢,茶博士问道:"官人是那里人?"杨三官人道:"我是东京人。"茶博士道:"官人莫不病起来?"杨温道:"然也。"茶博士道:"官人,你没钱,如何将息?我(交)[教]官人(撰)[赚]百十钱,把来将息,你却肯也不肯?”杨三官人道:“好也,谢你周全。”茶博士道:“我这茶坊主人却是市里一个财主,唤做杨员外,开着金银铺,又开质库,这茶坊也是他的;若有人来唱个喏告他,便送钱与他。这员外……”讲来,说由未了,只见员外入茶坊来。正是:

着意栽花栽不活,等闲插柳却成阴。

那杨三官人也曾做诗一首道:

财散人离后,无颜反故京,不因茶博士,怎得显其名。

那杨员外吃饭了,过茶坊闲坐。茶博士便努嘴。杨三官人与杨员外唱个喏,员外回头。杨官人又唱一个喏,员外还了礼。那官人是个好人,好举止,待开口则声,说不出来。那茶博士又决嘴道:“你说!”那员外说:“官人无甚事?”那官人半晌了才说得出来,道是:“客人杨温是东京人,特来上岳烧香。病在店中,要归京去,又无盘缠,相恳尊官周全杨温回京则个。”

那员外听得,便(交)[教]茶博士取钱来数。茶博士抖那钱出来,数了,使索子穿了,有三贯钱,把零钱再打入竹筒去,员外把三贯钱与杨三官人做盘缠回京去。正是:

将身投虎易,开口告人难。

才人有诗说得好:

求人须求大丈夫,济人须济急时无。
渴时一点如甘露,醉后添杯不若无。

那杨三官人得员外三贯钱,将梨花袋子袋着了这钱,却待要辞了杨员外与茶博士,忽然远远地望见一伙人,簇着一个十分长大汉子。那汉子生得得人怕,真个是:

身长丈二,腰阔数围。青纱巾,四结带垂;金帽环,两边耀日。绽丝袍,束腰衬体;鼠腰兜,柰口漫裆。锦搭膊上尽藏雪雁,玉腰带柳串金鱼。有如五通菩萨下天堂,好似那灌口二郎离宝殿。

这汉子坐下骑着一匹高头大马,前面一个拿着一条齐眉木棒,棒头挑着一个银丝笠儿,滴滴答答走到茶坊前过,一直奔上岳庙中去,朝岳帝生辰。

那杨员外对着杨三官人说不上数句,道是:“明日是岳帝生辰,你每是东京人,何不去做些杂手艺? 明日也去朝神,也叫我那相识们大家周全你,(撰)[赚]二三十贯钱归去。”那杨三官人道:“温(是)[世]事不会。”茶博士道:“官人,你好朴实头!”杨官人却问道:“适来骑马的是甚么人?”员外道:“这人是个使棒的,姓李名贵,浑名叫做山东夜叉。这汉上岳十年,打尽天下使棒的,一连三年无对,今年又是没对,那利物,有一千贯钱,都属他。对面壁上贴的是没对榜子。”那杨温道:“复员外,温在家,世事不会,只会使棒,告员外,周全杨温则个,肯共社头说了,(交)[教]杨温与他使棒,赢得他后,这一千贯钱出赐员外。”员外道:“你会使棒。”杨温道:“温会使棒。”员外道:“你会使棒,你且共我使一合棒,试探你手段则个。你赢得我,便举保你入社,与你使棒。”

员外(交)[教]茶博士:“关了茶坊门,今日不开了。”茶坊茶博士即时关了。杨温随员外入来后地,推开一个固角子门,入去看,一段空地。那杨三官人道:“好也! 这坡空地,只好使棒!”员外道:“你弱我健。”且唤茶博士买一角酒、二斤肉来,交杨温吃。那官人吃了酒和肉,(交)[教]茶博士也吃些。员外道:“茶博士,去取棒来。”

茶博士去不多时,只见将五条杆棒来,撇在地上。员外道:“你先来拣一条。”杨官人觑一觑,把脚打一踢,踢在空里,却待脱落,打一接住。员外道:“这汉为五条棒,只有这条好,被他拣了。”员外道:“要使旗鼓。”那官人道:“好,使旗鼓!”员外道:“使旗来!”杨官人使了一个旗鼓。茶博士拣棒才开,两条棒起,斗不得三两合,早输了一个人。正是:

未曾伸出拿云手,莫把蓝柴一样看。

那官人共员外使棒,杨温道:“我不敢打着,打着了不好看。”使两三合了,员外道:“拽破,你那棒有节病。”那杨温道:“复员外,如何有节病?”员外道:“你待打不打,是节病;你两节鬼使,如何打得人?”杨温道:“复员外,员外架,你棒迟,我棒快,特地棒倒;待员外隔时,棒才落。”古人所谓:

烂柯仙客妙神通,一局曾经几度春。

自出洞来无敌手，得饶人处且饶人。

员外道："我正要你打着我。我喜欢你打来，不妨两个再使。"杨温道："打着了不好看。"

两个正使，则听得门口有人敲门，茶博士唱个喏，马都头(门)[问]道："员外在那里？"茶博士道："在里面使棒。"马都头道："你看！我道你休使棒，他却酷爱。"都头走入来，共员外厮叫了。杨官人向前来唱个喏，马都头似还不还一个喏。马都头道："员外可知道庵老，元来你这般刷子。"员外道："不是。他要上岳，共山东夜叉李贵使棒。我见他说，共他使看。"马都头道："这汉要共李贵使棒！嗏，你却如何赢得他？不被他打得疾患，也得你不识李贵。我兀自请他，问他腾倒棒法。"

杨官人口里不道，肚内思量："叵耐这汉忒欺负我。"马都头道："我乃使棒部署，你敢共我使一合棒？你赢得我时，我却(交)[教]你共山东夜叉李贵使棒；如赢不得我，你便离了我这里去休！"杨官人道："我敢共都头使棒。"

员外间棒，都头拿一条棒起，做了一个旗鼓。杨官人也做一个旗鼓，道："都头，一合使，是两合使？"都头道："只一合。"间棒起，两个不三合，不两合，只一合地使。所谓：

两条硬棒相迎敌，宁免中间无损伤；
手起不须三两合，须知谁弱与谁强。

马都头棒打杨官人，就幸则一步，拦腰便打。那马都头使棒，则半步一隔，杨官人便走。都头赶上使一棒，(匹)[劈]头打下来，杨官人把脚侧一步，棒过和身也过，落夹背一棒，把都头打一下伏地，看见脊背上肿起来。杨官人道："都头使得好，我不是刷子！"都头起来，着了衣裳，道："好，你真个(为)[会]。"正是：

好手手中呈好手，红心心里中红心。

马都头道："我去说与众社里人，(交)[教]来请你！"马都头自去。

员外道："哥哥，你真个会！适才是你饶我，马都头恁地一条棒，兀自奈何你不得，我如何奈何得你？只在我茶坊里歇，我把物事来将息你,把两贯钱去还了人却来。”杨官人便出茶坊,来店中还了房钱并饭钱,却来茶坊里。茶博士道:“官人,你却(交)[有]恁的本事。我这员外,件件不好,只好两件:厮扑、使棒。”

到明日,吃饭了,正与员外吃茶,只见二十人入茶坊来,共员外厮叫道:“我们听得,有一个要共山东夜叉李(责)[贵]使棒,(交)[教]他出来则个!”员外道:“在这里坐地便是。”那官人唱了喏,道:“客人杨三官便是。”数中一个道:“便是他要共山东夜叉李贵使棒。”那官人道:“都头,昨夜莫怪。”都头道:“是我欺负他了。被打了一棒,却是他(为)[会]。”众社官把出三(伯)[佰]贯钱来,道:“杨三哥,你把来将息。”杨官人谢了,众人都去。

三月二十七日,节级部署来见员外,员外叫道:“哥哥,我去上岳。”次日,杨官人打扮朝岳。到岳庙前一观,果谓是:

> 青松影里,依稀见宝殿巍峨;老桧阴中,仿佛侵三门森耸。百花掩映,一条道路无尘;翠竹周围,两下水流金线。离(楼)[娄]左视,望千里如在目前;师旷右边,听幽做直同耳畔。草参亭上,炉内焚百和名香;祝献台前,案上放灵神杯筊,朝闻木马频嘶,暮听泥神唱喏。

杨三官人到这岳庙烧香,参拜了献台上社司部署。众社官都在献台上,社司道:“李贵今年没对。”李贵道:“唱三个喏与东岳圣帝,谢菩萨保护。”觑着本社官,唱一个喏,道:“李贵今年无对,明年不上山。不是李贵怕了不上山,及至上山又没对头,白拿这利物,惶恐!惶恐!”又一个唱喏与上山下山的社官。唱喏了,那李贵遂回头勒那两军使棒:“谁敢与爷爷做对?”众人不敢则声。那使棒的三上五落。李贵道:“你们不敢与我使棒,这利物属我。”李贵道:“我如今去拿了利物。”

那献台上,人丛里,喝一声道:“且住!且住!这利物不属你!”李贵吃了一惊,抬起头一看,却是一个承局出来道:“我是西京杨承局,来这里烧香,特地来看使棒。你却共社官厮说要白拿这利物。你若赢得我,这利物属你;你输与我,我便拿这利物去。我要和你放对,使一合棒,你敢也不敢?”李贵道:“使棒各自闻名,西京那有杨承局会使棒?”部署道:“你要使棒,没人央考你,休絮!休絮!”社司读社毕,部署在中间间棒。这承局便是杨三官人,共部署马都头曾使棒,则瞒了李贵。李贵道:“教他出来!”

杨三官把一条棒,李贵把一条棒,两个放对使一合。杨三是行家,使棒的叫做腾倒,见了冷破,再使一合。那杨承局一棒,劈头便打下来,唤做大捷。李贵使一扛隔,杨官人棒待落,却不打头,入一步则半步一棒,望小腿上打着,李贵叫一声,辟然倒地。正是:好鸡无两对,快马只一鞭。李贵输了,杨温就那献台上说了四句诗,道是:

天下未尝无敌手,强中犹自有强人。

霸王尚有乌江难,李贵今朝折了名。

只因杨温读了四句诗后,撩拨得献[台]上有三十来个子弟,却是皇亲国戚,有钱财主,都是李贵师弟,看见师父输了,焦燥,一发都上来要打那承局。元来寡不敌众,弱难胜强,那杨温当时怎的计较:

有指爪劈开地面,为腾云飞上青霄。

若无入地升天术,目下灾殃怎地消。

众子弟正奔来要打那杨温,却见数中杨员外道:“不可打他,这四山五岳人看见,不好看。只道我这里欺他,后番难赛这社。若要打他,下山去到杨玉茶坊里了,却打他未迟。”众人道:“员外也说得是。”

这杨承局归到杨玉茶坊,把利物入茶坊后地房里去了。众子弟道:“员外,你交他出来,我们打他,与我师父报仇!”杨员外入后房里,叫杨三官人:“他们众人要打你。且说你几岁了?”杨温道:“今年二十四岁了。”杨员外道:“我却三十岁,较长六岁,我做你哥哥。你肯拜我为哥哥么?我救你这一顿拳踢。”杨温自思量道:“我要去官司下状(娶)[取]妻,便结识得一个财主,也不枉了。”便告员外道:“我先出去,你随我来。”

员外[道]:“适来在台上使棒的杨玉叔叔兄弟,且望诸位阁略则个!”众人道:“你何不早说?既是令弟,请他出来与我们厮见则个。”员外叫:“杨三哥,你与众官员子弟相见。”杨官人出来,唱三个喏。众人还礼,道是:“适间莫怪。少间,师父李贵自来相谢。”

不多时,李贵入茶坊来,唱了一个喏,道是:"李贵几年没对,自是一个使棒的魁手,今日却被官人赢了。官人想不是一样人,必是将门之子。真个恁的好手段!李贵情愿下拜。"杨官人道:"不消恁的。"却把些利物送与李贵。李贵谢了自去。杨玉员外道:"我弟只在我这里住。"

当日,杨员外和杨温在金银铺坐地,也是早饭罢,则见一个大汉,骑一匹马,来金银铺前下马,唱喏道:"复员外,太公不快,(交)[教]来请员外回来则个!"那汉说了,上马便去,杨温认得:当夜被劫,是这厮把着火把。欲待(辕)[转]身出柜,(身)来捉那厮,三步近。两步远,那厮马快,走了。杨员外道:"兄弟,你看着铺,我回去见我爹则个,五七日便来。"杨三官人道:"复仁兄,温要随仁兄去走一遭,叫公公则个。"员外道:"你去不得。我爹爹心烦利害人,则好休去。"杨温道:"铺中许[多]财物,不敢在此。"杨玉道:"我把你不妨,便有甚的要紧?"杨温道:"复仁兄,容温同去。"员外道:"你苦苦要去时,随你去也不妨。"

两个一人一匹马,行到一个所在,三十里,是仙居市,到得一座庄子。看那庄时:

> 青烟渐散,薄雾初收。远观一座苔山,近睹千行(围)宝盖。团团老桧若龙形,郁郁青松如虎迹。三冬无客过,四季少人行。蓦闻一阵血(醒)[腥]来,元是强人居止处。盆盛人鲊酱,私盖铸香炉。小儿做戏弄人头,媳妇拜婆学劫墓。

二人到庄前下马,庄里人报:"太公,员外来也!"那大伯在草厅(工)[上]坐,道:"(交)[教]他来见我。"杨玉入去,唱喏了,大伯道:"孝顺儿子来也。这几日道路如何?"杨玉道:"复爹爹,有买卖。"那大(何)[伯]正说话里,见厅下一个人,问儿子道:"厅下这人是谁?"杨玉道:"(伏)[复]爹爹,是一客人杨三哥。这汉子得上献台使棒,赢得山东夜叉李贵!"大伯见了,即时焦燥道:"叫庄客与我缚了他!"当时,杨温恰似蛟龙出水,虎豹投崖。古人曾有诗云:

> 祸出师人口,休贪不义财。
> 会思天上计,难免目下灾。

大伯叫庄客缚了杨温，当时却得杨玉搭救，道："众人不动手，都退去。"杨玉道："且告爹爹，这汉会使棒，了得！"大伯道："他如何奈何得山东夜叉李贵？我后生时，共山东夜叉使棒，也赢他不得。这厮生得恁的，如何赢得李贵？想这厮必是妓弟家中闲汉。你去他家，使钱不归，我叫你归，那行（着）[首]怕你不去，使他跟着你。"员外道："（伏）[复]爹爹，此人不是闲汉，[使棒]真个了得！"大伯将员外转上草厅上去，说与庄客："（交）[教]他在客店里歇。"庄客引杨温去。

那杨温去店房里，坐定了，道："这大伯是个作怪人，这员外也不是平人。我浑家则是在这[里]！"[不多]时，见一个妇女问杨玉道："孩儿，你须知你爹是个不近道理的人，你没事带他来则甚？"员外道："告妈妈：他自要来。杨玉只（交）[教]他在金银店里，他不肯，定要跟将来。"两口说到房门边，正入房中来。那妇女把些酒肉道："你且吃些酒和肉，不须烦恼，不妨事。大伯自是恁地生受。"说罢，杨玉同娘都去了。

多时间，只听得有来报道："复公公：大王使人在这里。（交）[教]传语公公，见修山寨未了，问公公（那）[挪]借北侃旧庄，权屯小娄罗；庄中米粮搬过，不敢动一粒。修了山寨，却还公公。一道请公公和员外过来则个。大王新近夺得一个妇女，乃是客人的老婆，且是生得好，把来做扎寨夫人。请公公员外过来则个。"大伯道："（交）[教]传与他，我明日日中过来。"小娄罗即时便去。

那杨温听得，喜从天降，笑逐颜开，道："我浑家却在这北侃旧庄强人处。这大伯也不是平人。"等到次日天晓，怎见得：

残灯半灭，海水初潮，窗外曙色才分，人间仪容可（辩）[辨]。

正是：

一声鸡叫西江月，五更钟撞满天星。

只见东方亮，灵鸡叫，天色大晓，杨玉出来客房里叫："杨三哥，你去休。我三五日便归。"杨温道："告仁兄，借一条棒防路。此间取县有百三十里来，路中多少事，却恁的空手，去不得。"杨员外把一条棒与杨温。那杨温接了，辞员外先去。

杨温离他庄,行个一里路,去向深草丛里去藏着身,觑着杨青大伯去庄。不多时,则见二人骑两匹马来,杨温放过去了。杨温思量道:“我又不认得北侃旧庄,则就随他去便了。”前一匹马是大伯杨青,绰号唤做秃尾虎;后面是杨员外。杨温随他行得二里来田地,见一所庄院,但见:

冷气侵人,寒风扑面。几(手)[间]席屋,门前炉灶造馒头;无限作□,后厦常存刀共斧。清晨日出,(油)[犹]然死火荧荧;未到黄昏,古涧悲风悄悄。路僻何曾人客到,山深时听杀人声。

杨青共杨玉到庄前,下马入去。这杨温却离庄有得半里田地,寻个草中躲了,那两人入得庄中,细腰虎杨达,下首是冷氏夫人,对席是杨青,杨青下首是杨玉,分四人坐定。杨玉看这妇人,生得意(思)[态]自然,必是好人家女子。怎见得:

云鬓轻梳蝉远,翠眉淡拂春山。朱唇缀一颗樱桃,皓齿排两行碎玉。花生丹脸,水剪双眸。意态自然,精神更好。

正是:

杀人壮士回头觑,入定法师着眼看。

杨玉道:“好个妇人,大王也不枉了!”那杨达道:“公公、员外,在此无可相待,略吃三五碗酒,一道庆贺扎寨夫人。一并说过:就借公公北侃旧庄,米谷搬过一边,不敢动一粒,修完山寨了毕,即便出还,不敢久住。”大伯道:“不妨,便是一家的人一般。”

那杨温却离他庄,更远得半里来田地,思量道:“我妻却在这里,我若还去告官,几时取得?不如且捉手中一条棒,去夺将来!”古人所谓:

下坡不走快,难逢上天,同壁落(落)入地,共返黄泉。

杨温怎忍得住,只得离了深草丛中,出那大路来,忽然又遇二三十个娄罗,拦住杨温道:“你是甚人?因何到此?”杨温道:“我是客人,迷路到此,得罪乞恕!”小娄罗道:“这里不是你去处,你自放了手中棒,便饶你!”杨温那里肯放,便要拿起与他厮斗,不知后面几个小娄罗赶上,把一条索子,将杨温缚了,远远地前去一个庄所。这座庄:

园林掩映茅舍,周回地肥桑枣。绕篱栽嫩草,牛羊连野牧。

桥下碧流寒水，门前青列奇峰。耕锄人满溪边，春播声喧屋下。正是：

野草闲花香满路，那知不是武陵家。

杨温吃那小娄罗缚将去，到这庄前，正所谓：

脱了天罗，又逢地网。

小娄罗走报庄中大王。只见大王正坐在草厅上桌，一口大刀在身边，便唤："拥他来，问(它)[他]则个！"手下人便拥杨温，立于厅下。大王问道："你姓甚名谁？为何到此？直说来情，宥汝无罪！"杨温道："(伏)[复]大王：我乃西京人，姓杨名温，是杨令公之曾孙，祖是杨文素，父是杨重立，今来同妻子上岳烧香，在仙居市被人劫去妻子。今却在这庄□侧北侃旧庄细腰虎杨达处。温亦探知动静，特地要去夺取妻子回归。温是将门之子，绰号拦路虎，大王曾知否？今来受擒于此，有罪请诛，无罪请恕！"大王道："久闻大名，今幸拜识。"便令左右解了索，请上厅对坐，请罪曰："我乃重立舍人帐下小卒，姓陈名(十)[千]，后因狼狈，不得已而落草。今见将军，乃是我恩人，却在此被劫，自当效力相助！"正是：

路见不平，拔剑相助。

那陈千便安排些酒，请杨温吃了，便带一百余人，同奔那北侃旧庄。则见那杨达和那杨青、杨玉、冷氏夫人，四位在那里吃酒。被杨温拿一条棒，突入庄去，就草厅上，将手中棒觑着杨达，劈面一棒，捌(番)[翻]打倒杨达，叫取妻子出来。即时，杨达睁起眼来，将部下一二百人，小娄罗，赶上：

半千子路，五百金刚，人人有举鼎威风，个个负拔山气概，石刃无非能锭，介胄尽使浆金。

杨温见强人赶上，他又叫取妻子在一边，抵敌未得，却荷得陈千许多人马，前来迎敌。斗经三两合，陈千人马败走。元来是杨达人多，陈千人少。杨温同妻子与陈千人马，一向奔走，后面杨达又一面赶来，杨温那时：

会思天上无穷计，难免今朝目下灾。

正奔走之间，只听得一棒锣声响来，杨温打一看时，却是县司弓手五十来人,出巡到此。为头弓手却是马都头。杨温便与马都头唱个喏,把从前事说了一遍,马都头便说与部下弓手,同陈千人马,再回身去迎敌。

那细腰虎杨达当头斗敌,杨温出来与战,战不得一合,一棒打倒杨达。

自此,杨温和那妻子归京,上边[关]立一件大大功劳,直做到安远军节度使,检校少保。可谓是:

能将智勇安边境,自此扬名满世间。

雨窗集上

花灯轿莲女成佛记

入话：

六万余言七幅装，无边妙义广含藏。
白玉齿边流舍利，红莲舌上放毫光。
喉中甘露涓涓滴，灌顶醍醐滴滴凉。
假饶造罪如山岳，只须妙法两三行。

却才白过这八句诗，是大宋皇帝第四帝仁宗做的，单做着赞一部《大乘妙法莲花经》，极有功德。为何说他？自家今日说个女娘子因诵《莲经》得成正果。

这女娘子的父亲，姓张字元善，母王氏。夫妻二人，无一男半女。原是襄阳人氏，家传做花为生，流寓在湖南潭州，开个花铺。平日好善，只好看经念佛，斋僧布施。

二人心中，常常不乐，自思量："傍中年之寿，不曾生一男半女，如何是了？"每日在门前坐地，只见一个婆婆，双目不明，年纪七旬之上，头如堆雪，朗朗之声，背诵念一部《莲经》，如瓶注水。张待诏道："我夫妻两个，如今四旬之上，无男无女，正好修善。如何得他教我看此卷《莲经》则个？看他许大年纪，在街头吃化，想他也无男无女了。"

如此，这日，叫婆婆来门前，张待诏娘子盛一碗饭，一碗羹，斋这无眼婆婆；遂问道："婆婆，你多少年纪？"婆婆道："老拙七十五岁了。"王氏道："你在那里住？家中有甚人管顾你？你眼见也不见？"婆婆道："老拙无个男只女，在百斯求院子里住。两目青盲，略见些儿，每日出来看经吃化。自(曰)[四]十岁无了丈夫，五十岁坏了眼，平日只爱看经。(道)[到]今看五十余年经了，因此背诵如水。"说罢,王氏道:“可怜!可怜!婆婆是这般健便好,倘有些病痛,何人伏侍你?忽一日岁寿终,谁来断送你?我有一句话与你说,不知你肯否?”婆婆道:“不知妈妈有甚说话?”王氏道:“自从今日起,你搬来我家住,每日只在我家吃饭。量你一个老人家,吃得多少。你便教我看这部《妙法莲花经》。教得我会时,无甚相谢你,待你百年之后寿终,我夫妻二人与你带孝,如母亲一般断送。你意下如何?”婆婆听了,满面笑容,道是:“婆子那里得这般福分!若教看经,甚是容易,岂敢指望相谢!但得妈妈收留,实是万幸!”张待诏娘子听说了,大喜,便(交)[教]婆婆归去,百厮求院子内收拾了粗衣破衫便来。

婆婆去不多时,来到张待诏家里住。当下,王氏便烧汤与他洗浴,换了几件洁净衣服与他着,别折一个房(交)[教]他住卧。每日搬茶搬饭与他吃。早晚之间,烧一炷香,一只桌儿上安着经,共婆婆对坐了同看。王氏从来却识字,看着经本读,婆婆背念。一日三,三日九,不则一日,教得夫妻二人,每日看念,如瓶注水。王氏每伏侍婆婆,并无怨心。

自此,一住三年有余,忽然间,婆婆看着王氏道:“婆子在此蒿恼三年,今晚去也!”王氏听得,大惊道:“婆婆,你在我家,我夫妻二人不曾有甚言语!你从来说道无亲无故,你却那里去?”婆婆笑道:“借你肚皮里安身则个。”王氏笑道:“我却只道个,原来婆婆取笑要。”当下只是取笑过,各自去睡。

次日侵早,王氏笑道:“婆婆如何不起?”径到房前,推开房门,只见婆婆端然坐化于床上。王氏大惊,出门外和丈夫商议。只得买个龛子盛了,留了七日,做些功果与他。以毕,抬将出来,众邻相送,至山林边烧化了。第三日,收拾骨(植)[殖]葬了,不在话下。

王氏自从没眼婆婆死后,便觉腹中有孕,渐渐腹大。看看十月满足,忽日,傍三更时分,肚内阵阵疼来。张待诏去神前烧香点烛祷告:“不在是男是女,保护快生快养。”(顾)[雇]个妇人伏侍了。

张待诏许下愿心,拜告神明,觉道自己困倦,便去床边,略合眼,只见白头婆子从外(而)[面]笑将入来,便望房里去。张待诏随后[跟]入来,被门槛一绊,一交惊将觉来,却是梦里,听得鼓打三更,自思量道:“怪哉！我道明白的事,却是梦里!”说(由)[犹]未了,只听得呀呀地小儿哭响,连忙看时,(已自妻子)[妻子已自]分娩了。又得快(顾)[雇]来的妇人伏侍。张待诏见是个女儿,却和那没眼婆婆一般相似。当下,张待诏甚是喜欢。当日过了,第三[日],做了三朝。看看满月,不在话下。

光阴似箭,日月如梭,渐渐长成。一周取名,思量婆婆的看经事,取名莲女。又早七年之期,这女子件件聪明,见经识经,见书识书,邻近又有一个学堂,教此女子入学读书,不过一年,经史皆通。其实奇异。父母惜如珠玉。

夫妻二人,每日斋僧布施,随喜看经,在家做些花朵。只听得街坊人热闹,又听得鼓钹声喧,张待诏出门问:“做甚么鼓钹响?”有人道:“能仁寺长老惠光禅师引众僧来抄化斋粮,因此闹热。”不在话下。

且说莲女在学堂内读书,听得鼓钹响,走出学堂看。一看,见能仁寺长老惠光禅师坐在轿上,与众僧沿街抄化披疏,只见莲女猛然抢上前来,用手扯住惠光禅师,学人启问:“堂头大和尚,我有一转语,敢问和尚则个。”道:“龙女八岁,献宝珠,得成佛道;奴今七岁,无宝珠,得成佛否?”莲女道罢,只见惠光禅师不(荒)[慌]不忙,便道:“何不投院子里来,此处又无法座?”莲女道:“我不理会得,只还我问头来。”以手扯住长老衣服,扯下轿来,扯得长老团团转。

满街人都嚷起来,惊动张待诏。正与妻在门前做生活,听得人嚷,走出街上打一看,只见有人说道:“待诏,你的女儿有些风了,扯住和尚,向他讨甚么问头,故此作嚷。”待诏见说,连忙走去,分开人众打一看,果是女儿扯住长老,急忙便道:“我女儿有些风,看我面,莫要责他!”一头说,抱了女儿,便走回家。当下,众人都散了,长老上了轿,于路抄化去了。

且说莲女,爷抱回家,娘吃了一惊,道:“女儿,下次休得如此,被人耻笑!”(似)[自]此之后,又过三五日,忽然不见莲女。诸处无寻处。

原来莲女在学堂里听得法鼓,却是能仁寺长老讲经说法,一径走入寺中,一看,果然长老升座说法。莲女分开人众,直到法座下,高声问曰:“龙女八岁,献宝珠,得成佛道;奴今七岁,无宝珠,得成佛否?”莲女道罢,长老不答,乃手划一个圆象,言曰:“你还见么?”莲女见了,正欲再问,只见:“张待诏你女儿又去能仁寺问长老。”连忙赶去,抱了便走回家,道:“你如今风了,被人笑耻。”

自此之后,年去月来,再不交女儿入学,每日只在家做些花卖,做生活了过。不觉时光似箭,日月如梭。年去月来,看看长成十六岁,生得端妍(少)[妙]貌,有十分颜色。忽然时遇元宵,家家点放花灯,不拘男子、妇人,都上街看灯。不在话下。

当日正是正月十五日元宵,邻近有几家老成的妇人,相呼相唤看灯,因此叫女儿同去。于是众簇着,迤逦长街游看。真个好灯!怎见得:

笙箫盈耳,丝竹括街。九衢灯火灿楼台,三市绮罗盈巷陌。花灯万盏,只疑吹下满天星;仕女双携,错认降凡王母队。灯下往来翠女,歌中相斗绮罗人。几多骏骑嘶明月,无限香车碾暗尘。

当下,莲女和街坊妇人女子往来观看花灯,来到能仁寺前,扎个鳌山,点放诸般异样灯火,山门大开,看灯者不分男女,挨出拥入。莲女见[了]也不顾街坊妇女,挨将入去看灯。真个好灯:三门两廊,有万盏花灯,照耀如同白日。

莲女和众人相挨,失了街坊妇女。妇女不见了莲女,却走到观音堂前,只见两个和尚铺着白蓝,抄化钱买[灯]油。莲女挨向前,看着和尚道:“和尚,和尚,我问你:能仁寺中许多灯,那一碗最明?”和尚见问得跷蹊,便回言道:“佛殿上灯最明。”莲女又问曰:“佛灯在佛前,心灯在何处?”道罢,和尚答不出来,只叫:“却非!却非!”被莲女抢上前,去和尚头上削两个栗暴,削得火光(送赞)[迸溅]。和尚捧了头叫苦:“呀!呀!这小娘子(到)[倒]好硬手!我不曾相犯你,你如何便打我?”莲女道:“还我问头来!”

和尚都(波)[跑]了去告长老。莲女又到佛殿上,见两个和尚在那里,便两只手扯住,问道:“能仁寺许多灯,那一碗最明?”那和尚猛可地乞他捽住，连忙应他：“只有佛殿上灯最明。”莲女又问道：“佛灯在佛前，心灯在何处？”莲女道罢，和尚答不来，只叫：“却非！却非！”被莲女抢上前去。和尚道：“我不理会得。”莲女道：“你不理会得，要你如何？”放了一只手，看着和尚脸上，只一拍，打个大耳光。

和尚被打，去告长老。长老听得道：“不须你(门)[们]说，我自知了。这魔头又来了恼我！”连忙叫侍者擂鼓升法座。又有那好事多口的道：“小娘子！长老升法座，你可去问他。”

莲女见说，一气走来法座下。众僧都随着。惠光禅师在法堂上，年纪高大，十分精神，端的是罗汉圣僧。怎见得：

双眉垂雪，碧眼横波。衣披六幅烈火鲛绡，柱杖九环锡杖。霜姿古貌，有如南极老人星；鹤骨松形，好似西方长寿佛。料应圆寂光中客，定是楞严会上人。

惠光长老坐定，用慧眼一观，见莲女走到法座下，合掌却欲要问。长老不等他开口，便厉声叫曰：“且住！你受我四句偈言：

衲僧不用看他灯，自有灵光一点明。

今日对君亲说破，尘尘刹刹放光明。”

道罢，莲女听了，便答四句：

十方做个灯球子，大地将为蜡烛台。

今日我师亲答问，不知那个眼睛开？

道罢，又曰：“你还我灯么？”长老答曰：“照天照地，天地俱明。”莲女又问曰：“照一席大众也无？能令众人明否？”长老答曰：“着！然，然，然！”莲女又问道：“照见几个？”长老答曰：“照见一个、半个。”莲女问曰：“一个是谁，半个是谁？”长老道：“一个是我，半个是你。”莲女曰：“借吾师法座来，与你讲法。”长老曰：“且去寻个汉子来还债。”道罢，莲女通红了脸。众人都和起来。有等不省得的，便骂道：“这和尚许大年纪，说这等的话！”有一等晓得的，便道：“是禅机，人皆不知。”

正如此说，只见同来的妇人、女子入法堂来，寻见了莲女，领了，道：“何处不觅到。若是不见你时，(交)[教]我(门)[们]回去，怎的见你爹娘？”说罢，众妇女簇拥回来。却不说寺中之事，各人叫了“安置”，散了。

这日之后，莲女只在门前做生活，若有人来买花，便去卖，再不闲管。

这莲女渐渐生长得堪描堪画，从来道：“女大十八变。”这女娘子方年一十七岁，（十八岁）大有颜色，张待诏点一铺茶请街坊吃，与女儿上头。上头之后，越觉生得好。怎见得：精神潇洒，容颜方二八之期；体态妖娆，娇艳有十分之美。凤鞋稳步，行苔径，衬双足金莲；玉腕轻抬，分花阴，露十枝春笋。胜如仙子下凡间，不若嫦娥离月殿。这莲女一十七岁，长得如花似玉，每日只在门首卖花，闲便做生活。

街坊有个人家，姓李，在潭州府里做提控，人都称他做押录。却有个儿子，且是聪明俊俏，人都叫他做李小官人。见这莲女在门前卖花，每日看在眼里，心虽动，只没理会处。年方一十八岁，未曾婚娶，每日只在莲女门前走来走去。有时与他买花，买花不论价，一买一成。或时去闲坐地，看做生活，假托熟，问东问西，用言撩拨他。不只一日。李小官思思想想，没做奈何，废寝忘餐，也不敢和父母说，因此害出一样证候，叫做“想思病”。看看的恹恹黄瘦了，不间便有几声咳嗽。每日要见这莲女，没来由，只是买花。买花多了，没安处，插得房中满壁都是花。一日三，三日九，看看病深，着了床不能起。父母见了心（荒）[慌]，便请太医调治服药，不能痊可。

你道这病怕人？乃是情色相牵。若两边皆有意，不能完聚者，都要害倒了，方是谓之“相思病”；若女子无心，男子执迷了害的，不叫做“相思病”，唤做“骨槽风”。今日李小官却害了此病，正是没奈何处。如何见得这病怕人？曾有一只词儿说得好。正是：

> 四百四病人可守，唯有相思难受。不疼不痛恼人肠，渐渐的（交）[教]人瘦。愁怕花前月下，最苦是黄昏时候。心头一阵痒将来，便添得几声咳嗽。

且说李小官人想这莲女，害得着了床，父母（荒）[慌]了，有妈妈来看他，只见房里满壁的花，都插着异样奇花，也不晓他意，又不好问他。思量半晌，便问他道：“原何有这许多花朵？”小官言答：“妈妈，你不知，我买来供奉和合、利市哥哥的。”娘道：“你是胡说，便做供养,也不消得许多,必有缘故。你有甚么事,实对我说。”小官只不肯说,别了面皮,朝里壁睡了。

妈妈只得出来,与丈夫商量,使叫奶子来,分付:“你去房里款曲,可问他是何原故。”奶子道:“不消吩咐,我自有个道理,哄漏其情回复。”

奶子说罢,便入房里来,将药递与小官吃,自言自语道:“官人这病跷蹊,你实对我说,我自有个道理方便你处。你不要瞒我,这病思量老婆了,气血不和,以致害得如此。”那小官见说,道:“奶子莫笑我,实不相瞒你,我有一件事,只是难说。”奶子道:“说不妨,此间别无一人。”小官人道:“只为一个冤家,恼得我过活不得。”奶子道:“又是苦呀!却是甚么冤家?莫不是负命欠钱的冤家?”小官人道:“不是这个,都只为我们隔壁,过三五家,张待诏有个做花的女儿叫做莲女,十分中我意,因他引动我心,使我神魂荡漾,废寝忘餐,日夜思之。你不见我房里插满花枝?因此上起。”奶(了)[子]听了,呵呵大笑,道:“有何难哉!我与员外、妈妈商量了,完成此事——这一段姻缘。”

道罢,出房来堂前,见了押录妈妈,把件事说了一遍。李押录道:“妈妈,如何是好?他是做花的手艺人,我是押录,不是门当户对。”妈妈道:“要孩儿好,只得将高就低。倘若不依他,孩儿有些失(所)[错],悔之晚矣!”

李押录见妈妈说,只得将就应允了,便请两个官媒来,商议道:“你两个与我去做花的张待诏家议亲。”二人道:“领钧旨。”便去。走到隔壁张待诏家,与他相见了,便道:“我两个是喜虫儿,特来讨茶吃,贺喜事。”张待诏[道]:“多蒙顾管,且请坐。”吃茶罢,便问:“谁家小官人?”二人道:“隔壁李押录小官人。”张待诏道:“只是家寒,小女难以攀陪。”二人道:“不妨。”张待诏道:“只凭二位。”二人道:“他不嫌你家。你若成得这亲事,他养你家一世,不用忧柴忧米了。”夫妻二人见说,甚喜,就应允了。

两个媒婆别了出门,回报李押录。押录见回复肯了,大喜,随择一日下财纳礼,奠雁传书,选拣吉日成亲。小官人见应承之后,百病皆散,将息复旧,唇红齿白。

不觉时光似箭,日月如梭,早是半年之上日期。李押录着两个媒人到张宅说亲:“近新冬日子,十五日好。”这张待诏有一般做花的相识,都来与女儿添房,大家做些异样罗帛花朵,插在轿上左右前后,“也见得我花里行肆。”不在话下。

到当日,李押录使人将轿子来,众相识把异样花朵插得轿子满红。——因此,至今留传“花灯轿儿”。今人家做亲皆因此起。

当时轿子到门前,众人妆(果)[裹]得锦上添花,请莲女上轿,抬到李宅门前歇了。司公茶酒传会,排列香案。时辰到了,司公念拦门诗赋,口中道:“脚下慢行!脚下慢行!请新人下轿!”遂念诗曰:

喜气盈门,欢声透户,珠帘绣幕低[垂]。拦门接次,只好念新诗。红光射银台画烛,氤氲香喷金猊。料此会,前生姻眷,今日会佳期。喜得过门后,夫荣妇贵,永效于飞。生五男二女,七子永相随。衣紫腰金,加官转职,门户光辉。从今(喜气后)[后喜气]成双尽老,福禄永齐眉。

念毕:“请新人脚下慢(请)行。”时辰将傍,不见下轿,司公又念赋曰:

瑞气氤氲,祥云缭绕,笙歌一派声齐。门阑喜庆,仿佛坠云霓。画烛花随红影;沉檀满热金猊。香风度,迎仙客唱,迎仙客乐遏云低。喜得过门后,夫荣妻显,永效于飞。男才过子建,女貌赛西施。寿比南山,福如东海,佳期。从今后,儿孙昌盛,个个赴丹墀。

司公念毕诗赋,再请新人下轿。三回五次,不见莲女下轿,司公怕[错]过时辰,便叫张待诏妈妈,自向前请新人下轿。

妈妈见说,走到轿子边,隔帘子低叫:“我儿,时辰正了,可下轿下来!”说罢,里面也不应,妈妈见不应,忍不住,用手揭起帘子,叫几声“我儿”,又不应。看莲女鼻中流下两管玉箸来,遂揭了销金盖头,用手一摇,见莲女端然坐化而死。只见怀中揣着一幅纸,妈妈拿了,放声大哭,把将去众人看,上面有四句《辞世颂》,曰:

我本林泉物外人,偶将两脚踏红尘。
明公若肯兴慈造,便是当年身外身。

当日，众人都惊呆了，道："不曾见！不曾见！真个难得！"李押录夫妻也没做理会处，小官人也惊呆了，道："只是我没福！"张待诏[道]："只得抬到我家，买口棺材断送他，也不枉了我家出个善知识。"李押录道："使不得！既嫁了我家，生是我家人，死是我家鬼。如何又扛回去？我自断送。"两边和气了，只见街坊立满人，都来看，有来礼拜的，也有合掌的。

正如此之间，只见一簇人，围着一乘四人轿子，那和尚分开人众，高声在一柄青凉伞下，扛着轿子叫道："你两家不要(荒)[慌]！也不要争！断送这娘子，也不是你两家人，正是老僧徒弟。我僧房中有龛子，扛一个来盛了，看老僧与他下火，点化这女子，去好处安身。"说罢，众皆道："好！不是这佛来，如何计结。"张待诏夫妻二人磕头礼拜道："我师，望乞指我女儿到好处去！"

说罢，惠光禅师急令从人回寺，抬了龛子，至李押录门首，扶莲女入龛子，找去能仁寺法堂内停了。做了三日功果。至第五日，扛去本寺后化人场。当时，李[张]二家都来做斋，拜了长老。长老讨条凳子立了，打个圆像与莲女下火，念下火文，曰：

可惜当年二八春，不沾风雨共微尘。如何两脚番身去，虚作阎浮一世人？如今花已谢，移根别处新。百骨头上生火焰，九重台上现金身。曹娥(女)十四投江，名传天下；龙女八岁成佛，声动十方。这两个女子，风流怎比莲女俏，惜未嫁早死，已知色是空。可惜未成花烛洞房，且免得儿啼女哭。

咄！

一段祥云成两足，逍遥直到梵王宫。

惠光长老念罢，须臾，火着化了，把骨殖送在寺中。

张待诏夫妻二人亦然弃欲出家。不过三年，夫妻二人成双坐化而去。

善有善报，莲女即是无眼婆婆后身，子母一门，俱得成其正果。作善的俱以成佛，奉劝世人：看经念佛不亏人。

曹伯明错勘赃记

入话：

二八佳人巧样妆，洞房夜夜换新郎。
两条玉腕千人枕，一颗明珠万客尝。
做出百般娇体态，生成一片歹心肠。
迎新送旧多机变，假作相思泪两行。

话说大元朝至正年间，去那北路曹州东平府管下东关[里]，有一客店。这店主姓曹，双名伯明，年三十岁。浑家亡化，止留下个孩儿，年十岁，叫做驴儿。

这曹州城里，有一个妓者，唤做谢小桃，年二十二岁，生得千娇百媚，是个上厅行首。伯明与他来往一年有余。伯明一心爱小桃，要娶他为妻，那小桃口里应允，终是妓者心不一。原来他自有个孤老，唤做倘都军，与他相处五年。小桃一心要嫁他，争奈倘都军没钱，因此还接客。

不想伯明痴心要他，一日，来城里和姑娘商议，原来姑娘死了姑夫，与儿子开着饭店。当见侄儿来家，同坐说话。伯明言："姑娘，我今妻已死多年，家中无人，如今行首谢小桃要嫁我，我亦要(取)[娶]他，特地说与姑娘知之。"姑娘道："侄儿不可(取)[娶]他！他是花门柳户之人，心不一的，别娶个良家的妇女。"

这伯明不听姑娘说，作别回家，自使钱备礼，立婚书，讨了谢小桃回家为妻。只因不信姑娘口，争些死[于]非命。正是：

金风未动蝉先觉，暗送无常死不知。

古语云：

两脸如香饵，双眉似曲钩。
吴王遭一钓，家国一齐休！

这曹伯明与谢小桃相聚，过了两个月余。忽[一]日，倘都军来望谢小桃，小桃低低说与倘都军道："我和你要做夫妻容易。这曹伯明每日五更出去接客，只是不在家多。你去五更头，等他来时，打死了他，咱两个永远做夫妻，却不是好?”倘都军见说，大喜道:“姐姐此计太妙!”辞别去了。不在话下。

却说五更头有个剪径的，唤做独行虎宋林，白日不敢出来，只是五更半夜行走。一日，去一家偷得些东西(驼)[驮]着，正走到五更头，撞见曹伯明。伯明大喝一声道:“你是甚人?”宋林道:“你是甚人?”伯明道:“我是东关里开客店的曹伯明。”宋林曰:“曹伯明，没事便休，若事发，不放了你!”道罢去了。

过了数日，忽一日，曹伯明到五更头接客。是冬日，到得五里地时，纷纷雪下。等了一会，雪下没客到，迎风(胃)[冒]雪走回。行得没一里，路上被个包袱一绊倒。伯明(扒)[爬]起来，见了包袱，自思:“若是有钱的，(那)[拿]了，(由)[犹]自可;那没钱的，(那)[拿]了，忧愁病死。”便乃叫曰:“前面客人脱下包袱!”叫了十数声，没人来往，雪又下得大，天色已晚，只得(跎)[驮]了包袱回家。敲门，小桃开门，见了包袱，便问道:“那里的东西?”伯明道:“娘子，我和你合该发迹。才走到五里头，见雪大没客来，走回来，被这包袱绊一交，起来叫人时，没人来往，我只得(跎)[驮]回和你受用。常言道:人无横财不富，马无夜料不肥。也是天赐与我，你收过。”

有分(交)[教]伯明惹得烦恼。正是:

争似不来还不往，也无欢喜也无愁。

古人有云:

天听寂无声，茫茫何处寻?

非高亦非远，都只在人心。

话分两头。却说曹州州尹升厅，忽东平府发文书来取曹州东关里开客店的曹伯明正身到来，急唤张千:“你可去捉拿曹伯明来!”无多时，到阶前跪下。州尹问:“你如何吓诈[贱]赃，(跎)[驮]回家去，从实招来!”伯明告:“相公，小人不曾拿人东西。”州尹(交)[教]打。当拖(番)[翻]在地，打了二十下，打得皮开肉绽，鲜血淋淋，伯明不肯招认。欲道再问，只见谢小桃(跎)[驮]着包袱，来州厅上出首，告道:“数日前，曹伯明不知那里(跎)[驮]这包袱来家，不知是谁的,妇人特来出首。”伯明道:“你这烟花泼妇,如此歹心!我和你是夫妻,你和别人做一路屈害我!”州尹大怒,言:“赃计有了,如何不招?”伯明再三苦告:“相公,小人在五里路接客,雪里拾提这包袱(跎)[驮]回,并不知贼盗事情。”州尹不听,六问三推,伯明受不过这苦楚,只得哭告。谢小桃假意哭道:“我怕你乞打,将包袱出首。你便招了罢!”伯明骂曰:“泼贱人,你害我死!”

州尹(交)[教]将伯明枷了,封了赃,做了文书,解上东平府去。有分(交)[教]个人去数千里外去安身立命。正是:

老龟烹不烂,移祸在枯桑。

当日,两个公人押伯明到姑娘门首。伯明告姑娘曰:“当初不信姑娘口,今日被这娼妓与别人做路陷我,我将儿子寄在姑娘处,我若死后,望姑娘抬举侄孙则个。”姑娘安排酒食,请了侄儿和两个公人。[两个公人]解曹伯明并赃物、文卷,到府厅交割了,讨了回文自回。

蒲左丞问:“曹伯明,你如何吓诈贼赃,从实供说!”伯明告言:“相公明镜,小人在五里头拾得包袱,并不知贼情。”蒲左丞言:“现有贼首宋林已打死,他告你吓诈他赃物。赃物现存,如何赖得?”伯明再三哭告:“小人为讨娼妇谢小桃为妻,致有今日屈害。望相公做主!”蒲左丞听了言语,心中疑(或)[惑]:“此事难断,且监,差人去曹州拿谢小桃来,有分得洗清了曹伯明冤屈。”正是:

报应本无私,影响皆相似,
要知祸福因,但看所为事。

却说公人径来曹州,拿了谢小桃到府。蒲左丞(交)[教]带谢小桃,上厅来跪下。蒲左丞言:“你这娼妇,快快实说!你与何人有奸,排害曹伯明?说得是实,饶你罪名;若一句不实,先打死你这淫妇!”谢小桃抵赖,不肯招说。蒲左丞(交)[教]:“揪下打一百,打死了罢!”当下拖(番)[翻],打了十下。小桃熬疼不过,告言:“相公,委的与倘都军来往情密,后被曹伯明娶了妾,因此与倘都军设计,(交)[教]宋林将赃物放于地下,待伯明(跎)[驮]回家陷害,要谋妾为妻。只此是实。”

蒲左丞急差四个公人火速来曹州拿了都军,把淫妇收监,一并问

罪。只因去(那)[拿]倘都军,有分(交)[教]谢小桃入官为奴。正是:

凶恶若还无报应,天地神明必有私。

次日,捉到倘都军,押至厅前跪下。蒲左丞不问事情,叫:"(姓)[先]打一百黄荆,却问。"当时打得倘都军皮开肉绽,鲜血淋淋。

蒲左丞(交)[教]取曹伯明、谢小桃出来,当厅判断。两个跪在一边,倘都军跪在一边。蒲左丞令倘都军供招:"生情发意,欲谋曹伯明性命",一一供招。蒲左丞执笔,判这倘都军杖三十,刺配三千里牢城,不许还乡。谢小桃罚入官为奴。曹伯明公名无事,发落宁家。

曹伯明拜谢蒲左丞神明报应。曹伯明回家,父子依旧开客店,过了生世。正是:

画龙画虎难画骨,知人知面不知心。

错认尸

入话：

世事纷纷难竟陈，知机端不误终身；

若论破国亡家者，尽是贪花恋色人。

话说大宋仁宗皇帝明道元年，这浙江路宁海军——即今杭州是也。在城众安桥北首[观音庵]有一个商人，姓乔，名俊，字彦杰，祖贯钱塘人。自幼年丧父母，长而魁伟雄壮，好色贪淫。娶妻高氏，各年四十岁。夫妻不生得男子，止生一女，年一十八岁，小字玉秀。至亲三口儿，止有一仆人，唤作赛儿。

这乔俊看来有三五万贯资本，专一在长安、崇德收丝，往东京卖了，贩枣子、胡桃、杂货回家来卖，一年有半年不在家。门首(交)[教]赛儿开张酒店，雇一个酒大工，叫做洪三，在家造酒。其妻高氏(常)[掌]管日逐出进钱钞一应事务。不在话下。

明道二年春间，乔俊在东京卖丝已了，买了胡桃、枣子等货，船到南京上新河泊。正[要]行船，因风阻[了]。一住三日，风胜大，开船不得。忽见邻船上有一美妇，生得肌肤似雪，髻挽乌云。乔俊一见，心甚爱之，乃问访于(稍)[艄]工："你船中是甚么客人？(原)[缘]何有宅眷在内？"(稍)[艄]工答言："(此言此)[是]建康府周巡检病故，今家小扶灵柩回山东去，这年小的妇人乃是巡检之侍妾也。官人问他做甚？"乔俊言："(稍)[艄]工，你与我问巡检夫人，若肯将此妾与人，我情愿与(也)[他]多些(才)[财]礼，讨此人为妾，说得此事成了，我把五两银子谢你。"

(稍)[艄]工遂乃下船(仓)[舱]里去，问老夫人道："小人告夫人，跟前这个小娘子，肯嫁与人否？"见说言无数句，话不一席，有分(交)[教]这乔俊(取)[娶]了这个妇人为妾，直使得：

一家人口因他丧，万贯家资一旦休。两脸如香饵，双眉似铁钩。吴王遭一钓，家国一齐休。

老夫人当时对(稍)[艄]工道:“你有甚好头脑说他?若有人要(取)[娶]他,就应承与他,只要一千贯文,便嫁与他。”(稍)[艄]公便言:“邻船上有一贩枣子客人,要(取)[娶]一个二娘子,特(交)[教]小人过船来,与夫人说知。”夫人便应(成)[承]了。

(稍)[艄]工回复乔俊说:“夫人肯与你。”乔俊听说,大喜,即便开箱,取出一千贯文,便交(稍)[艄]公送过夫人船上去,夫人接了,说与(稍)[艄]公,(交)[教]请乔俊过船来相见,乔俊换了衣服,径过船来,拜见夫人。夫人问了乡贯、姓氏、明白了,就叫侍妾近前,吩咐道:“相公已死,家中儿子利害。我今做主,将你嫁与这个官人为妾,即今便过乔官人船上,去宁海郡大马头去处,快活过了生世。你可小心伏侍,不可托大!”其妇与乔俊拜辞了老夫人。夫人与他一个衣箱物件之类,却送过船去。乔俊取五两银子谢了(稍)[艄]工。

乔俊心中十分欢喜,乃问其妇:“你的名字叫做甚么?”其妇乃言:“我叫作春香,年二十五岁。”当晚就船中与春香同铺而睡。

次日天晴,风息浪平,大小船只,一齐都开。乔俊也行了五七日,早到(此)[北]新关,歇船上岸,叫一乘轿子抬了春香,自随着,径入武林门里,来到自家门首,下了轿,打发了轿子去了。

乔俊引春香入家内来,自先走入家里去,与高氏相见,说知此事,出来引春香入去参见。其妻见了春香,焦躁起来:“丈夫,你既娶来了,我难以推故。你只依我两件事,我便容你。”乔俊道:“你且说,那两件事?”高氏启口说出,直(交)[教]乔俊:有家难奔,有国难投!正是:

没兴赊得店中酒,灾来撞着有情人。
佳人有意郎君俏,红粉无情浪子村。
妇人之语不宜听,分门割户坏人伦。
勿信妻言行大道,男子纲常有几人?

当下,高氏说与丈夫:“你今已(取)[娶]来了,你可与他别住,不许你放他在家里。”乔俊听得,言:“容易,我自赁房屋一间与他住过。”高氏又说:“自从今日为始,我再不与你做一处。家中钱本、什物、首饰、衣服,我自与女儿两个受用,不许你来讨,你依得么?”乔俊沉吟了半响，心里道："欲待不依，又难过日子。罢！罢！"乃言："都依你。"高氏不语。

次日起早，去搬货物、行李回家，就央人赁房一间，在铜钱局前，今对贡院是也。拣个吉日，乔俊带了周氏，点家火，一应什物完备，搬将过去，住了三朝两日，归家走一次。

光阴似箭，日月如梭，不觉半年有余，乔俊收丝已完，打点家中柴米之类，吩咐周氏："你可(柰)[耐]净，我出去，多只两月便回。如有急事，可回去大娘家里说知。"道罢，径到家里说与高氏："我明日起身去后，多只两月便回。倘有事故，你可照管周氏，看夫妻之面。"女儿道："爹爹早回。"别了妻女，又来新住处，打点明早起程。此时是九月间，出门搭船，登途去了。

一去两个月，周氏在家，终日倚门而望，不见丈夫回来。看看又是冬景至了。其年大冷，忽一日晚，彤云密布，纷纷扬扬，下一天大雪，高氏在家思忖："丈夫一去，因何至冬时节，只(故)[管]不回?"说与女儿道："这周氏寒冷，赛儿又病重，不久身亡。乃叫洪三将些柴米、炭木、钱物，送与周氏。

周氏见雪下得大，闭门在家哭泣，只听得敲门，只道是丈夫回来，(荒)[慌]忙开门，见了洪大工挑着东西进门。周氏乃言："大工，大娘、大姐一向好么?"大工答言："大娘见大官人不回，(计)[记]挂你无盘缠，(交)[教]我送柴米、钱钞与你用。"周氏见说，回言道："大工，你回家去，多多拜上大娘、大姐！"此时，大工别了，自回家去。

次日午[牌]时分，周氏门首又有人敲门。周氏道："这等大雪，又是何人敲门?"(不)[只]因这人来，有分(交)[教]周氏再不能与乔俊团圆。

世间好物不坚牢，彩云易散琉璃脆。
贤愚痴蠢出天才，巧厌多能拙厌呆。
正是闭门屋里坐，端使祸从天上来。

当日雪下得越大，周氏在房中向火，忽听得有人敲门，起身开门看时，见一人，头带破头巾，身穿旧衣服，便问周氏道："嫂子，乔俊在家么?"周氏答道："自从九月出去，还未回"。其人言："我是他里长，今来差乔俊去海宁砌江塘,做夫十日,歇二十日,又做十日。他既不在家,我替你们寻个人,你出钱雇他去做工。”周氏答言:“既如此,只凭你(交)[教]人替了,我自还你工钱。”

里长相别出门,次日饭后,领一个后生,(方年)[年方]二十岁,与周氏相见。里长说与周氏:“此人是上海县人,姓董,名小二,自小他父母俱丧,如今专靠与人家做工过日。每年只要你三五百贯钱,冬夏做些衣服与他穿。我看你家里又无人,可(顾)[雇]他在家不妨。”周氏见说,心中欢喜,道:“委实我家无人走动。”看其人,是个良善本分人,遂谢了里长,留在家里。

至次日,里长来叫去海宁做夫,周氏取些钱钞与小二,跟着里长去了十日回来,这小二在家里,小心谨慎,烧香扫地,件件当心。

且说乔俊在东京卖丝,与一个上厅行首沈瑞莲来往,倒身在他家使钱,因此,留恋在彼,全不管家中妻妾,只恋花门柳户,逍遥快乐。那知家里赛儿病了两个余月死了,高氏叫洪三买具棺木,扛出城外化人场烧了。高氏立性贞洁,自在门前卖酒,无有半点狂心。

不想周氏自从安了董小二在[家],到有心看上他,有时做夫回家,热羹热饭搬与他吃。小二见他家无人,勤谨做活。这周氏如常涎邓邓的眼引他。这小二也有心,只是不敢上前。

一日,正是十二月三十日夜,周氏(交)[教]小二去买些酒果、鱼肉之物过年。到晚,周氏叫小二关了大门,去灶上(荡)[烫]一注子酒,切些肉,做一盘,安排火盆,点上了灯,就[摆]在房内床面前[桌儿上]。小二在灶前烧火,周氏轻轻的叫小二道:“你来房里来,将些东西去吃。”小二千不合,万不合,走入房内,有分(交)[教]小二死无葬身之地。正是:

只因酒色财和气,断送堂堂六尺躯。
童仆人家不可无,岂知撞了不良徒!

分明一段跷蹊事,瞒却堂堂大丈夫。此时,周氏叫小二到床前,便道:“小二,你来!你来!我和你吃两杯酒,今夜就和你做了夫妻,好么?”小二道:“不敢!”周氏骂了两三声:“蛮子!”周氏双手把小二抱到床边,[挨肩]而坐,便将小二扯过,怀中解开主腰儿,(交)[教]他摸胸前麻团也似白奶。小二淫心荡漾，便将周氏脸搂过来，将舌尖儿度在周氏口内，任意快乐。周氏将酒筛下，两个吃一个交杯盏。两人合吃五六杯。周氏道："你在外头歇，我在房内也是自歇，寒冷难熬。你今无福。不依我的口。"小二跪下[道]："感承娘子有心，小人亦有意多时了，只是不敢说。今日娘子抬举小人，此恩杀身难报。"二人说罢，解衣脱带，就做了夫妻。一夜快乐，不必说了。

天明，小二先起来，烧汤，洗碗，做饭，周氏方起梳妆、洗面，罢，吃饭。正是：

少女少郎，情色相当。

却如夫妻一般，在家过活。左右邻舍皆知此事，无人闲管。

却说高氏因无人照管门前酒店，忽一日，听得闲人说周氏与小二通奸，放心不下，因此叫洪大工去与周氏说："且搬回家，省得两边家火。"周氏见洪大工说此事，回言道："既是大娘好意，今晚就将家火搬回家去。"洪大工自回家去了。

周氏便叫小二商量："今大娘要我回家，你今却如何？"小二便答："娘子，大娘家里也无人，小人情愿与大娘家送酒走动。一来，只是不好与娘子快乐；不然，就今日(折)[拆]散了。"说罢，两个搂抱着，哭了一回。周氏道："你且安心。我今收拾衣箱、什物，你与我挑回大娘家里。我自与大娘说，留你在家，暗地里与我快乐。且等丈夫回来，再做计较。"小二见说，才放心欢喜，回言道："万望娘子用心！"

当日下午，收拾已了，小二先挑箱笼大娘家来。挨到黄昏，洪大工提个灯笼去接周氏。周氏取其锁，锁了大门，同小二回家。正是：

(非)[飞]蛾投火身须丧，蝙蝠投竿命必倾。
为人切莫用欺心，举头三尺有神明。
若还作恶无报应，天下凶徒人吃人。

当时，小二与周氏到家，见了高氏。高氏道："你如今回到家一处住了，如何带小二归来？何不打发他去了？"周氏道："大娘门前无人照管，不如留他在家使唤，待得丈夫回时，打发他未迟。"高氏是个清洁的人，心中想道："在我家中，我自照管着他，有甚皂丝麻线？"遂留下，交他看店、讨酒坛，一应都会得。

不觉又过了数月,周氏虽和小二有情,终久不比自住之时,两个任意取乐。

一日,周氏见大娘说起小二诸事勤谨,又本分,乃言:“大娘(和)[何]不将大姐招小二为婿,却不便当?”大娘听得,大怒,骂道:“你这贱人,好无志气!我女儿招(顾)[雇]工人为婿?”周氏不敢言语,乞这大娘骂了三四日。大娘只倚着自身正大,全不想周氏与他通奸,故此要将女儿招他,若还思量此事,只消得打发了小二出门,后来不见得自身同女打死在狱,灭门之事。

且说小二自三月来家,古人云:“一年长工,二年家公,三年太公。”不想乔俊一去不回,小二在大娘家一年有余,出入房屋,诸事托他,便做乔家公,欺负洪三。或早或晚,见了玉秀,便将言语调戏他,不则一日,不想玉秀被这小二奸骗了,其事周氏也知,只瞒着大娘。

似此又过一月,其时是六月半,天道大热,玉秀在房内洗浴。大娘走入房中,看见女儿奶大,(乞)[吃]了一惊,待女儿穿了衣裳,叫这女儿到面前,问道:“你乞何人弄了身体,这奶大了?你好好实说,我便饶你。”玉秀推托不过,只得实说:“我被小二哄了。”高氏跌脚叫苦:“这事都是这小婆娘做一路,坏了我女孩儿。此事怎生是好?”欲待声张起来,又怕嚷动人知,苦了女儿一世之事。当时沉吟了半晌,眉头一(纵)[蹙],计上心来:“只除害了这蛮子,方才免得人知。”

不觉又过了(一)[两]月,忽值八月中秋节到,高氏(交)[教]小二买些鱼肉、果子之物,安排家宴。当晚,高氏、周氏、玉秀在后园赏月,叫洪三和小二别在一边吃。高氏至夜三更,叫小二,赏了两大碗酒。小二不敢推辞,一饮而尽,不觉大醉,倒了。洪三也有酒,自去酒房里睡了。这小二只因酒醉,中了高氏计策,当夜便是:

东岳新添枉死鬼,阳间不见少年人。

当时,高氏使女儿自去睡了,便与周氏说:“我只管家事买卖,我那知你与这蛮子通奸。你两个做一路,故意(交)[教]他奸了我的女儿,丈夫回来,(交)[教]我怎的见他分说?我是个清清白白的人,如今讨了你来,被你玷辱我的门风,如何是好?我今与你,只得没奈何害了这蛮子的性命,神不知,鬼不觉。倘丈夫回来,你与我女儿俱各免得出丑,各无事了。你可去将条索来。”

周氏初时不肯,被高氏骂道:“都是你这贱人与他通奸,因此坏了女儿,你还恋着他!”周氏(乞)[吃]骂得没奈何,只得去房里取了麻索,递与大娘。大娘接了,将去小二脖项下一绞。原来妇人家手软,缚了一个更次,绞不死。小二叫起来。高氏急无家火在手边,(交)[教]周氏去灶前捉把劈柴斧头,把小二脑门上一斧,脑浆流出,死了。

高氏与周氏商量:“好却好了,这死尸须是今夜发落便好。”周氏道:“可叫洪三起来,将块大石缚在尸上,驮去丢在新桥河里水底去了,待他尸首自烂,神不知,鬼不觉。”

高氏大喜,便到酒作坊里,叫起洪大工来。大工走入后园,看见了小二尸首,道:“祛除了这害,最好。倘留他在家,大官人回来,也有老大的口面。”周氏道:“你可趁天未明,把尸首驮去新河里,把块大石缚往,坠下水里去,若到天明,倘有人问时,只说(到)[道]:‘小二偷了我家首饰、物件,夜间逃走了。’他家又无人来寻望,如今且除了一害。”

洪大工驮了尸首,大娘将灯照出门去。此时有五更时分,洪大工驮到河边,掇块大石,绑在尸首上,丢在河内,直推开在中心里。这河有丈余深水,当时沉下水底去了,料道永无踪迹。洪大工回家,轻轻的关了大门。大娘子与周氏各回房内睡了。

高氏虽自清洁,也欠些聪明之处,错干了此事,既知其情,只可好好打发了小二出门,便了此事。今来千不合,万不合将他绞死,后来自家被人首告,打死在狱,灭门绝户。

且说洪大工睡至天明,起来开了酒店,大娘子依旧在门前卖酒。玉秀眼中不见了小二,也不敢问。周氏自言自语,假意道:“小二这厮无礼,偷了我首饰、物件,夜间逃走了。”玉秀自在房里,也不问他。那邻舍也不管他家小二在与不在。高氏一时害了小二性命,疑决不下,早晚心中只恐事发,终日忧(问)[闷]过日。正是:

要人知重勤学,怕人知事莫做。

却说武林门外清湖闸边,有个做靴的皮匠,姓陈名文,一妻程氏五娘，夫妻两口儿止靠做靴鞋度日。此时是十月初旬，这陈文与妻争论，一口气走入门里蒲桥边皮市里买皮，当日不回，次日午后也不回。程五娘心内慌起来。又过了一夜，亦不见回，独自一个在家烦恼。

将及一月，并无消息，这程五娘不免走入城里问人。径到皮市里来，问买皮店家，皆言："一月前何曾见你丈夫来买皮？莫非死在那里了？"有多口的道："你丈夫穿甚衣服出来？"程五娘道："我丈夫头(带)[戴]万字头巾，身穿着青绢一口钟，一月前说来皮市里买皮，至今不见信息，不知何处去了！"众人道："你可城内各处去寻，便知音信。"程五娘谢了众人，绕城中逢人便问，一日并无踪迹。

过了两日，吃了早饭，又入城来寻问。不端不正，走到新桥上过，正是：事有凑(斗)[巧]，物有(故)[偶]然。只见河岸上有人喧哄，说道："有个人死在河里，身上穿领青衣服，泛起在桥下水面上。"程五娘听得说，连忙走到河岸边，分开人众一看时，只见水面上漂浮一个死尸，穿着青衣服，远远看时，有些相像。程氏就(乃)大哭道："丈夫缘何死在水里？"看的人都呆了。程氏又(乃)[哀]告众人："那个伯伯肯与奴家拽过我的丈夫尸首到岸边，奴家认一认看。奴家自奉酒钱五十贯。"

当时有一个破落户，(叫名)[名叫]王酒酒，专一在街市上帮闲打哄，赌骗人财。这厮是个泼皮，没人家扎他，当时也在那里，(看)[听]程五娘许说五十贯酒钱，便乃向前道："小娘子，我与你拽过尸首来岸边，你认看。"五娘哭罢，道："若得伯伯如此，深恩难报！"这王酒酒见只过往船，便跳上船去，叫道："(稍)[艄]公，你可住一住，等我替这个小娘子拽这尸首到岸边！"当时王酒酒拽那尸首来。王酒酒认得乔家董小二的尸首，口里不说出来，只交程氏认看。只因此起，有分(交)[教]高氏一家死于非命。直叫：

高氏俱遭囹圄苦，好色乔郎家业休。
闹里钻头热处歪，遇人猛惜爱钱财；
谁知错认尸和首，惹出冤家祸患来。

此时，王酒酒在船上将竹篙推那尸到岸边来，程氏看时，见头面破肉却被水浸坏了，全不认得。看身上衣服，却认得是丈夫的模样。

号号大哭，告言王酒酒道：“烦伯伯同奴去买口棺木来(成)[盛]了，却又作计较。”

王酒酒便随程五娘(道)[到]褚堂仵作李团头家，买了棺木，叫了两个火家，来河下捞起尸首，盛(了)[于]棺内，就在河岸边存着。那里新桥下无甚人家住，每日只有船只来往。

程氏取五十贯钱[谢]了王酒酒。王酒酒得了钱，一径来到高氏酒店门前，以买酒为名，便对高氏说：“你家(原)[缘]何打死了董小二，丢在新(河桥)[桥河]内，如今泛将起来，你道一场好笑！那里走一个来错认做丈夫尸首，买具棺木盛了，改日却来安葬！”大娘子道：“王酒酒，你莫胡言乱语，我家小二偷了我首饰、衣服在逃，追获不着，那得这话！”王酒酒道：“大娘子，你不要赖！瞒了别人，不要瞒我。你今送我些钱钞买求我，便等那妇人错认了去，你若白赖不与我，我就去本府首告，叫你(乞)[吃]一场人命官司。”高氏听得，便骂起来：“你这破落户，千刀万剐的贼，不长(俊)[进]的乞丐！见我丈夫不在家，今来诈我！”王酒酒被骂，大怒，便投一个去处，有分叫乔家一门四口性命——能杀的妇人，(道)[到]底无志气，胡乱与他些钱钞，也不见得此事：

雪隐鹭鸶飞起见，柳藏鹦鹉语方知。一毫之恶，劝人莫作；衣食随缘，自然快乐。

当时，高氏千不合，万不合，骂了王酒酒这一顿。被那厮走到宁海郡安抚司前，叫起屈来。安抚相公正直厅上押文书，叫左右叫至厅下，问道：“有(因)[何]屈事？”王酒酒跪在厅下，告道：“小人姓王名青，钱塘县人，今来首告：邻居有一乔俊，出外为(营)[商]未回，其妻高氏与妾周氏，一女玉秀，与家中一雇工人董小二有奸情。不知怎的缘故，把董小二谋死，丢在新桥河里，如今泛(来)[起]。小人去与高氏言说，反被本妇百般辱骂。他家有个酒大工，叫做洪三，敢是同心谋害[的]，小人不甘因此上叫屈。望相公明镜昭察！”安抚听罢，着外郎录了王青口词，押了公文，差两个牌军押着王青去捉拿三人并洪三，火急到厅。

当时，公人径到高氏家，捉了高氏、周氏、玉秀、洪三四人，关了大门,取锁锁了大门,同到安抚司厅上。一行人跪下。相公是蔡州人,姓黄[名]正大,为人奸狡,贪滥酷刑,问高氏:"你家董小二何在?"高氏道:"告[相公]:小二拐物在逃,不知去向。"吏人道:"要知明白,只问洪三,便知分晓。"

安抚遂将洪三拖翻拷打,两腿五十黄荆,血流满地。打熬不过,只得招道:"董小二先与周氏有奸,后搬回家,奸了玉秀。高氏知觉,恐丈夫回,辱灭了门风,于今[年]八月十五日夜,赏中秋月,(交)[教]小的同小二两个在一边吃酒。我两个都醉了,小的怕失了事,自去酒房内睡了。到五更时分,只见高氏、周氏来酒房门边,叫小的去后园内,只见小二尸首在地。小的驮去丢在河内,回家,小的问高氏因由。高氏(被)[备]将前事说道:'二人通同奸骗女儿,倘或丈夫回日怎的是好?我今出于无奈,因(此)[是]赶他不出去,又怕说出此情,只得用麻索绞死了。'小的是个老实的人,说道:'看这厮忒无理,也祛除了一害。'小的便将小二尸首,驮在新桥河边,用块大石缚在他身上,沉在水底下,只此便是实话。"

安抚见洪三招状明白,点指画字。二妇人见洪三已招,惊得魂不附体。玉秀抖做一块,安抚叫左右将三个妇人过来供招。玉秀只得供道:"先是周氏与小二有奸,母高氏收拾回家,将奴调戏,奴不从。后来又调戏,奴又不从,将奴强抱到后园,奸骗了奴身。到八月十五日,(如)[备]果吃酒赏月,母高氏先叫阿奴去房内睡了,并不知小二死亡之事。"安抚又问周氏:"你既与小二有奸,缘何将女孩儿坏了?你好好招成,免至受苦!"周氏两泪交流,只得从头一一招了。安抚又问高氏:"你(原)[缘]何谋杀小二?"[高氏]抵赖不过,从头招认了,都押下牢监了。

安抚俱将各人供状立案,次日,差县尉一人,带领仵作行人,押了高氏等去新河桥下检尸。

当日闹动城里城外人都得知,男子妇人,挨肩擦背,不计其数,一齐来看:

险道神脱了衣裳,这场话榜不小。

乔俊贪淫不可论,故交妻女受奸情,

只因酒色亡家国,岂见诗书误好人?

却说县尉押着一行人,到新河[桥]下,打开棺木,取出尸首检看明白,将尸放在棺内。县尉带了一干[人]回话:“董小二尸虽是斧头打碎顶门,麻索绞痕见在。”安抚叫左右将高氏等四人,各打二十下,俱是昏晕复醒,取一面长枷,将高氏枷了,周氏、玉秀、洪三俱用铁索锁了,押下大牢内监了。王青随衙听候。

且说那皮匠妇人也知得错认了,再也不来哭了,思量起来,一场惶恐,(已)[几]时不敢见人。这话且不说。

再说玉秀在牢中,汤水不吃,次日死了。又过了两日,周氏也死了。洪三看看病重,狱卒告知安抚,安抚令官医医治,不痊而死。止有高氏,浑身发肿,(棒)[棒]疮疼痛,熬不得,饭食不吃,服药无用,也死了。可怜不勾半个月日,四个都死在牢中,狱卒通报,知府与吏商量:“乔俊久不回家,妻妾在家谋杀人命,本该偿命,凶身人等俱死。具表申奏朝廷,方可决断。”

不则一日,圣旨一到,开读道:“凶身俱(以)[已]身死,将家私抄扎入官。小二尸首,又无苦主亲人[来领],烧化了罢。”当时安抚即差吏去打开乔俊家大门,将细软钱物尽数入官,烧了董小二尸首。不在话下。

却说乔俊合当穷苦,在东京沈瑞莲家,全然不知家中之事。住了两年,财本使得一空,被虔婆常常发语道:“我女儿恋住了你,又不能接客,怎的是了?你有钱钞,将些出来使用;无钱,你自离了我家,等我女儿接些客人。终不成饿死了我一家罢?”

乔俊是个有钱过的人,今日无了钱,被虔婆赶了数次,眼中泪下,寻思要回乡,又无盘缠。那沈瑞莲见乔俊泪下,也哭起来,道:“乔郎,是我苦了你。我有些日前(趱)[攒]下的零碎钱,与你做盘缠,回去了罢。你若有心,到家取得些钱,再来走一遭。”乔俊大喜,当晚收拾了旧衣服,打了一个衣包,沈行首取出三百贯文,把与乔俊打在包内,别了虔婆,驮了衣包,手提了一条棍棒,又辞了瑞莲。两个不忍分别。

且说乔俊于路搭船,不则一日,来到北新关,天色晚了,便投一个相识船家宿歇，明早入城。其船家见了乔俊，(乞)[吃]了一惊，道：“乔官人，你如何恁的不回？一向在那里去了？你家中小娘子周氏与一个雇工人有奸，大娘子取回一家住了，怎的又与女儿有奸。我听得人说，不知争奸也是怎的，大娘子谋杀了雇工人，酒大工洪三将尸放在新桥河内。(得)[待]了两个月，尸首泛将起来，有一个皮匠妇人来错认了。又有人认得是你家雇工人的尸首，首告在安抚司，捉了大娘子、小娘子、你女儿并酒大工洪三到官。拷打不过，只得诏认。监在牢里，受苦不过。如今四人都死了。朝廷文书下来，抄扎你家财产入官。你如今投那里去好？”

乔俊听罢，却似：

分开八片顶阳骨，倾下半桶冰雪来！

这乔俊惊得呆了，半晌语言不得。那船主人排些酒饭与乔俊吃，那里吃得下。两行泪珠如雨，收不住哽咽悲啼，心下思量：“今日不想我闪得有家难奔，有国难投，如何是好？”(番)[翻]来复去，过了一夜。次日，黑早起来，辞了船主人，背了衣包，急急奔武林门来。到近着自家对门一个古董店王将仕门首立了，看自家房屋，俱(折)[拆]没了，止有一片荒地。

却好王将仕开门，乔俊放下衣包，向前拜道：“老伯伯，不想小人不回，家中如此模样！”王将仕道：“乔官人，你一向在那里不回？”乔俊道：“只为消折了本钱，归乡不得，并不知家中的消息。”王将仕邀乔俊到家中坐定，道：“贤侄听老身说，你去后家中……”如此如此，把从头之事，一一说了。“只好笑一个皮匠妇人，因丈夫死在外边，到来错认了尸。却被王酒酒那厮首告，害了你大妻、小妾、女儿并洪三到官，被打得好苦恼，受疼不过，都死在牢里，家产都抄扎入官了。你如今那里去好？”

乔俊听罢，两泪如倾，辞别了王将仕，上南不是，落北又难，叹了一口气，道：“罢！罢！罢！我今年四十余岁，儿女又无，财产妻妾俱丧了，去投谁的是好？”一径走到西湖上第二桥，望着一湖清水便跳，投入水下而死。

这乔俊一家人口，深可惜哉！至今风月江湖上，千古渔樵作话传。

尸首不能入棺归土，这个便是贪淫好色下场头：

如花妻妾牢中死，似虎乔郎湖内亡。
只因做了亏心事，万贯家财属帝王。

董永遇仙传

入话：

典身因葬父，不愧业为佣。

孝感天仙至，滔滔福自洪。

话说东汉中和年间，去(至)[这]淮安润州府丹阳县董槐村，有一人，姓董名永，字延平，年二十五岁。少习诗书，幼丧母亲，止有父亲，年六十余岁。家贫，惟务农工，常以一小车推父至田头树阴下，以工食供父。如此大孝。

时(直)[值]荒旱，井内生烟，树头生火，米粮高贵，有钱没处买。董永心思："离乡百里之外，有一傅长者，专一济穷拔苦，不免去求他。"乃对父曰："如此饥荒，无饭得吃。天色寒冷，孩儿欲去傅长[者]家，借些钱米来过活。"父言："你去，借得与借不得，便回，免(交)[教]我记念。"

董永辞别父亲，三步作两步而行，正是十二月半天气，地冷天寒，西北风大作，腹中又饥，身上又冷，挨着饥寒而走。不想纷纷扬扬，下落一天雪来：

尽道丰年瑞，丰年瑞若何？

长安有贫者，为瑞不宜多。

话分两头。却说傅长者正在家中与妈妈赏雪。这长者见雪下得大，叫院子王仝，去库中取一千贯钱，仓中搬米十石，在门前散施。不问男女，皆得救济。当时董永也来到门首，见散钱米，遂得钱十贯，米一斗，谢了长者，火急回身。正是：

求人须求大丈夫，济人须济急时无。

董永迎风冒雪，拿着钱米回家。其父见儿子回来，喜不自胜，董永将钱买柴米，与父烘火，做饭吃了，看那雪时，到晚来越下得紧。正是：

拳头大块空中舞，路上行人只叫苦。

父子二人过了半月有余。其父因饥寒苦楚成病，忽然一卧不起。董永心中好苦，要请医人调治，又无钱物。指望挨好，不想父亲病得五六日身亡。董永哀哭不止，昏绝几番，端的是：屋漏更遭连夜雨，行船又撞打头风。

董永自父死后，举手无措，寻思："止有我娘舅在东村内住，只得去求他，借些财物买棺木。"当时径到娘舅家，备告丧父无钱之事。娘舅见说，又无见钱，遂将布二匹，绢一匹，借与董永，董永换具棺木回家，盛停在家中，早晚哭泣。日间与人耕种度日，欲要殡葬，又无钱使。

荏苒光阴，不觉过了一年有余，无钱殡送，心思一计："不免将身卖与人佣工，得钱揭折。"当日离家，径投傅长者家，见了院子，央他报说卖身之事。傅长者出厅，叫董永入来，备问其事。董永道："小人姓董名永，丹阳县董槐村人氏。自幼丧母。今年又丧父，停柩在家，无钱殡葬。今日特告长者，情愿卖身与长者，欲要千贯钱回家葬父，便来长者家佣工三年。望长者慈悲方便！"长者见说，乃言："你是大孝之人！"便教院子取一千贯钱，付与董永。董永拜别长者出门。正是：

从空伸出拿云手，提起天罗地网人。

董永将钱回家，至次日，雇倩乡人，扛抬棺木，往南山祖坟安葬已毕，过了一夜，次日，收拾随身行李，锁了大门，迤逦便行。行至一株大树下，歇脚片时，不觉睡着在树下。

却说董永孝心，感动天庭。玉帝遥见，遂差天仙织女，降下凡间，与董永为妻，助伊织绢偿债，百日完足，依旧升天。

董永睡着，抬头见一女子，生得：

月里姮嫦无比，九天仙女难描。玉容好似太真娇，万种风流绝妙。行动柳腰袅娜，秋波似水遥遥。金莲小笋生十指，羞花闭月清标。

那女子启一点朱唇，露两行碎玉，向前道个万福，问："郎君何故在此？"董永答礼，道："小人姓董名永，董槐村人氏，自幼失母。年前丧父，因停柩在家，不能安葬，因此卖身。葬父已了，今往傅长者家还债。行走困倦,少歇于此。娘子尊问,只得实告。”道罢,两泪交流。仙女道:“元来如此大孝。好(交)[教]官人得知,奴是句容县人。公婆父母皆丧。不幸先夫过世,难以营生,欲嫁一个好心之人,甘当伏事。”董永道:“娘子请便,小人告辞。”仙女道:“今见官人如此大孝,情愿与官人结为夫妇,同到傅家还债。官人心下如何?”董永答道:“多蒙娘子厚情。又无媒人,难以成事。”仙女道:“既无媒人,就央槐树为媒,岂不是好?”

董永再四推却。仙女怒道:“非奴自贱,因见官人是个大孝之人,故此情愿为妻。你到反意推却!岂不闻古人云:‘有缘千里能相会,无缘对面不相逢。’此亦是缘份,何必生疑!”董永无可奈何,只得结成夫妇,携手而行,乃云:“我前日在傅长者面前,只说佣工三年准债。今日见我夫妻二人入门,只恐焦躁。”仙女道:“不妨。我自幼会得织绸绫绵绢,他必喜欢。”

迤逦行到,二人拜见长者,具言同妻织绢之事。长者大喜,便问:“要多少丝?”仙女道:“起首要十斤,一日织十匹。”长者见说:“我不信,难道生百只手?既然如此,我只要你织三百匹纻丝,便放你回去。”当时便与丝十斤,令董永夫妻二人去织,果然一日一夜,织成十匹纻丝,呈上长者,长者并家中大小皆惊:“不曾见如此手快之人。”原来仙女到夜间,自有众仙女下降帮织,以此织得快。

光阴捻指,一月之期,织成纻丝三百余匹,呈上长者。长者大喜,言称:“世间少有这般妇人。”乃问董永:“你妻非是凡人;若是凡人,如何一月织得三百匹纻丝?”董永答道:“实不相瞒,是小人路上相遇此妇人,他见我说孝心之事,他便情愿嫁我,相帮还债。”长者道:“有如此之事!你真是孝心所感。当初说佣工三年,如今止是三月。我与你黄金十两,将去别作生理。”

董永当时拜谢长者,领妻出门。行至旧日槐阴树下,暂歇。仙女道:“当初我与你在此槐树下结亲,如今又三月矣!”不觉两泪交流。董永道:“贤妻何故如此?”仙女道:“今日与你缘尽,(固)[因]此烦恼。实不相瞒,我非是别人,乃织女也。上帝怜你孝意,特差我下降,与你为妻,相助还债,百日满足,奴今怀孕一月,若生得女儿,留在天宫;若生得男儿,送来还你。你后当大贵,不可泄漏天机。”道罢,足生祥云,冉冉而起。董永欲留无计,仰天大哭:“指望夫妻偕老,谁知半路分离!”哭罢,一径回到坟前,又哭一场,结一草庐,看守坟茔。不在话下。

却说傅长者在家无甚事,打开仙女所织之纻丝看时,上面皆是龙文凤样,光彩映日月。长者大惊,不敢隐藏,将此事申呈本府。府尹闻知有如此孝感之事,具表奏上朝廷。汉天子览表,龙颜大悦,曰:“朕即位(已)[以]来,累有孝行之人,未(常)[尝]有如此大孝之人。”遂命近臣修诏书一道,宣董永入朝面君。

即日,天使到润州,府尹着人请董永到府叙礼。董永大惊,拜道:“董永是一介小人,有何(得)[德]能,敢劳大人如此敬重!”府尹道:“不必谦辞。阁下乃大孝之人,天子有表在此。”只见天使取出表来开读,董永与府尹跪听。其表云:

奉天承运皇帝诏曰:为臣者忠,为子者孝,此人道之大敦,立身之大要也。故忠者为邦国之权衡,而孝者乃齐家之珍器也。今据润州府奏鸣董永之孝感,盖起自棘篱之间,而知《孝经》大意。则数居颠沛之际,犹存佣乐之心,此非我国有将兴之机乎?而孝子起于郊野者矣!诏书到日,着董永即便觐阙,量才擢用,岂不有感发将来者?钦哉!钦哉!

董永听罢,望阙谢恩已毕,请天使在驿中安下。董永回家辞别亲邻,到次日,拜别府尹,一同天使起程。正是:

皇恩宣诏往宸京,跃马扬鞭莫暂停。
一色杏花红十里,春风得意马蹄轻。

董永同天使不只一日到京,近臣引见汉天子。天子大喜,封为兵部尚书,莅任为官。不在话下。

却说傅长者因进贡异样纻丝,朝廷亦封为佥判之职。长者有一女儿,名唤做赛金娘子,生得十分容貌,未曾招亲。当日长者与院君商议:“何不将赛金招董永为婿,却不是好?”遂央媒人与董永说知此事,董永闻知,十分欢喜,乃言:“前者之恩,未曾补报。今又招亲,此恩难忘。”便令媒人拜上傅长者:“小生一听尊命。”乃选吉良时,下财

纳礼,成亲已毕。正是:

清风明月两相宜,女貌郎才天下奇。

在天愿为比翼鸟,入地愿为连理枝。

不说董尚书夫妻和睦。且说天宫织女自与董永别后,不觉十月满足,生下一子,已得一月,取名叫做董仲舒,遂自送下界来,与董永抚养。

却说董尚书升厅,只见牌坊下立着一个妇人。董尚书(交)[教]人喝问:"那妇人是何人?敢窥望朝臣?"只见仙女高声叫得:"忘却织绢之恩,到来喝我?"董永听得,慌忙下厅看时,却是前妻,吃了一惊,相抱而哭,便道:"今日有何缘,得遇贤妻下降?手中抱者何人?"仙女道:"是你儿子,今日特送还你。"董永拜谢,道:"多感贤妻之恩,不知曾取名否?"仙女道:"玉帝已取名了,唤做仲舒。"董永大喜,接了孩儿,便道:"自别之后,又早一年有余。今日相逢,与你同享荣华,偕老百年。"仙女笑道:"相公差了。夫妻自有天数,不可久留。"说罢,云生脚下,冉冉而起。董尚书仰天大哭。只见傅氏夫人听得,出来看时,便问:"相公如何烦恼?手中抱者何人?"

董永把上项事说了一遍。夫人大喜,乃命奶子抚养。光阴撚指,正是:

乌乱飞,兔不歇,朝来暮往何时彻?女娲会炼补天石,岂会熬胶粘日月?

倏尔已经十余年,董仲舒年登一十二岁。父母教他上学读书,九经书史,无所不通。一日,正在书院中读书,只见同学小儿戏骂仲舒道:"无娘子!"仲舒被骂,不敢回言,径回来,看着董尚书,一把扯住,大哭起来:"不知因何,别人皆骂我做'无娘子',今日定要见个明白!定要见我亲娘!"董尚书乃言:"你娘是天宫仙女,如何得见?"仲舒听罢,放声大哭,道:"若见得母亲,便死也瞑目。若说见不得,就撞死在此。"董尚书道:"孩儿不可焦躁!此去长安市上,有一卖卦严君平先生,能知过去未来之事。你可去问他。"

仲舒见说,便将了十文钱,径来问卦。严君平问道:"小官人欲占何卦?"仲舒备言欲见母亲之事:"望先生指引(只)[则]个。"先生看卦已了,乃言:“你母乃天织女,如何得见?”仲舒听罢,哭拜在地:“万望先生指引,死生不忘。”先生道:“难得这(股)[般]孝心。我与你说,可到七月七日,你母亲同众仙女下降太白山中采药,那第七位穿黄的便是。”仲舒道:“不知此去太白山有多少路?”先生道:“约有三千余里。”仲舒道:“我到彼,娘如何肯认我?”先生道:“那穿黄的,你一把扯住,拜哭起来,他便认你。若问何人教你来,切不可说是我!”

仲舒取钱拜谢先生而去,径回府中,见父母,备言:“严先生教我往太白山中见母,今日拜别便行。”董尚书道:“此去太白山三千余里,虎狼极多,孩儿年幼,如何去得?”仲舒道:“便死无恨,去心难留。”董尚书见他拼命要去,只得教老王付与盘缠:“伏事孩儿去。”

当日拜别登程,在路饥餐渴饮,夜住晓行,不只一日,来到一座山下,问人时,正是太白山。行过一重山,只见野鹿含花,山猿献果。又一重山,只见鲜花翠草乱纷纷,瀑布飞流。

此时正是七月七日,忽见一群仙女下来洗药瓶,仲舒便教老王躲过了,慌走上前,看着第七位穿黄的,纳头便拜,扯住了,只叫:“母亲,丢得孩儿(了)[好]苦!”仙女问道:“你是何家孩儿?甚人教你来?”仲舒道:“孩儿便是董仲舒,爹爹教我来拜见母亲。”仙女道:“孩儿快回去!此处豺狼伤人,不可久居!”仲舒道:“孩儿千山万水到此,如何便打发我回去?”仙女道:“虽然母子之情难舍,犹恐天上得知,见罪非轻。你可回去,拜上父亲,善养天年,此必是严君平老子[饶]舌教你来。你可将此金瓶寄与严先生,谢他卦灵。又与你一个银瓶,瓶内有米数合,你将回去,每日只吃一粒,切不可吃多!”说罢,云生脚下,众仙女一齐冉冉而起。仲舒欲要拖住,又去远了,只得仰天大哭。老王听得走来,劝了,挑了行李急回去。

不只一日,已达长安,拜见父母,具说见母之事:“多多拜上父亲。寄此金瓶与严先生。此一银瓶。与孩儿戏耍。”

董尚书大喜,便道:“既是你[母]寄与严先生的金瓶,不可有违,快寄将去。”

仲舒即时将了金瓶,径往严先生家里来。先生正在门前坐,仲舒拜罢，递上金瓶与先生，道："母亲多多拜上先生，无物相酬，特将此金瓶相谢。"先生接着看时，光彩射(日)[目]，口中不道，心下思量："此物乃世上大宝，人所罕见，乃天宫金静瓶。"(番)[翻]来复去看，把手去开这瓶盖时，吃了一惊。只见从瓶口内飞出一星火来，将上元(觉)[甲]子并知过去未来之书，尽数烧了。这先生手忙脚乱，急救火时，被烟一冲，不想将双目皆冲瞎了，至今流传瞎子背记蠢子之书，自此始。

仲舒惊得目(争)[睁]口呆，急奔回家，将银瓶内米，倾出看时，约有七合，呵呵大笑："母亲教我一日吃一粒，如何得饱？不如将此米一顿煮来吃了。"不想吃饭之后，一日，二日，三日，身已长大魁肥，饭食不吃，亦不饥，没半月光景，身长一丈，腰大十围，自亦心中惊异，夜不安枕，没药可救。

父母见了，大惊。不期其父董永，一者受惊，二者年老多病，一疾乌乎。

这仲舒见父已故，哀痛之甚，备衣衾棺椁，送柩回乡。安葬已了，守孝三年，不思饮食，忽一日，对人言道："前者，母亲与我仙米，我却不知，一顿吃了，不料形体变异。今玉帝差火明大将军宣我上天，封为鹤神之职。每遇壬辰癸巳上天，亥巳酉游归东北方四十四日后，还天上一十六日也。"直至于今，万古千年，在太岁部下为鹤神也。

戒指儿记

入话：

好姻缘是恶姻缘，不怨干戈不怨天。
两世玉箫难再合，何时金镜得重圆？
彩鸾舞后肠空断，青雀飞来信不传。
安得神虚如倩女，芳魂容易到君边。

自家今日说个丞相，家住西京河南府梧桐街兔演巷，姓陈名太常。自是小小出身，历升相位。年将半百，娶妾无子，止生一女，叫名玉兰。那女孩儿生于贵室，长在深闺，青春二八，有沉鱼落雁之容，闭花羞月之貌。况描绣针线精通，琴棋书画，无所不晓。怎见得？有只词名《满庭芳》，单道着女人娇态。其词曰：

香叆雕盘，寒生冰箸，画堂别是风光。主人情重，开宴出红妆。腻玉圆搓素颈，藕丝嫩，新织仙裳。双歌罢，虚檐转月，余韵尚悠扬。　　人间何处有？司空见惯，应谓寻(堂)[常]。坐中有，狂客恼乱愁肠。报道金钗坠也，十指露，春笋[纤]长。亲曾见，(金)[全]胜宋玉，想象赋高(堂)[唐]。

劝了后来人：男大须婚，女大须嫁，不婚不嫁，弄出丑吒。

那陈太常倚着当朝宰相，见女儿容貌非常，况兼聪明(志)[智]慧，常与夫人闲坐，说着那小姐的亲事。太常曰："我做到极贵之臣，家财受用的、穿的、吃的，不可胜数，止生得这个女儿，况兼有这般才貌，我若不寻个才貌名目相称的儿郎，枉做了朝中大臣。"

陈太常与媒氏言曰："我家小姐，有三样全的，你可来说；如少一件，徒自劳力。我一要当代臣僚的子，二要才貌相当，三要名登黄甲。有此(之)[三]者，立赘为婿。"因此，往往选择，或有年貌相当，及第，又(有)是小可出身；或有名臣之子，况无年貌相称。

光阴似箭，日月如梭，不觉时值正和二年上元令节，国家有旨，赏庆元宵。鳌山架起，满地华灯。笙箫社火，罗鼓喧天。禁门不闭，内外往来。人人都到五凤楼前，端门之下，插金花，赏御酒，国家与民同乐。自正月初五日起，至二十日止，万姓歌欢，军民同乐，便是至穷至苦的人家，也有欢娱取乐。怎见得？有只词儿，名《瑞鹤仙》，单道着上元佳景：

瑞烟浮禁苑。正绛阙春回，新正方（寸）[半]。冰轮桂华满，溢花衢歌市，芙蓉开遍。龙楼两观，见银烛，星（球）[毬]灿烂。卷珠帘，尽日笙歌，盛集宝钗金钏。　　堪羡绮罗丛里，兰麝香中，正宜游玩。风柔夜暖，花影乱，笑声喧。闹蛾儿满路，成团打块，簇着冠儿斗转。喜皇都，旧日风光，太平再见。

志浅家豪因有福，才高不富为无缘。
男儿未遂平生意，知命须当莫怨天。

这四句诗，奉劝[世]间贤愚智勇的人，皆听于命，妄想非为，致有败（忘）[亡]之祸。

话说一个聪明伶俐的才郎，家往兔演巷内，姓阮名华，排行第三，唤做阮三郎。那哥哥阮大与父专在两京商贩，阮二专一管家。那阮三年方二九，一貌非俗，诗词歌赋，般般皆晓，笃好琴箫，结交几个豪家子弟，每日向歌管笑楼，终朝喜幽闲风月。时遇上元宵夜，知会几个弟兄来家，笙箫弹唱，歌笑赏灯。大门前灯光灿烂，画堂上士女佳人，往来喧闹，有不断香尘。

这伙子弟在阮三家吹唱到三更时分，各人四散。阮三送出门，见街上人渐稀少，与众兄弟说道："今宵一喜天宇澄澈，月色如昼，二喜夜深人静，临再举一曲可也。"众人皆执笙箫象板，口儿内吐出金缕清声，吹出那幽窗下沉吟。半响，遗音浏亮，惊动那贵室佳人；聒耳笙簧，惹起孤眠独宿。怎见得：正是：

隔墙须有耳，窗外岂无人？

那阮三家正与陈丞相对衙。衙内小姐玉兰欢耍赏灯，将次要去歇息，忽听得街上乐声缥缈，响彻云际，忙唤梅香，轻移莲步，况夜深内外人睡者多，醒者少，直至大门边，听了一回。（起）[启]一点朱唇，露两行碎玉，暗暗的唤梅香过来，低低的将衷情泄漏。只因这女子贪听乐中情曲，惹起一场人命祸事。

那小姐寂寂暗唤心腹的梅香:“你替我去街上,看甚人吹唱?”梅香(心腹)巴不得趋承小姐,听得使唤这事,轻轻地走到街边,认得是对邻子弟,忙转身入内,回复小姐道:“对邻阮三官,与几个相识,在他门首吹唱。”那小姐半晌之间,口中不道,心下思量:“数日前,我爹曾说阮三点报朝中附马,因使用不到退回家,想便是此人。”

却说那伙子弟又吹了一个更次,各人分头回家。

且说小姐回房,身虽卸却衣襟睡上床,开眼直到天明,欲见此人,无由得睹。

且说天晓,阮三同几个子弟到永福寺中游玩,见士女佳人烧香成队,游春公子去驻留还,穿街过短巷,见几处可意闺人,看几个半老妇人。那阮郎心情荡漾,佳节堪(跨)[夸]。有首诗词,单道着新春佳景。诗曰:

喜胜春幡袅凤钗,新春不换旧情怀。

草根隐绿冰痕满,柳眼藏娇雪影埋。

那阮三郎到晚回家,仍集昨夜子弟,一连吹唱了三夜,或门首小斋内,忽倚门消遣。迤逦至二十,[这一夜,阮三]偶在门侧临街轩内,拿壁间紫玉鸾箫,手中按着宫商徵羽,将时样新词曲调,清清地吹起。吹不了半只曲儿,举目见个侍女自外而至,深深地向前道个万福。阮三停箫问道:“你是谁家的姐姐?”那丫环道:“我是对邻陈衙小姐特地着奴请官人一见。”那阮三心下思量道:“他是个宰相人家,守阍耳目不少,进去路容易,出来的路难。被人(稍)[瞧]见,如问无由,不无自身受辱。”那阮三回复道:“我嫌外人耳目多,不好进来,上复小姐。”(必)[毕]竟未知进来与小姐相见也不相见?正是:

雪隐鹭鸶飞始见,柳藏鹦鹉语方知。

那梅香(荒)[慌]忙走入来,低声报与小姐说:“阮三官防畏内外人耳目,不敢过来。恐来时有人撞着,小姐不认,拿着不好,因此(交)[教]我上复你。”那小姐想起夜来音韵标格,一时间春心有动,便将手中戒指勒一个金镶宝石戒指儿,付与那梅香:“你替我将这件物事,寄与阮三郎,将带他进来见我一见。”

那梅香接得在手,一心忙似箭,两脚走如飞,(荒)[慌]忙来到小轩。阮三官还在那里，那丫环手儿内托出这个物来，观看半晌，口中不道，心下[思量]:“我有此物为证，何怕他人?”随即与梅香前后而行。行至二门外，那小姐觑着阮三，目不转睛，那阮郎看女子甚是仔细。(走)[正]欲交言，门外(邀)[吆]喝道:“丞相回衙!”那小姐(荒)[慌]忙回避归房。阮三郎火速归家内。

自此，想那小姐的像貌，如今难舍。况无心腹通知，又兼闺阁深沉，在家内，出外，但是看那戒指儿，心中十分惨切，无由再见，追忆不已。那阮三虽不比宦家子弟，亦是富室伶俐的才郎，因是相思日久，渐觉四肢羸瘦，以致废寝忘餐，经两月有余，恹恹成病。父母再四严问，并不肯说。

一日，有一个豪家子弟，姓张名远，素与阮三交厚，因见阮三有病月余，心意悬挂，想着那阮三常往来的交情，嗟叹不已。次日早，到阮三家内，询问起居。阮三在卧榻上，听得堂中有似张远的声音，唤仆邀入房内。张远看着阮三面黄肌瘦，咳嗽吐痰，那身就榻床上坐定道:“阿哥，数日不见，如隔三秋。不知阿哥心下，怎么染着这般(悔)[晦]气?借你手，我看(了)[看]脉息。”

那阮三一时失于计较，便将左手抬起，与张远脉。那张远左手按着寸关尺部，眼中笑谈自若，(悄)[瞧]见那阮三手(带)[戴]着个金嵌宝石的戒指。张远把了脉息，口中不道，心下思量:“他这等害病，还(带)[戴]着这个东西，况又不是男子(带)[戴]的戒指，必定是妇女的表记。”低低用几句真言挑出，挑出他真情肺腑。(必)[毕]竟那阮三说也不说?正是:

人前只说三分话，未可全抛一片心。

那张远道:“阮哥，你手中戒指，是妇女(带)[戴]的。你这般病症，我与你相交数年，重承不弃，日常心腹，我知你心，你知我意，你可实对我说。”那阮三见张远(参)[猜]到八九分的(步地)[地步]，况兼是心腹朋友，只得将来历因依，尽行说了。张远道:“哥哥，他虽是个相府的小姐，若无这个表记，便定下牢笼的巧计，诱他相见你，心下未知肯与不肯。今有这物，怎与你成就此事，容易。阮三哥，你可宽心保重。小弟不才，有个图他良策。”只因这人举出，直(交)[教]那阮三命归阴府。

张远看访回家，转身便到一个去处。那个所在，是：

清幽舍宇，寥寞山房。小小的一座横墙，墙内有半檐疏玉。高高殿宇，两边厢，排列金绘天王；隐隐层台，三级内，金妆佛像。香炉内，篆烟不断；烛架上，灯火交辉。方丈里，常有施主点新茶；法堂上，别无尘事劳心意。有几间小巧轩窗，真个是神仙洞府。

昔日人有一首，单道着小庵儿的幽雅。诗曰：

短短横墙小小亭，半檐疏玉响(伶伶)[玲玲]。
尘飞不到人长静，一篆炉烟两卷经。

小庵内有个尼姑，姓王名守长，他原是个收心的弟子，因师弃世日近，不曾接得徒弟，止有两个烧香、上灶、烧火的丫头。专一向富贵人家布施，佛殿后化铸三尊观音法像。中间一尊完了，缺这两尊，未有施主，这日正出庵门，相遇着那张远。

尼姑道："张大官何往？"张远答言："特来。"那尼姑回身请进，邀入幽轩，坐分宾主，茶延请话。尼姑谢道："向日蒙承舍佛金圣像一尊已完，这二尊还未有施主，望檀越作成，作成！"那张远开言道："师父，我有个心腹朋友，昨日对我说起师父之事，愿舍这二尊圣像，浼烦干这事，就封这二(定)[锭]银子在此。"袖儿里将出来，放在香(卓)[桌]上，如成就得，盖庵盖殿，随师父的意。那尼姑贪财惹事，见了这两(定)[锭]细丝白银，眉花笑眼道："大官人，你相识浼我干甚事？"那张远道："师父，这件事其实是心腹事，一来除是你师父干得，二来况是顺便。可与你到密室说知。"

二人进一小轩内，竹榻前[坐下]，说甚么话，计较甚么事出来？正是：

数句拨开君子路，片言提起梦中人。

那张远道："师父，我们家下说，师父翌日遣礼去陈丞相府中，因此特来。我那心腹朋友于今岁正月间，蒙陈丞相小姐使梅香寄个表记来与他，至今无由相会。明日师父到陈衙内接了奶奶，倘到小姐房中，善用一言，接到庵中，与我那朋友一见，便是师父用心之处，况师父与陈衙内外淳熟，故来斗胆。”那尼姑见财起意，将二(定)[锭]银子收了，低低的附耳低言，不过数句，断送了女孩儿的身家，送了阮三郎性命。那张远见许了，又设计奇妙，深深谢了，送出庵门。

不说张远回复阮三，却说尼姑在床上，想了半夜，次日天晓，起来梳洗毕，备办合礼，着女(同)[童]挑了，迤逦来到陈衙，直到后堂歇(子)[了]。那陈太常与夫人见他，十分欢喜道：“姑姑，你这一向少见。”尼姑回言：“无甚事，不敢擅进。”奶奶道：“出家人，我无甚布施，到要烦你拿来与我。”就(交)[教]厨下办斋，过午了去。陈太常在外理事。

少间，夫人与尼姑吃斋，小姐坐在侧边相陪。斋罢，尼姑开言道：“我小庵内，今春托赖檀越的福，(量)[募]化得一尊(官)[观]音圣像，涓选四月初八日我佛诞辰，启(首)[建]道场，开佛光明。特来相请奶奶、小姐，万希光降，如蓬荜增辉。”奶奶(说)[听]了道：“小姐怎么来得？”那尼姑眉头一(纵)[蹙]，计上心来，道：“小僧前日坏腹，至今未好，借解一解。”

那小姐因为才郎，心中正闷，无处可纳解情怀散闷，忽闻尼姑相请，喜不自胜，正要行动，仍听夫人有阻，巴不得与那尼姑私(恣)[下]计较，扛哄丞相、夫人。因见尼姑要解手，随呼个丫环领那尼姑进去，直至闺室。

那尼姑坐在触桶上，道：“小姐，你明日同奶奶到我小庵觑一觑，若何？”那小姐露一点绛唇，开两行碎玉，道：“我来，只怕爹爹、妈妈不肯。”那尼姑甜言美语道：“小姐，数日前有个俊雅的官人，进庵看妆观音圣像，指中褪下个戒指儿来，(带)[戴]在菩萨手指上，祷祝道：‘今生不遂来生愿，愿得来生逢这人！’半日，闲对着那圣像，潸然挥泪。被我再四严问，绝无一语而去。”那小姐见说了，满面非红，道：“师父，那戒指儿是金造的？是银造的？”尼姑回言：“金嵌宝石的。”小姐又问道：“那小官人常来么？”尼姑回道：“不(常)[时]来庵闲观游玩。”小姐道：“那戒指曾带来么？”尼姑又道：“这颗宝石在我这里，金子挖去与雕佛人了。”小姐讨这颗宝石，仔细看了半晌，见鞍思马，睹物思人。只因这颗宝石，惹动闺人情意。正是：

折戟沉沙铁半消,自将磨洗认前朝。
东风不与周郎便,铜雀春深锁二乔。

那小姐认得此物,微微冷笑道:"师父,我要见那官人一见,见得么?"尼姑见说,道:"小姐,那官人也要见小姐一面。"那小姐连忙开了箱儿,取出一个戒指儿与尼姑。尼姑将在手中,觑得分明,笑道:"合与这舍的戒指一般厮像。"小姐道:"就舍与你了。我浼你知会那官人,来日到庵见一见。"尼姑道:"他有心,你有意,只亏了中间的人。既是如此,我有句话与你说。"只因说出这话来,害了那女人前程万里。正是:

鹿迷郑相应难辨,蝶梦庄周未可知。

那尼姑附耳低言:"小姐来日到我庵内,倘斋罢闲坐,便可推睡,此事就谐了。"

小姐同尼姑走出房来,老夫人接着,问道:"你两个在房里长远了,两个说甚么样话?"惊得那尼姑顶门上不见了三魂,脚板底荡散了七魄,忙答道:"小姐因问我建佛像功成,以此上讲说这一晌。"夫人送出厅前,尼姑深深作谢道:"来日仰望。"

却说那尼姑出了丞相府门,将了小姐舍的金戒指儿,一直径到张远家来。那张远在门首,伺候了多时,远远地望见那尼姑来,口中不道,心下思量:"家下耳目众多,怎么言得此事?"提起脚步,(荒)[慌]走上前道:"烦师父回庵去,随即就到。"那尼姑回身转巷,这张郎穿径寻庵,与尼姑相见,邀入松轩,将此事从头诉说,将戒指儿度与那张远。张远看罢:"若非师父,其实难成。阮三官还有重重相谢。"

至四月初七日,渐渐见红轮坠西,看看布满天星斗。那张远预先约期阮三。那阮三又喜得又收了一个戒指,笑不出声,至晚,悄悄地用一乘女轿抬[到]庵里。那尼姑接入,寻个窝窝凹凹的房儿,将阮三安顿了。

怎见得相见的欢娱,死去的模样?正是:

猪羊送屠户之家,一脚脚来寻死路。

那尼姑睡到五更时分,唤那女(同)[童]起来,梳洗了,上佛前烧香点烛,到厨下准备斋供。大天明开了庵门,专待那老娘、妇女。

将次到巳牌时分,来人通报道:“陈丞相的夫人与小姐来了!”那尼姑连忙出门迎接,邀入方丈。茶罢,佛殿上同小姐拈香,了毕,见办斋缭乱,看看前后去处,见小姐洋洋瞑目作睡。夫人道:“孩儿,你今日想是起得早了些。”那尼姑(荒)[慌]忙道:“告奶奶,我庵中绝无闲杂之辈,便是志诚老实的老娘们,也不许他进我的房内。小姐去我房中,拴上房门睡一睡,自取个稳便。等奶奶闲步一步。你们几年何月来走得一遭。”奶奶道:“孩儿,你这般打盹,不如[在]师父房内睡睡。”

小姐依母之言,走进房内,拴上门。那阮三从床背后走出来,看了小姐,深深的作了一个揖,道:“姐姐,候之久矣!”小姐举手摇摇,低低道:“莫要响动!”那阮三同携素手,喜不自胜,转过床背后,开了侧面,又到一个去处,小巧漆(卓)[桌]藤床,隔断了外人耳目。双双解带,尤如鸾凤交加;卸下衣襟,好似渴龙见水。有只词,名《南乡子》,单道着日间云雨。怎见得?词曰:

情兴两和谐。搂定香肩脸贴腮。手摸酥胸奶绵软,实奇哉。褪了裤儿脱绣鞋。　玉体着郎怀。舌送丁香口便开。倒凤颠鸾云雨罢,嘱多才。芳魂不觉绕阳台。

天有不测风云,人有暂时祸福。那阮三是个病久的人,因为这女子,七情所伤,身子虚弱,这一时相逢,情兴酷浓,不顾了性命。那女子想起日前要会不能得会,今日得见,全将一身要尽自己的心,情怀舒畅。不料乐极悲生,倒凤颠鸾,岂知吉成凶兆:任意施为,那顾宗筋有损,一阳失去,片时气转,离身七魄分飞,魂灵儿必归阴府。正所谓:

谁知今日无常,化作南柯一梦。

那小姐见阮三伏在身上,寂然不动,用双手儿搂住了郎腰,吐出丁香送郎口[中],只见牙关紧咬难开,摸着遍身冰冷。惊(荒)[慌]了云雨娇娘,顶门上不见了三魂,脚底下荡散了七魄,(番)[翻]身推在里床,起来,忙穿襟袄,趟出房前。喘息未定,怕娘来唤,战战兢兢,向妆台,重整花钿;闷闷忧忧,对鸾镜,再匀粉黛。

恰才了得,房门外夫人扣门,小姐开了门。夫人道:“孩儿,殿上功德散了,你睡才醒?"小姐道:"我醒半晌也,在这里整头面,正要出来,和你回衙去。"夫人道:"轿夫伺候了多时。"小姐与夫人谢了尼(姐)[姑],送出庵门。

不说那夫人、小姐回衙。且说尼(姐)[姑]王守长转身回到庵,去厨收拾灾埈顿棹器,佛殿上收了香火供食。一应都收拾已毕,只见那张远同阮二哥进庵,与那尼姑相见了,称谢不已,问道:"我这三小官人,今在那里?"尼姑道:"还在我里头房里睡着。"

那尼姑引阮二与张远,开了侧房门,来卧床边,叫道:"三哥,你恁的好睡,还未醒?"连叫数声,不应,那阮二用手摇,也不动,口鼻(以)[已]无气息,始知死了。

那阮二便道:"师父,怎地把我兄弟坏了性命?这事不得净办。"尼姑道:"小姐自早到庵,便寻睡的意,就入房内,约有两个时辰。殿上功德(以)[已]了,老夫人叫醒来。恰才去得不多时。我只道睡着,岂知有此事!"尼姑道:"阮二官,张大官在此,向日蒙赐布施,实望你家做檀越施主,因此用心不已,终不成到害你兄弟性命?张大官,今日之事,恰是你来寻我,非是我来寻你,告到官司,你也不好,我也不好。向日蒙施银二锭,一锭用了,止留得一锭,将来与三官人买口棺木装了,只说在庵养病,不料死了。"那尼姑将出这锭银子,放在(卓)[桌]子上,道:"你二位凭你怎么处置。"

张远与那阮二默默无言,呆了半(饷)[晌],道:"我将这锭银子去也。棺木少不得也要买。"走出庵门。未知家内如何。正是:

青龙与白虎同行,吉凶事全然未保。 夜久喧暂息,池塘唯月明。无因驻清境,日出事还生。

那阮二与张远出了庵门,迤逦路上行着。张远道:"二哥,这个事本不干尼姑事,想是那女子与三哥行房,况是个有病症的,又与他交会,尽力去了,阳气一脱,人便就是死的。我也只是为令弟面上情分好,况令弟前日在床前再四叮咛,央浼不过,只得替他干这等的事。"阮二回言道:"我论此事,人心天理来,也不干着那尼姑的事,亦不干你事,只是我这小官人年命如此,神作祸作,作出这场事来,我心里也道罢了,只愁大哥与老官人回来,(愿)[怨]畅怎的得了。"连晚与张远买了一口棺木，抬进庵里装了，就放在西廊下，只等阮员外、大哥归来定夺。正是：

灯花有焰鹊声喧，忽报佳音马着鞍。
驿路迢迢烟树远，长江渺渺雪潮颠。
云程万赚何年尽，皓月一轮千里圆。
日暮乡关将咫尺，不劳鸿雁寄瑶笺。

秋风飒飒，动行人塞北之悲；夜月澄澄，兴游子江南之梦。忽一日，阮员外同大官人商贩回家，与阮君相见。合家欢喜。员外动问阮三孩儿病的事，那阮二只得将前后事情，细细诉说了一遍。老员外听得说三孩儿死了，放声大哭了一场，要写起词状，要与陈太常理涉，与儿索命："你家贱人来惹我的儿子！"阮大、阮二再四劝说："爹爹，这个事思论[来，都是兄弟作出来的事，以致送了性命。今日爹爹与陈家讨命，一则势力不敌，二则非干太尉之事。"勉劝老员外选个日子，就庵内修建佛事，送出郊外安厝了。

却说陈小姐自从闲云庵归后，过了月余，常常恶心气闷，心内思酸，一连三个月经脉不举，医者用行经顺气之药，如何得应？夫人暗地问道："孩儿，你莫是与那个成这等事么？可对我实说。"小姐晓得事露了，没奈何，只得与夫人实说。夫人听得呆了，道："你爹爹只要寻个有名目的才郎，靠你养老送终。今日弄出这丑事，如何是好？只怕你爹爹得知这事，怎生奈何？"小姐道："母亲，事已如此，孩儿只是一死，别无计较。"夫人心内又恼又闷。

看看天晚，陈太尉回衙，见夫人面带忧容，问道："夫人，今日何故不乐？"夫人回道："我有一件事恼心。"太尉便问："有甚么事恼心？"夫人见问不过，只得将情一一诉出。太尉不听说万事俱休，听得说了，怒从心上起，道："你做母的不能看管孩儿，要你做甚？"急得夫人眼泪汪汪，不敢回对。

太尉左思右想，一夜无寐，天晓出外理事，回衙与夫人计议："我今日用得买实做了，如官府去，我女孩儿又出丑，我府门又不好看。只得与女孩儿商量，作何理会。"女儿扑簌簌吊下泪来，低头不语，半晌间，扯母亲于背静处，说道："当初原是儿的不是，坑了阮三郎的性命。欲要寻个死，又有三个月遗腹在身；若不寻死，又恐人笑。”一头哭着一头说：“莫若等待十个月满足，生得一男半女，也不绝了阮三后代，也是当日相爱情分，妇人从一而终，虽是一时苟合，亦是一日夫妻，我断然再不嫁人，若天可怜见，生得一个男子，守他长大，送还阮家，完了夫妻之情。那时寻个自尽，以赎玷辱父母之罪。”夫人将此话说与太尉知道，太尉只叹了一口气，也无奈何，暗暗着人请阮员外来家计议，说道：“当初是我闺门不谨，以致小女背后做出天大事来，害了你儿子性命。如今也休题了。但我女儿已有三个月遗腹，如何出活？如今只说我女曾许嫁你儿子，后来在闲云庵相遇，为想我女，成病儿死，因而彼此私情，庶他日生得一男半女，犹有许嫁情由，还好看相。”阮员外依允。

从此，就与太尉两家来往。十月满足，阮员外一般遣礼催生，果然生个孩儿。到了三岁，小姐对母亲说：“欲待领了孩儿到阮家拜见公婆，就去看看阮三坟墓。”夫人对太尉说知，俱依允了。拣个好日，小姐备礼过门，拜见了阮员外夫妇。次日，到阮三墓上哭奠了一回。又取出银两，请高行真僧广设水陆道场，追荐亡夫阮三郎。

其夜梦见阮三到来，说道：“小姐，你晓得夙因么？前世你是个扬州名妓，我是金陵人，到彼访亲，与你相处情厚。许定一年之后再来，必然娶你为妻。及至归家，惧怕父亲，不敢禀知，别成姻眷。害你终朝悬望，郁郁而死。因是夙缘未断，今生乍会之时，两情牵恋。闲云庵相会，是你来索冤债。我(登)[顿]时身死，偿了你前生之命。多感你诚心追荐，今已得往好处托生。你前世抱志节而亡，今世合享荣华。所生孩儿。他日必大贵，烦你好好抚养教训。从今你休怀忆念！”玉兰小姐梦中一把扯住阮三，正要问他托生何处，被阮三用手一推，惊醒将来。嗟叹不已，方知生死恩情，都是前缘夙债。从此小姐放下情怀，一心看觑孩儿。

光阴似箭，不觉长成六岁，生得清奇，与阮三一般标致，又且资性聪明。陈太尉爱惜真如掌上之珠，用自己姓，取名陈宗阮，请个先生教他读书。到一十六岁，果然学富五车，书通二酉。十九岁上，连科及第，中了头甲状元，奉旨归娶，陈阮二家争先迎接回家，宾朋满堂，轮流做庆贺筵席。当初陈家生子时，街坊上晓得些风声来历的，免不得点点搠搠，背后讥诮。到陈宗阮一举成名，翻夸奖玉兰小姐贞节贤慧，教子成名，许多好处。世情以成败论人，大率如此。后来陈宗阮做到吏部尚书。留守官将他母亲十九岁上守寡，一生不嫁，教子成名等事，表奏朝廷，启建贤节牌坊。正所谓：贫家百事百难做，富家差得鬼推磨。虽然如此，也亏陈小姐后来守志，一床锦被遮盖了。至今河南传作佳话，有诗为证。诗曰：

兔演巷中担病害，闲云庵里偿冤债。
周全末路仗贞娘，一床锦被相遮盖。]

欹枕集上

羊角哀死战荆轲

[背手为云覆手雨,纷纷轻薄何须数!

君看管鲍贫时交,此道今人弃如土。

昔时齐国有管仲,字夷吾,鲍叔,字宣子,两个自幼时以贫贱结交。后来鲍叔先在齐桓公门下,信用显达,举荐管仲为首相,位在己上。两个同心辅政,始终如一。管仲曾有几句言语道:“吾尝三战三北,鲍叔不以我为怯,知我有老母也。吾尝三仕三见逐,鲍叔不以我为不肖,知我不遇时也。吾尝与鲍叔谈论,鲍叔不以我为愚,知时有利不利也。吾尝与鲍叔为贾,分利多,鲍叔不以我为贪,知我贫也。生我者父母,知我者鲍叔。”所以古今说知心结交,必曰“管鲍”。

今日说两个朋友,偶然相见,结为兄弟,各舍其命,留名万古。春秋时,楚元王崇儒重道,招贤纳士,天下之人闻其风而归者,不可胜计。西羌积石山,有一贤士,姓左,双名伯桃,幼亡父母,勉力攻书,养成济世之才,学就安民之业。年近四旬,因中国诸侯互相吞并,行仁政者少,恃强霸者多,未常出仕。后闻得楚元王慕仁好义,遍求贤士,乃携书一囊,辞别乡中邻友,径奔楚国而来。迤逦来到雍地,时值隆冬,风雨交作。有一篇《西江月》词,单道冬天雨景:

习习悲风割面,蒙蒙细雨侵衣。催冰酿雪逞寒威,不比他时和气。　山色不明常暗,日光偶露还微。天涯游子尽思归,路上行人应悔。

左伯桃冒雨荡风,行了一日,衣裳都沾湿了。看看天色黄昏,走向村间,欲觅一宵宿处,远远望见竹林之中,破窗透出灯光。径奔那个去处，见矮矮篱笆，围着一间草屋。乃推开篱障，轻叩柴门。中有一人，启户而出，左伯桃立在檐下，慌忙施礼，曰："小生西羌人氏，姓左，双名伯桃，欲往楚国。不期中途遇雨，无觅旅邸之处，求宿一宵，来早便行。未知尊意肯容否?"那人闻言，慌忙答礼，邀入屋内。

伯桃视之，止有一榻。榻上堆积书卷，别无他物。伯桃已知亦是儒人，便欲下拜，那人云："且未可讲礼，容取火烘干衣服，却当会话。"当夜烧竹为火，伯桃烘衣，那人炊办酒食，以供伯桃，意甚勤厚。伯桃乃问姓名。其人曰：小生姓羊，双名角哀，幼亡父母，独居于此。平生酷爱读书，农业尽废。今幸遇贤士远来，但恨家寒，乏物为款，伏乞恕罪！"伯桃曰："阴雨之中，得蒙遮蔽，更兼一饮一食，感佩何忘！"当夜二人抵足而眠，共话胸中学问，终夕不寐。

比及天晓，淋雨不止。角哀留伯桃在家，尽其所有相待，结为昆仲。伯桃年长角哀五岁，角哀拜伯桃为兄。一住三日，雨止道干，伯桃曰："贤弟有王佐之才，抱经纶之志，不图竹帛，甘老林泉，深为可惜！"角哀曰："非不欲仕，奈未得其便耳。"伯桃曰："今楚王虚心求士，贤弟既有此心，何不同往?"角哀曰："愿从兄长之命。"遂收拾些小路费粮米，弃其茅屋，二人同望南方而进。

行不两日，又值阴雨，羁身旅店中，盘费罄尽，止有行粮一包，二人轮换负之，冒雨而走。其雨未止，风又大作，变为一天大雪。怎见得？你看：

风添雪冷，雪趁风威。纷纷柳絮狂飘，片片鹅毛乱舞。团空搅阵，不分南北西东；遮地漫天，变尽青黄赤黑。探梅诗客多清趣，路上行人欲断魂。

二人行过岐阳，道经梁山路，问及樵夫，皆说"从此去百余里，并无人烟，尽是荒山旷野，狼虎成群，只好休去"。伯桃与角哀曰："贤弟心下如何?"角哀曰："自古道：'死生有命。'既然到此，只顾前进，休生退悔。"又行了一日，夜宿古墓中，衣服单薄，寒风透骨。

次日，雪越下得紧，山中仿佛盈尺。伯桃受冻不过，曰："我思此去百余里，绝无人家，行粮不敷，衣单食缺。若一人独往，可到楚国，二人俱去，纵然不冻死，亦必饿死于途中，与草木同朽，何益之有！我将身上衣服,脱与贤弟穿了,贤弟可独赍此粮于途,强挣而去。我委的行不动了,宁可死于此地。待贤弟见了楚王,必当重用。那时却来葬我未迟。”角哀曰:“焉有此理!我二人虽非一父母所生,义气过于骨肉,我安忍独去而求进身耶?”遂不许,扶伯桃而行。

行不十里,伯桃曰:“风雪越紧,如何去得?且于道傍寻个歇处。”见一株枯桑,颇可避雪。那桑下只容得一人,角哀遂扶伯桃入去坐下。伯桃命角哀敲石取火,爇些枯枝,以御寒气。比及角哀取了柴火到来,只见伯桃脱得赤条条地,浑身衣服都做一堆放着。角哀大惊,曰:“吾兄何为如此?”伯桃曰:“吾寻思无计,贤弟勿自误了!速穿此衣服,负粮前去!我只在此守死。”角哀抱持大哭曰:“吾二人死生同处,安可分离?”伯桃曰:“若皆饿死,白骨谁埋?”角哀曰:“若如此,弟情愿解衣与兄穿了。兄可赍粮去,弟宁死于此。”伯桃曰:“我平生多病,贤弟少壮,比我甚强,更兼胸中之学,我所不及,若见楚君,必登显宦,我死何足道哉!弟勿久滞,可宜速往!”角哀曰:“今兄饿死桑中,弟独取功名,此大不义之人也。我不为之!”伯桃曰:“我自离积石山,至弟家中,一见如故。知弟胸次不凡,以此劝弟求进。不幸风雨所阻,此吾天命当尽。若使弟亦亡于此,乃吾之罪也!”言讫,欲跳前溪觅死。角哀抱住痛哭。将衣拥护,再扶至桑中,伯桃把衣服推开。角哀再欲上前劝解时,但见伯桃神色已变,四肢厥冷,口不能言,以手挥令去。角哀寻思:“我若久恋,亦]冻死矣。死后谁葬吾兄?”乃于雪中再拜伯桃而哭曰:“不肖弟此去,望兄阴力相助。但得微名,必当(后)[厚]葬。”伯桃点头半答。角哀号泣而去。伯桃死于桑中。

角哀挨(自)[着]寒冷,半饥半饱,来至楚国。于旅邸中歇定。次日入城,问人曰:“楚君招贤,何得而进?”人曰:“宫门外设一宾馆,令上大夫裴仲接纳天下之士。”

角哀径投宾馆前来,正值上大夫下车。角哀乃向前[而]揖。裴仲见角哀衣虽蓝缕,(气语)[器宇]不凡,(荒)[慌]答礼而问曰:“贤士何来?”角哀曰:“小生姓羊,双名角哀,吴国人也。闻上国招贤,特来归投。”裴仲邀入宾馆,具酒食以进,宿于馆中。次日,设宴以待之。角哀将胸中所有，谈论如流。裴仲大喜，入奏元王，王宣入殿见，问富国强兵之道，角哀首陈(一)[十]策，皆切，为当世之急务。元王大喜，设御宴以待之，加为中大夫，赐黄金百两，彩(段)[缎]百匹。角哀再拜流涕。元王惊而问曰："卿痛哭者何也？"角哀言左伯桃饿死一事，尽奏知。元王闻其言，为之伤感，诸大臣皆为痛(容)[惜]，[元王曰]："卿欲如何？"角哀曰："臣乞告假[到]彼处，迁葬伯桃已毕，却回来事圣上。"元王遂赠已死伯桃为中大夫，仍差人跟随角哀车骑，同去敕葬。

角哀辞了元王，径奔梁山地面，寻旧日枯桑之处，果见伯桃死尸尚在。角哀乃再拜而哭，呼左右唤集乡中父老，卜地于浦塘之原，前临大溪，后靠高崖，左右诸峰环抱，风水甚好。遂以香汤沐浴伯桃之尸，置内棺外椁，大夫衣冠，而葬坟陵。一造梁墙栽树，离坟三十步，建享堂，塑伯桃仪容。立华表，柱上建牌额。墙侧盖瓦屋，令人看守。造毕，设祭于享堂，哭泣甚切。乡老、从人无不下泪。祭罢，各自散去。

角哀是夜，明灯燃烛而坐，感叹不已，忽然阴风飘飘，烛灭复明，角哀视之，见一人，于灯影中，或进或退，隐隐有哭声。角哀叱曰："何人也？辄敢夤夜而入？"其人不言。角哀起而观之，乃伯桃也。角哀大惊，问曰："兄阴灵不远，今来见弟，必有事焉！"伯桃曰："感弟记(噫)[忆]，初登仕路，奏请葬吾，更赠重爵，并棺椁、衣衾之美，(固)[凡]事十全，但坟地与荆轲相连近。此人在世时，为刺秦王不(忠)[中]，以被追戮，高渐离率以其尸葬于此处，神极威猛，每夜(伏)[仗]剑来骂吾曰：'汝是冻死饿杀之人，安敢建坟，居吾上肩，夺吾风水？若不迁移他处，吾发墓取尸，掷之野外。'有此危难，特来告汝。望改葬于他处，以免此祸！"角哀再欲问之，风起，忽然不见。

角哀在享堂中一梦惊觉，尽记其事。天明，再唤乡老问："此处有坟相近否？"乡老曰："松阴中有荆轲墓，墓前有庙。"角哀曰："此人昔刺秦王不(忠)[中]被杀，缘何有坟于此？"乡老曰："高渐离乃此间人，知荆轲被害，弃尸野外，乃盗其尸，葬于此地，每每显灵，土人建庙于此，四时享祭，以求福利。”

角哀闻其言，遂信梦中之事，引从者径奔荆轲庙，指其神而骂曰：“汝乃燕邦一匹夫，入秦行事，丧身误国，却来此处惊惑乡民，要求祭祀。吾兄左伯桃当代名儒，仁义廉洁之士，汝安敢逼之！再如此，吾当毁其庙而发其冢，永绝汝之根本！”骂讫，却来伯桃墓前，祝曰：“如荆轲今夜再来，兄当报我！”归至享堂。是夜，秉烛以待，果见伯桃哽咽而来，告曰：“感弟如此，奈荆轲从(可)[人]极多，皆土人所献。弟可束草为人，以彩为衣，手执器械，焚烧于墓前。吾得以助，使荆轲不能侵谤。”言罢，不见。

角哀连夜使人束草为人，以彩为衣，各执刀枪器械，连数十于墓侧，以火焚之，祝曰：“如其无事，亦望回报！”归至享堂。

是夜，闻风雨之声，如人战敌，角哀出户观之，见伯桃奔走而来，言曰：“弟所烧之人，不得其用。荆轲又有高渐离相助，不久，吾尸必出墓矣。望弟早与迁移他处殡葬，免受此苦！”角哀曰：“此人安敢如此欺凌吾兄！弟当力助以战之！”伯桃曰：“弟阳人也。我皆阴鬼。阳人虽有勇烈，尘世相隔，焉(敢)[能]战阴鬼也！虽刍草之人，但能助喊，不能退此强魂。”角哀曰：“兄且去，弟来日自有区处。”

次日，角哀修(表)一道表章，上谢楚君，言：“昔日[伯桃]并粮与臣，因此得活，以伸遇主，重蒙厚爵，平生足矣，容图后世尽心报主！”词意甚切。表付从人，遂往荆轲庙中，打碎神像，放火焚烧庙宇，后来伯桃侧，大哭一场，与从者曰：“吾兄被荆轲强魂所逼，去往无门，吾所不忍。宁死为泉下之鬼，力助吾兄战此强魂。汝等可将吾尸葬于此墓之右，生死共处，以报伯桃并粮之义。回奏楚君：万乞听纳臣言，永保山河社稷！”言讫，掣取佩剑，自刎而死。从者皆惊，具衣冠，停尸于墓侧。

是夜二更，风雨大作，雷电交加，喊杀之声，闻数十里。清晓视之，荆轲墓上震(烈)[裂]如穴，白骨撒于墓前，四散皆有；墓边松柏和根拔起。[庙中忽然起火，烧做白地。乡老大惊，都往羊左二墓前，焚香展拜。从者回楚国，将此事上奏元王，元王感其义，重差官往墓前建庙，加封上大夫，敕赐庙额，曰：“忠义之祠”。就立碑以记其

事。至今香火不断。荆轲之灵,自此绝矣。土人四时祭祀,所祷甚灵,有古诗云:

古来仁义包天地,只在人心方寸间。
二士庙前秋日净,英魂常伴月光寒。]

死生交范张鸡黍

[种树莫种垂杨枝，结交莫结轻薄儿。杨枝不耐秋风吹，轻薄易结还易离。君不见：昨日书来两相忆，今日相逢不相识。不如杨枝犹可久，一度春风一回首。

这篇言语是《结交行》，言结交最难。今日说一个秀才，乃汉明帝时人，姓张名劭，字元伯，是汝州南城人氏。家本农业，苦志读书，年三十五岁，不曾婚娶，其老母年近六旬，并弟张勤努力耕种，以供二膳。

时汉帝求贤，劭辞老母，别兄弟，自负书囊，来到东都洛阳应举。在路非只一日，到洛阳不远。当日天晚，投店宿歇，是夜，常闻邻房有人声唤。劭至晚，问店小二："间壁声唤的是谁？"小二答道："是一个秀才，害时症，在此将死。"劭曰："既是斯文，当以看视。"小二曰："瘟病过人，我们尚自不去看他，秀才你休去！"劭曰："死生有命，安有病能过人之理！吾须视之。"小二劝不住，劭乃推门而入，见一人仰面卧于土榻之上，面黄肌瘦，口内只叫救人。劭见房中书囊衣冠，都是应举的行动，遂扣头边而言曰："君子勿忧！张劭亦是赴选之人，今见汝病至笃，吾竭力救之，药饵粥食，吾自供奉，且自宽心！"其人曰："若君子救得我病，容当厚报。"劭随即挽人请医，用药调治。蚤晚汤水粥食，劭自供给。数日之后，汗出病减，渐渐将息，能起行立。劭问之，乃是楚州山阳人氏，姓范名式，字巨卿，年四十岁。世本商贾，幼亡父母，有妻小。近弃商贾，来洛阳应举。

比及范巨卿将息得无事了，误了试期。范曰："今因式病，有误足下功名，甚自不安。"劭曰："大丈夫以义气为重，功名富贵，乃微末耳。已有分定，何误之有？"范式自此与张劭情如骨肉，结为兄弟，式年长五岁，张劭拜范式为兄。结义后，朝暮相随，不觉半年。

范式思归，张劭与计算房钱，还了店家。二人同行数日，到分路之处，张劭欲送范式，范式曰："若如此，某又送回。不如就此一别，约再相会。”二人酒肆共饮，见黄花红叶，妆点秋光，以助别离之兴，。酒座间杯泛茱萸，问酒家，方知是重阳佳节。范式曰：“吾幼亡父母，屈在商贾，经书虽则留心，奈为妻子所累。幸贤弟有老母在堂，汝母即吾母也，来年今日，必到贤弟家中，登堂拜母，以表通家之谊。”张劭曰：“但村落无可为款，倘蒙兄长不弃，当设鸡黍以待。幸勿失信！”范式曰：“焉肯失信于贤弟耶？”二人饮了数杯，不忍相舍。张劭拜别范式。范式去后，劭凝望堕泪，式亦回顾泪下。两各悒怏而去，有诗为证：

手采黄花泛酒卮，殷勤见订隔年期。
临歧不忍轻分别，执手依依各泪垂。

且说张元伯到家，参见老母。母曰：“吾儿一去，音信不闻，令我悬望，如饥似渴。”张劭曰：“不孝男于途中遇山阳范巨卿，结为兄弟，以此逗留多时。”母曰：“巨卿何人也？”张劭备述详细。母曰：“功名事皆分定，既逢信义之人结交，甚快我心。”少刻，弟归，亦以此事从头说知，各各欢喜。自此，张劭在家再攻书史，以度岁月。

光阴迅速，渐近重阳。劭乃预先畜养肥鸡一只，杜酝浊酒。是日蚤起，洒扫草堂，中设母座，傍列范巨卿位，遍插菊花于瓶中，焚信香于座上，呼弟宰鸡炊饭，以待巨卿。母曰：“山阳至此，迢递千里，恐巨卿未必应期而至。待其来，杀鸡未迟。”劭曰：“巨卿信士也，必然今日至矣。安肯误鸡黍之约？入门便见所许之物，足见我之待久。如候巨卿来而后宰之，不见我惓惓之意。”母曰：“吾儿之友，必是端士。”遂烹炰以待。

是日天晴日朗，万里无云。劭整其衣冠，独立庄门而望。看看近午，不见到来。母恐误了农桑，令张勤自去田头收割。张劭听得前村犬吠，又往望之。如此六七遭。因看红日西沉，现出半轮新月，母出户，令弟唤劭曰：“儿久立倦矣。今日莫非巨卿不来，且自晚膳。”劭谓弟曰：“汝岂知巨卿不至耶？若范兄不至，吾誓不归。汝农劳矣，可自歇息。”母弟再三劝归，劭终不许。候至更深，各自歇息，劭倚门如醉如痴，风吹草木之声，莫是范来，皆自惊讶。

看见银河耿耿，玉宇澄澄，渐至三更时分，月光都没了，隐隐见黑影中一人随风而至,劭视之,乃巨卿也,再拜踊跃,而大喜曰:“小弟自蚤直候至今,知兄非爽信也,兄果至矣!旧岁所约鸡黍之物,备之已久,路远风尘,别不曾有人同来?”便请至草堂,与老母相见。范式并不答话,径入草堂。张劭指座榻曰:“特设此位,专待兄来,兄当高坐。”张劭笑容满面,再拜于地,曰:“兄既远来,路途劳困,且未可与老母相见。杜醖鸡黍,聊且充饥。”言讫又拜。范式僵立不语,但以衫袖反掩其面。劭乃自奔入厨下,取鸡黍并酒,列于面前,再拜以进,曰:“酒(有)[肴]虽微,劭之心也,幸兄勿责。“但见范于影中以手绰其气而不食,劭曰:“兄意莫不怪老母并弟不曾远接,不肯食之?]

张请母弟与同伏罪。”范摇手止之。张曰:“唤舍弟拜兄,若何?”范亦摇手而止之。张曰:“兄食鸡黍后进酒,若何?”范蹙其眉,而似(交)[教]张退后之意。张曰:“鸡黍不足以奉长者之餐,乃劭当日之约,幸勿嫌责!”范曰:“弟当退后,吾尽情诉之。吾非阳世之人也,乃阴鬼也。”

张大惊曰:“兄何故出此言?”范曰:“自与兄弟相别之后,回家为妻子(日)[口]腹之累,溺身商贾中。尘世滚滚,岁月匆匆,不觉又是一年,向日鸡黍之约,非不挂心,近被蝇利所牵,忘其日期。今早邻佑送茱萸酒至,方知是重阳,忽记贤弟之约,此心如醉。山阳至此,千里之隔,非一日可到。若不如期,贤弟以我为何物?鸡黍之约,(向日)[尚自]爽信,何况大事乎?寻思无计。常闻古人有云:‘人不能行千里,魂能日行千里。’遂(祝)[嘱]付与妻子曰:‘吾死之后,且勿下葬,待吾弟张元伯至,方可入土!’(祝)[嘱]罢,自刎而死,魂驾阴风,特来赴鸡黍之约。万望贤弟怜悯愚兄,恕其轻忽之过,鉴其凶暴之诚,不以千里之程,肯为辞亲动于山阳,一见吾尸,死亦瞑目无憾矣。”言讫,泪如迸泉,忽离座榻,下阶砌。

张乃趋步逐之,不觉忽踏了苍苔,攧倒于地,阴风拂面,不知巨卿所在,如梦如醉,哭声惊动母亲并弟。忽起视之,见堂上陈列鸡黍酒果,张元伯昏倒于地,用水救醒,扶到堂上,半(饷)[晌]不能言,又哭至死。

母问曰:“汝兄巨卿不来,有甚利害?何苦自哭如死?”元伯曰:

"巨卿以鸡黍之约,已死于非命矣!"母曰:"何以知之?"元伯曰:"适间亲见巨卿到来,邀迎入坐,具鸡黍以迎。但见其不食,再三恳之,巨卿曰:'为商贾用心,失(望)[忘]了日期,今早方醒。恐负所约,遂自刎而死,阴魂千里,特来一见。'母可教儿亲到山阳,葬其兄尸。儿明早收拾行李便行。"母哭曰:"古人有云,'囚人梦赦,渴人梦浆。'此是吾儿念念在心,故有此梦惊耳!"元伯曰:"非梦也。儿亲见来,酒食见在。逐之不得,忽然跌倒。岂是梦乎?巨卿乃诚信之士,非虚诳也,岂妄报耶?"

弟曰:"此未可信。如有人山阳去,当问其虚实。"张曰:"人禀天地而生。天地有五行,金、木、水、土、火,人则有五常,仁、义、礼、智、信,以配之。惟信非同小可。仁所以配木,取其生意也;义所以配金,取其不朽也;信所以配土,取其重厚也。圣人云:'大车无輗,小车无軏,其何以行之哉?'又云:'足食足兵,民信之矣。''不得已而去,于斯三者何先?'子曰:'去兵。'又曰:'必不得已而去,于斯三者何先?'子曰:'去食。[自古]皆有死,民无信不立。'巨卿既以为信而死,吾安可不敬而不去哉!弟专务农业,足可以奉老母。吾去之后,加倍恭敬;晨昏甘旨,勿使有失,养生送死,大宜谨之。"拜辞曰:"不孝男张(邵)[劭]今为义兄范巨卿为信义而亡,须当往吊。"已,再三叮咛张勤,(今)[令]侍养老母:"母亲早晚勉强饮食,勿以忧愁,自当善保尊体。(邵)[劭]于国不能尽忠,于家不能尽孝,徒生于天地之间耳!今当辞去,以全大信。"

母曰:"吾儿去山阳千里之遥,月余便回,何故出不利之语?"张曰:"生如浮沤,死生之事,旦夕难保。"恸哭而拜。

弟曰:"勤与兄同去,若何?"元伯曰:"母亲无人侍奉,汝当尽力事母,勿令吾忧!"洒泪别弟,背一个小书囊,来早便行。沿路上饥不择食,寒不思衣,夜宿店中,虽梦中亦哭。每日早起赶程,恨不得身生两翼。行了数日,到了山阳,问巨卿何处住,径奔至家门首,见门户锁着。问及邻人,邻人曰:"巨卿已过二七。其妻扶灵柩,往(廓)[郭]外去下葬。送葬之人,(向)[尚]自未回。"

张问了去处,奔至(廓)[郭]外,见山林前新筑一造土墙,墙外有数十人,面面相觑,各有惊异之状。张汗流如雨,走望观之,见一妇人,身披重孝,一子约有十七八岁,伏棺而哭。元伯大叫曰:“此处莫非范巨卿灵柩乎?”其妇曰:“来者莫非(汝是)张伯元乎?”张曰:“张(邵)[劭]自来不曾到此,何以知名姓耶?”妇泣曰:“此夫主再三之遗言也。夫主范巨卿自洛阳回,常谈贤叔盛德,但恨不识尊颜,前者重阳日,夫主忽举止失措,对妾曰:‘我失却元伯之大信,徒生何益?常闻人不能行千里,魂能行千里,吾宁死,不敢有误鸡黍之约。死后且不可葬,待元伯来见我尸,方可入土。’今日已及二七,人劝云:‘元伯不知,如何得来见其尸,先葬讫,后报知未晚。’因此扶柩到此,众人都拽棺椁入金井,并不能动,因此在坟前,都惊怪。见叔叔远来,如此(荒)[慌]速,必然是也。”元伯乃哭倒于地,妇亦大恸。送殡之人,无不下泪。

元伯于囊中取钱,令买祭物,香烛纸(陌)[帛],陈列于前,取出祭文,酹酒再拜,号泣而读。文曰:

> [维某年月日,契弟张劭,谨以炙鸡絮酒,致祭于仁兄巨卿范君之灵,曰:于维巨卿,气贯虹霓,义高云汉。幸倾盖于穷途,缔盍簪于荒店。黄衣九日,肝膈相盟;青剑三秋,头颅可断。堪怜月下凄凉,恍似日间春恋。弟今辞母,来寻碧水青松;兄亦嘱妻,伫望素车白练。故友那堪死别,谁将金石盟寒?丈夫自是生轻,欲把昆吾锷按。历千古而不磨,期一言之必践。倘灵爽之犹存,料冥途之长伴。呜呼哀哉!尚飨。]

元伯发棺视之,哭声(恸)[动]地,回顾嫂曰:“兄为弟亡,岂能独生耶!囊中已具棺椁(二)[之]费,愿嫂垂怜,不弃鄙贱,将(邵)[劭]葬于兄侧,平生之大幸也!”嫂曰:“叔何故出此言也?”(邵)[劭]曰:“吾(思)[志]已决,(勿请)[请勿]惊疑!”言讫,掣带刀自刎而死。

众皆惊愕,申闻本州太守,烦高亲至坟前设祭,具衣棺营葬于巨卿[墓]中,将此事表奏。明帝怜其信义深重,两生虽不登第,亦可褒赠,以励后人。范巨卿赠山阳伯,张元伯赠汝南伯。墓前建庙,号“义信之祠”,墓号“信义之墓”。旌表门(闻)[间],官给衣粮,以膳

其子,巨卿子范纯绶,及第进士,官[鸿胪寺]卿。至[今]山阳古迹(尤)[犹]存,题咏(及)[极]多,聊陈二诗曰:

义重张元伯,恩深范巨卿。
不辞迢递路,千里赴鸡羹。
既报身倾没,辞亲即告行。
山问□□□,万古仰高情。

欹枕集下

老冯唐直谏汉文帝

葛亮，越范蠡，唐郭子仪，分两行为十哲。两廊下分□□，列□十二人，左押班[白起]，[右]押班孙膑，其余各有资次。□□准奏，便下诏建庙，供器祭物，一切完备。后至五代，未尝[有]缺。至宋太祖武德皇帝登基于汴梁，大展殿庙。故唐时虽各州有庙，并体长安所建，未甚广大。宋朝增广甚盛。

乾德五年，太祖车驾幸国子监，听诸儒讲说前代史书。时有承相赵普，尚书窦仪、张昭在侧。

太祖听讲周齐太公用兵□之法，圣情大喜，随问："[武成]庙在何处？"张昭奏曰："只在国学之西。"太祖驾往武庙，上殿烧香，令承相赵普替拜，(已)[以]下□官亦皆拜。天子逐一位问其功劳，赵普等以本传可对。

[太]祖策玉麈斧，下殿左廊，指押班："此何人也？"窦仪曰："(奉)[秦]将白起也。"太祖曰："莫非坑赵卒四十万乎？"窦仪曰："然。"太祖大怒，指白起画像而言曰："坑降杀顺之人何得押班！"以麈斧划碎其面，回顾赵普曰："当以何人代之？"普曰："非吴起不可。"太祖问吴起事，普奏呈吴子之书。圣喜，便令即日代之，就书其事于上。

后太祖崩，太宗传位真宗，国家升平无事。真宗□诏史官讲前代名臣列传，遂命车驾幸武庙，上殿烧香，令丞相替拜。逐一位问。问至韩信，真宗曰："信曾反汉遭诛，何得庙食？可贬出庙！"尚书张询出奏："唐李勣曾阿谀言，高宗几乎丧国。此时高宗欲立武氏，诸大臣皆不可。勣曰：'家□事，岂问大臣？'遂立武氏，险送了大唐。此人亦不可入庙。”真宗曰：“韩信、李勣，皆有大罪，合贬下殿。诸葛亮虽有微功，乃忠善之士，不可降之。”奏请：“赵充国乃汉之名将，年七十，(尤)[犹]建大功，可代韩信之位。李晟威震华夏，唐之功臣，可代李勣之位。”真宗从之。又奏：“(五)[伍]子胥曾鞭主尸，赵云曾叱主母，此二人不堪入庙。”真宗曰：“此二人亦英杰□，可于门首享祭。”至今于武庙为把门将。

仁宗朝加武成王为昭烈，不则唐宗立庙，唐太宗有凌烟阁图画功臣，汉光武建云台以祀诸将，不则云台凌烟，西汉高祖亦(会)[曾]在香火院画前代功臣。高祖于香火院，画功臣于壁间，令人四时享祭。

今日说汉文帝朝，有一大将，姓魏名尚，官拜云中留守，屯兵十万，杀得匈奴不敢望南牧马，闻魏尚之名，肝胆皆碎。文帝为边上战士多负勤劳，令中贵仇广居赍金帛五十车，(真)[直][往]云中劳军。魏尚接着仇太尉，馆驿中安下，随即(换)[唤]管军□自交割金帛，便行给散，自己合得亦皆俵散。

仇太尉见魏尚相款甚薄，心中不悦，临起身，使人问魏尚索回程厚礼。尚曰：“天子为王事而来，彼为私心而来！”去人回报此语，仇广居大怒，不辞而回。至长安，文帝问：“劳军若何？”广居曰：“军将虚受其赐，皆(主怨)[怨主]也。”文帝大怒，便差皇叔刘昂为云中留守，就调遣本部军马，兼问魏尚克减情罪。刘昂到郡，将魏尚拿下，长枷送狱，勘问其实。军将无一个不下泪。

细作探听得，报知匈奴。匈奴大起番军，兵分两路，一取云中郡，一取河东上党郡。刘昂听知番军来，引魏尚所辖军马出迎。军马皆无战心，交锋未战先走。番军赶至，乱军中杀死刘昂。其余各逃难归。

云中文书(也似雪片)[雪片也似]告急。文帝急聚文武商议，令中大夫金勉引军五万，守飞狐关(今之代州之地)；令楚相苏意引军五万，守句注关(郡，雁门也)；前将军张武引军五万，守北地(今之真定是也)。三路首尾相接，同救云中之危，即日起程。

这三路军马虽去(守关把)[把守]边关去处，不曾得匈奴半根折箭。匈奴增添人马，三路攻击。

飞报至紧,文帝怀忧。又[令]宗正卿刘礼引军三万,于坝上屯驻;左将军徐(悍)[厉]引军三万,于(辕)[棘]门屯驻;右将军周亚夫引军三万,于细柳营屯驻。细柳营在渭河北,昆明池南,京兆之西。三路军以防(宋)[不]虞,其余军马尽迤北边助敌。

凡百余日,并不见边廷报捷之书,文帝甚忧,乃引近臣僚黄门户尉三千余人,各乘马匹,(辕)[棘]门、坝上、细柳三处劳军。文帝先使近臣传旨至(辕)[棘]门,左将军徐(悍)[厉]令将士皆全装,离营三十里迎接车驾。天子降旨:每军士一名,绢一匹,银十两,肉五斤,酒一瓶。左右自有去散之人。众军声喏,以谢圣恩。次日至坝上,宗正刘礼大小三军亦去三十里迎接,如(辕)[棘]门一般赏军。

天色已晚,文帝往细柳营去。半途,迎着传圣旨的人,回奏:"虽听了圣旨,不开营门。"天子催动龙车,直至细柳营前,并无一人迎接。左右皆惊。文帝至营门,令近臣传圣旨:"天子亲至行营,特来犒军。"把门都尉回言:"天昏日暮,不是天子远来时分,恐引奸诈。"屯门不开。奉御曰:"天子有诏,汝何人?敢抗拒耶?"都尉曰:"军中只闻将军令,不闻天子诏!"奉御回奏。文帝令持汉节而往。都尉于门首侧门接汉节,入见亚夫。亚夫曰:"既有汉节,天子必至。休开大门,开侧门,止放天子一人一骑入寨,其余当在辕门之外。"都尉传令,众官下马,天子按辔而行。入营,至帐下马。亚夫不拜,以军礼见天子。天子赏(待)[赐]已毕,急急上马。亚夫送至门首,再不远出。

众官一齐下马,徐奏与文帝:"亚夫罔上耶?"文帝曰:"此真将军也!向者(辕)[棘]门、坝上,如儿戏耳!"众官皆不能答。

文帝回銮,至安陵。众乡老皆拜舞于道傍。文帝曰:"汝等皆安乎?"乡老曰:"托陛下洪福齐天下,一岁收三岁粮米,科敛甚轻,下民皆鼓腹讴歌,陛下真乃圣明尧舜之君!"文帝大喜,幸香火院,下马踞床而坐。乡老皆献盘馔,文帝甚喜,就留下在大院中。

黄昏秉烛,见一老人,须眉皆白,拜于阶下,文帝问曰:"卿何人也?"老者曰:"臣历仕三朝,直香火院使臣中郎署长冯(老)[唐]。"

文帝曰:"卿于何年出仕?"冯唐曰:"臣先大父仕于赵国。臣历于秦,至本朝,历事凡四十年矣。"文帝曰:"四十年历事吾(吾)朝,如何只在西廊署？此微末官耳！”冯唐曰：“臣生赵（持）［时］，正在童稚之间。吾遭秦乱，坑戮（孺）［儒］生。及至先皇重兴之时，好武臣，但小臣能文，因此不用。今者幸遇圣主临朝，崇儒重道，以年逾八十，已无用于世矣！”文帝（太）［大］笑曰：“卿虽世雄才，奈何却如此之命薄耳！”赐锦墩而坐。冯唐再拜于地。

少顷，文帝更衣，执麈斧入院烧香。礼毕，（门）［闲］观两廊壁，各画十余人，皆衣冠士。文帝回顾，见众臣宰并乡老，环立于阶下，乃问曰：“此画者何人也？”冯唐对曰：“皆前代功臣也。”帝喜，召唐近前，逐一问之。见于内二人，形容魁伟，帝指而问曰：“此二人何代功臣也？”唐曰：“此赵国廉颇、李牧也。”帝曰：“朕昔居代州，常闻赵将李齐战于钜鹿之下。朕寝食未尝忘之。李齐比颇、牧如何？”唐曰：“臣祖父皆仕于赵，足知李齐之为人，比之廉颇、李牧，十不及一。”帝笑曰：“朕常读史记，亦知颇、牧之善用兵，李齐不及也。朕若得廉颇、李牧，何虑匈奴耶？”冯唐进前曰：“陛下虽得廉颇、李牧，亦不能用。”

文帝瞪目而视老冯，面有愧色，从步下阶，径往阁中。人皆指老冯曰：“此老干犯圣威，必死矣！”唐容无愧色。

少顷，文帝呼近御臣，宣冯唐入阁中。帝曰：“朕虽不明，卿何故于稠人中面折寡君耶？”唐拜于地，答曰：“臣乃山野村夫，不识忌讳，误触天威，罪该万剐！”帝命平身。良久，帝曰：“卿何知寡人不能用颇、牧耶？”唐曰：“赦臣死罪，方敢奏。”帝曰：“尽该赦下，卿无隐焉！”唐曰：“臣闻古之帝王得天下者，初拜将时，须当筑坛三层，遍诏士卒。天子亲以白旄黄钺，兵符将印，跪而进曰：‘阃之内，寡人制之；外者，将军制之。’其军天子不校，出入听其任用。先皇亦曾捧毂推轮，以拜韩信为大将。此古命将之道也。昔李牧在赵为将，革车一千三百乘，精骑一万三千匹，百金之士五万人，乃一人价百金也。由是北逐匈奴，南支韩魏，西拒强秦，破东（吴）［胡］，灭（儋）［澹］林，纵横天下，遂为霸国。四海之人，皆知李牧之英雄，莫敢犯也。从赵王迁立为君，其母出身倡优，用郭开为相，开素恶李牧，妄言反叛，将李牧杀之，赵国遂灭。今圣朝魏尚，为云中留守，其军市之租，尽飨士卒。另借禄养钱，五日一锭，率养宾客、军吏、舍人。由是北拒匈奴，不敢正眼而觑视中原。此皆魏尚之力也。云中战士，岂知有（天藉）［尺籍］五符哉！不顾性命，终日力战，方能上功。（慕）［幕］府一言不相应，文墨之吏法绳之，圣朝法不明，赏太轻，罚太重。此亦未足为怪。魏尚国之柱石，陛下信听谗佞之言，罢其官爵，夺其军权，下狱问罪，以致匈奴长驱大进，轻视中国。以此推论，故知陛下有廉颇、李牧而不能用也。”

文帝愕然，拍其股而叹曰：“非卿所奏，则寡人遭万世之骂名！”一面传旨，收仇广居狱中，对冯唐曰：“卿勿以年老为辞，可持节亲往云中，赦魏尚之罪，就将各州兵马，皆令本人调遣，以追匈奴。”

冯唐再三不能推却，次日，辞天子，持汉节，乘驿马，投云中来；比及到郡，尚有百余里，见一簇人马，摇旗操鼓而来。冯唐大惊，驻马而待之。见军将向前而问曰：“持节者何人也？有甚公干？”冯唐曰：“吾奉天子命，特来赦魏尚罪。”众皆拜伏于地，曰：“某等皆是魏将军所辖之人也。闻主无罪陷于缧绁之中，我等皆欲劫狱救主，投匈奴，以取中原。今天子既明，当拱手听死。”冯唐曰：“汝等何不跟我入城，听天子诏？”众皆踊跃大喜。

冯唐跃马至云中，狱中取出魏尚，听圣旨罢，仍再交割兵符印。尚曰：“某自来与公无旧，何为力赐辨报也？”唐曰：“大丈夫生于世间，岂无公论？将军威名播于四夷，谁不仰慕？但天子一时信听谗言，以惑其众心，如浮云之蔽日。风至云散，日复明矣，又何疑焉！”魏尚曰：“吾无可报公之大恩，公可暂停车驿于驿中，容某建一两阵功劳，令公回长安（回）［报］捷，庶几不负公之重报。尊意若何？”唐曰：“老夫专待将军好音。”魏尚再行训练兵将。兵将皆大呼曰：“愿死战以报主公！”

尚引军，整肃衣甲、弓马，□□部军出阵，先与匈奴交锋。匈奴（白已）［自以］为等闲，长驱番兵，奋力冲突。尚引铁骑数千，高竖旌旗，操戈直出。匈奴一见，众痴呆，弃弓矢、旗幡，望北而走。魏尚引铁骑数千，大队人马如（坎）［砍］瓜截瓢之势，番兵大溃，连夜进兵，克复州县。匈奴王子知魏尚又领军马，连宵遁避。

尚扫荡边寨，不及半月，匈奴(扫)[归]降，回见冯唐，谢曰："若非丈丈，安能再得见天日！今匈奴遣使，赍名马、金珠，献纳上表。望同去长安，面见圣上，以奏前事。"

冯唐大喜，持节同番使入朝奏知。文帝与冯唐曰："若非卿直言，朕几乎损了良将。果然廉颇、李牧不可及也。"准匈奴求和之事。宣魏尚入朝，封为云内侯，都督塞北军马。冯唐加为主爵都尉。唐再三拜谢。文帝赐田三千亩，住宅一区，冠服几杖等。后年九十六岁，无疾病而终。

有诗：

三老兴言可立邦，汉文屈己问冯唐。
当时若不思颇牧，魏尚何由得后权？

汉李广世号飞将军

入话：

楚汉相驰百战兴，至今何代不谈兵？

凌烟阁上从头数，安得无征见太平？

这四句诗，说武官万死千生，开(强)[疆]展土，非小可事。伏羲、神农之时(已)[以]前，并无征战。自轩辕黄帝之时，蚩尤作乱，黄帝命风后为师，破蚩尤涿鹿之野，自此始用兵戈。五帝之时，便有征战。三代春秋，互相吞并，东夷、西(戍)[戎]、南蛮、北狄。

世言匈奴倚仗人强马壮，不时侵犯中原。秦始皇筑万里长城，以拒胡虏。秦灭汉兴，传至文帝，二十三年为君，多被匈奴所扰。十四年上，匈奴数十万，入寇萧关，边廷告急。文帝下诏招军，良家子弟应募者，量才授职。于山西成纪得一人，姓李名广。其祖李信，秦时为将，跟逐王翦攻燕有功。专习弓箭，自谓传得甘宁、纪(口白)[昌]之法。久居陇西槐里，后迁成纪，世世家传箭法。

文帝时，李广与弟李(葵)[蔡]一同应募。随军征战，出萧关，首先射死匈奴百余人。匈奴大溃。回长安面君，封为中郎将。弟李(葵)[蔡]封为武骑常侍。

一日，广从文帝上林射猎，忽然深草中赶起一只猛虎，众(家)[皆]躲避。广骑马向前，拈弓搭箭，一箭正中虎腰，坠坡而死。山后喊声不绝，又于山边赶出一虎。广听知，飞马转过山脚，正遇虎相近，一箭[射]去，正中虎目，直透过脑而死。文帝亲见李广射死二虎，(交)[教]取金百两，绢百匹以赏之，(俯)[抚]其背，谓广曰：“惜乎，子不遇时！若子在高帝时，封万户侯，岂足道哉！”那时文帝尊儒好礼，不(遵)[尊]武官，故发此言。乃李广命薄，不得加封。有诗云：

射虎英雄孰可加？君王(俯)[抚]背重咨嗟。

高皇若遇封侯易，从此功名到底差。

文帝崩，景帝立，除李广为陇西都尉，改(附)武骑郎。值吴楚乱，帝命周亚夫为将，收吴楚。加广为骠骑都尉、前部先(峰)[锋]。首先射死二将，连胜数阵。梁王见，喜，以将军印背了。广喜身先士卒，连立奇功，吴楚平，班师回朝。谏议大夫奏：“广乃先(峰)[锋]，不当背将军印。将功折罪，不当赏赐。”迁上谷郡太守。

匈奴日夜侵边，广累战累胜。公孙昆(也)[邪]见景帝，泣而奏曰：“广之才气，天下无双。自负其能，凡与虏战，不顾生死。然一旦去之，诚为可惜，乃废国家栋梁也。”往任上(谷)[郡]太守。

广至上郡，未及半年，匈奴广入。广领上郡岳兵出战，连胜数阵。奏闻景帝。帝遣中贵孟优，往军前探虚实，见广，问破虏事。广白曰：“视匈奴如小儿耳！”中贵要看战斗，广以无人敢敌，遂引数千骑，请中贵看破虏。

是日，出到野外，并不见匈奴，迤逦袭去，见空中一皂雕飞翔，广取弓欲射，只听得弓弦响，雕坠空而下。广问曰：“何人射中皂雕?”从骑皆言：“不曾放箭。”广飞马观之，山坡下有三人，各乘骏马，披项服，控弓(知)[矢]而望。广引军追之。射雕者见中贵衣锦袍于军中，意必是主帅，一箭射来，正中心窝，坠马而死。广大怒，拍马赶上，射杀二人，一人逃命。广曰：“此必射雕者！”飞马赶上，生擒付从者，只引十余骑，再寻匈奴。

忽尘土起，万余骑从上峪中出。广取出百箭，百中。箭尽，匈奴不退。广引十余骑上山，下马离鞍高卧。匈奴视之，恐有埋伏，不敢上山击之，徐徐引军退走。广见山下军中一人，金甲白马，乃匈奴王子，为首阿廷。广不起而射之，一箭中面颜而死。匈奴(太)[大]退，广乘势杀之，败归沙溪，以功上奏。官僚言：“可赏！”景帝曰：“损吾中贵孟优，不可赏，将功折罪。”除广未央宿卫。

四年，匈奴十余万出雁门。帝遣广为将，引军三万迎之。广受命，至雁门关，忽然风寒卧病不起。匈奴攻击得紧，诸军催战，广怒气上马，与虏交锋。胡将四人并力攻广，广病躯不能胜，被胡将刺于马下。胡人大呼曰：“王子传旨，拿得李广，可生擒来！”因此不杀，用皮囊(中)[盛]贮，夹于两马间。汉军大败，损将折军。

广在皮囊中，诈(取)死不动，胡人以为真死，开囊视之，(太)

[大]呼一声,如巨雷,胡人措手不及,被广跃起,夺枪刺杀,抢马一匹骑回,再聚败残兵将,连夜去劫掳营寨。匈奴大败,归沙溪去了。

广班师回长安,省官奏广折军大半。帝怒,将广下廷尉问罪。于法当斩,遇大赦,免罪。罢官闲居蓝田山中庄上,与颍阴侯婴孙强为友,每日以饮酒散闷。

居数年。一日,天寒大雪,广乘匹马、挟弓箭,往婴孙强庄上相探,本人设酒相待,为言:“寨上辛苦立下大功,今日朝廷不用,空闲了英雄手段!”自歌自叹一回,不胜大醉。婴留宿,广不肯,乘兴上马。风雪正急,策马而行,忽古木号风,举头视之,见一猛虎卧于林前,广急拈弓搭箭,尽力射去。射得火花迸散,其虎不动,广拍马近前观之,乃墓前石虎也。其箭射入石中半寸。广方知,衔住箭头。广自惊异,再回马于旧射虎之处,再放十余箭,箭头皆不能入石。广方知始见时将谓真虎,乃施神力;今已知之,心中慢(立)[力]不能及也,呵呵大笑,策马回庄。

时已初更时分,但雪光夜明,因此不觉。至霸陵桥上,廷尉引军喝曰:“此何人也?”广曰:“吾乃前将军李广。”廷尉曰:“今将军尚不敢夜行,何况前将军乎?”喝军士挽广下马,吊于桥上。冻至天明,韩安(谷)[国]见广吊于桥上,喝令放之。

后半年,匈奴入寇,杀辽西太守,边报甚急。帝遣韩安(谷)[国]为将破之。安(谷)[国]到边廷,连输数阵,上表乞李广救援。帝宣广为北平太守兼将军,上边破虏。广至,乞霸陵廷尉为先锋,尉只得去北平。韩安(谷)[国]言:“匈奴势大不可敌。”广差霸陵廷尉引千骑出阵,大败而归。广曰:“昔时在霸陵如此英雄,今日临边如此败也!”廷尉无言。广命斩之。

广引军出,匈奴一见,望风而走,大呼曰:“飞将军来也!”自此世号“飞将军”。

匈奴遁去,广回长安。韩安国奏功,帝欲加官。霸陵尉家人诣阙,告广起[徕]仇报,无(非)[罪]斩尉。帝怒,将功折罪,再为闲人。

后武帝登基,匈奴左贤王拥精兵二十万,入寇中原。群臣奏请博望侯张骞为帅。骞保举广同行。武帝准奏,加广为前将军,与骞同赴边上。整肃队伍,与骞分兵作两路破匈奴,骞从东道入,广从西道。

广留军陆续进发,先与长子李敢引五千骑长驱大进,正与匈奴左贤王军马相迎,胡兵十万,旗幡蔽日而来。汉军大(起)[恐]。广与子李敢曰:“汝可持刃以遏其后,如军士退者立斩。吾当以身先之。”左贤王乘大纛车,于军中调遣。广引千余骑先冲入阵中。匈奴掩面大呼曰:“飞将军又来也!”李敢随军士攻击,胡兵四败奔走。广杀死左贤王,纵马追杀败散、被箭所伤、死于沙场者,勿知其数。广回,正迎左贤王大纛车,就乘而回,路遇张骞,骞将为是胡兵,将本部军围定。广下车备说其事,骞大喜。

边上平复,张骞、李广回长安面君。人奏上:“广在塞上乘左贤王车,意图不仁。”送下廷尉问罪。骞力奏:“广大小功次十余件,杀死左贤王,皆广之功也。不(因)[幸]误坐王车,乞圣情宽恕!”帝命将功折罪,废为庶人。

后匈奴又犯三关,至急,人奏请大将退之。武帝乃命卫青为帅,保外甥霍去病为先(峰)[锋]。大臣奏曰:“李广累战匈奴,匈奴大惧,号曰‘飞将军’。如此人去,必有大获捷报。”帝宣广为前将军,随卫青上边。广此时已老,带子李敢、李(憔)[椒]同至塞上。

卫青分兵三路:青自取中原,霍去病东路,广取西路。约至接天岭取齐。

广与二子引兵马万余,迤逦杀奔北边来。一日,天降大雾,漫山蔽野,意不知东西。广恐失误限期,从军马行。至日午,方始雾收。广军有曾北征者,见路生涩,勒住人马,回报李广。广(由)[犹]未信,只顾纵军前进。整行一日,至山,广方信差了路途,急(从)[令]回军,路上迎见汉军报来:“卫青、霍去病两路军马,大破匈奴,已到接天岭屯驻。”广仰天叹曰:“吾自幼从军,多功沙漠,今已年老,终生不遇,奈何命薄耶!”

晚至岭下,见卫青时,功劳已自报朝廷去了,广郁郁不乐。朝廷使命至,宣卫青班师。广与子敢曰:“宁死番地,我无面目见朝廷矣!”

霍去病至，曰："朝廷要斩汝首，以正慢功之罪。"霍去病随卫青还国。广思："空归人世，一生不遇，几遭黜逐，万代笑耻！"帐中拔剑，自刎而死。如此一个将军，化作南柯一梦

后来，李敢、李禹刺霍去病。朝廷命霍去病(子)[弟]霍光为勘官，见李氏子子孙孙不绝，必世世报仇，遂解释其事。李(氏子)[禹]、李陵，皆李广之后也。

王勃作滕王阁诗序一联："冯唐易老，李广难封。"冯唐如此足智多谋之士，年老不得重用；李广如此雄才豪气之将，终生不得封侯，皆时也，运也，命也！

胡(曹)[曾]先生有四句诗：

原头日落雪边云，犹放韩卢逐兔群。
况是西方无事日，霸陵谁识旧将军？

夔关姚卞吊诸葛

入话：

话说宋朝仁宗朝，有一秀才，姓姚名卞，表字伯善，祖贯嘉禾人氏，父母双亡，孑然一身，在外祖家中教授度日。嘉祐年间，赴京应举，不第，回，于嘉禾教学。为人聪明，好看史书，常常议论古人。能操琴，写晋字，曲尽玄妙。尤好抚剑谈兵。但得闲暇，便去游山玩水，追访前事。

那时嘉禾只是个县治，后来高宗南渡，方改作州府，地名槜李，号秀州嘉兴府。因真宗朝禾生九穗，因此名嘉禾。

嘉祐五年春，二月半后，姚秀才散了中学，正在学堂中改（工）［功］课，只见一个承局，背个包袱，驼把伞，入来，放下行李，纳头便拜。姚秀才（荒）［慌］忙扶起，问道："从何而来？"那承局道："小人姓李，西川成都府上厅承局。今奉安抚相公差遣，一径来见解元，有书在此。"姚秀才道："小生自来不曾到西川，蜀中又无亲故。何人请命？承局莫非错矣？"李承局解包袱，取出书信，度与姚秀才。看封皮上写："成都府安抚晁尧臣，书付与江南嘉禾姚文昭男姚伯善秀才收拆。"姚秀才看了，大喜，便道："姚文昭乃是家尊，晁尧臣与家父莫逆之交。尧臣曾拜先人为兄，是我叔父之道。十数年音信不闻不知，今做到成都府尹，特（交）［教］承局远来，必有事故。"拆信看了，书中意思云：

> 近人自江南来，说贤侄教学度日，惟恐误了功名。（金）［今］特遣人赍白金百两，与侄为路费。望侄与去人一同前来，别有商议，如书到日无阻。

姚秀才读罢，大喜，与承局云："我和外祖商议，方可一行。"留承局安歇定了，来见外祖，说上件事务。外祖道："汝正青春，又无家小所累，既尧臣取你，有抬举之意，去走一遭，有何不可！"

秀才领命，当日散了学生，收拾衣装，无非是琴剑、书箱。数日之内都完备了。姚秀才辞了外祖，雇觅小舟，和李承局下船，望西川进发。在路上不则一日，上江下江，并是水路，迤逦到川口，李承局道："此间若从水路搭川船上去，路途急切难得到，不若买匹驴儿，拴束一副鞍辔。"

姚秀才携鞍上驴背，李承局挑着行李，往剑阁路上来。姚秀才[见]一程程青山耸翠，绿水拖蓝，又值暮春，夹路野花，穿林啼鸟，天气不暖不寒，甚是清人诗兴。正是：路上有花并有酒，一程分作两程行。

行了数日，前至一关，关前一个(舌)[古]镇，姚秀才下驴背，与李承局道："连日行路驱驰，不如早歇，来朝登程。"李承局挑着行李入店，寻间干净房歇定。安排晚饭，蹇驴牵入后槽，小二哥就备草料，不在话下。

姚秀才吃罢饭，信步出店。上山闲登谯楼，望大江。江外一派青山。半衔落日。江边小船收缯卷网，冲淡烟、望远浦而去。姚秀才见了江山景物，真乃天开图画，如何不喜？转过曲阑干，直下俯观。见平沙滩上，堆叠怪石，约有六十余堆，方圆曲直，各有门户。

秀才嗟呀不(巴)[已]。忽然守关在侧，姚秀才揖罢，问曰："沙(工)[上]石堆，此乃何人戏作也？"老吏曰："我观秀才虽服儒衣，不识古今之人也。"秀才曰："吾自幼读书，安不知耶？"老吏曰："既读史书，安不知汉末三分诸葛武侯之古迹也？此关乃夔关，前即夔府也，乃古之白帝城也。关下乃鱼腹浦。沙滩之上，乃诸葛当时所列'八阵图'也。旧日曾伏陆逊于此。到今关边人，遇春时皆来游玩，(为)[谓]之踏迹。公既读《三国志》，必知其事。"秀才曰："三分到今，千余年矣。大江潮水，往来冲击，何得尚在？"老吏曰："川中大树可径十数围，长五七丈，年遇洪水骤发，放入大江，顺流而不转遗，冲波突浪，如飘一苇。山岸尚自崩裂，况堤岸堆？此石冲击不动，故唐杜工部有诗云：'功盖三分国，名成八阵图；江流石不转，遗恨失吞吴。'此神异之圣迹也。"秀才曰："既有此圣迹，里人何不建庙？"老吏指："关下松阴中，即其庙也。"

姚卞就邀老吏同往，到庙，上殿瞻圣像，再拜。下阶观壁上题咏，

触然有感。正欲留题,恨无笔砚。老吏于庙祝处,借笔砚至。姚卞挥毫于壁上,题《(酩[酹]江月》一篇云:

小舟横截。看云峰高拥,千堆苍壁。白帝城中冠盖换,田野玄德。三顾频繁,两朝开济,何处寻遗迹?翻石阵,至今神护沙碛。　　想诸葛当年,幅巾高卧,抱图王计策。见说祠堂今尚在,中有参天松柏。巡蜀英谋,吞吴遗恨,俯仰成今昔。空令豪俊,浩歌横涕挥臆。

题罢,还笔砚,别老吏,归店中。

是夜,山月澄澄,江风淅淅,穿云射榻,勾引诗兴,姚卞遂呼承局点起灯光,于行囊中取古笺一幅,并笔墨、砚瓦于几上,寻思:"武侯乃古今无比之人,小词安可吊之?遂作长篇,来早就致祭而去。"援笔一挥,文不加点。写毕,睡。至天明,早膳罢,令承局于镇市买香纸、酒果、盘馔,先去庙中罗列。姚卞遂更衣,执祭文,往庙中,烧香再拜,酹酒而读:

维皇宋嘉祐五年,嘉禾姚卞,谨以清酌庶羞之奠,致祭于汉丞相诸葛武侯之灵,曰:

炎精杪暮当桓灵,妖气蔽之豺狼存。操虽汉相实汉贼,逼胁万乘迁神京。二袁、刘表、孙破虏,坐视三虎扬旗旌。豫州哀悯世无主,殷勤三作茅庐行。先生感激弃(来)[耒]耜,坐间谈笑许诛鲸。运谋教权破赤壁,长剑西至烟尘清。托孤啼泣请继死,愿效忠贞竭股肱。祁山六出耀神武,威伏鼠盗潜无申。中兴汉业世罕有,折冲不用施刀兵。苍天何事绝炎汉?半夜耿耿长星倾!哀悯豪杰志不遂,(鸣)[呜]咽忿气空填膺。惟神有灵,俯垂昭鉴!

读罢,烧纸再拜,遂将酒肴,邀守关老吏并庙祝共饮,论武侯之事。庙祝言:"风雨之夜,闻庙中人语马嘶。"

姚卞疑所言不实,酒尽,辞庙祝,步下山坡,乘微醉,望沙上石阵而去,入内遍观,良久,仰面掀髯大笑,曰:"姚卞何如此之愚也!亦信(之)[此]妄言!此但只是成块乱石,安得有神哉!"言罢,寻路欲回。忽然阴风四起,愁云满地,怪石槎枒似剑,黄砂重叠如墙,滚滚江声，似万马冲突而至。

姚卞大惊，欲寻走路，四面皆无，惊得魂飞天外，魄散九霄，遂叹曰："当日陆逊提百万精兵到此，亦不能再回东吴矣！"正（荒）［慌］速间，见一童子，顶绾丫角，明眸皓齿，青衣称身，皂绦掠膝，进前拜揖而言曰："主翁谨请解元庄上会茶！"姚卞曰："你主翁何人也？"童子曰："姓葛，只在石坡下便是。"

姚卞乃随童子出石阵，沙上行不数步，但见山色侵眸，莺声到耳，花香扑鼻，莎草衬足，红桃、绿柳阴中，掩映竹篱、茅舍。童子入报，主翁出迎。姚卞视之，其人年近六十，身长七尺，面如美玉，唇若绛丹，戴逍遥偃月巾，穿飞绒白鹤氅，飘飘然，神仙之侣；挺挺乎，廊庙之材。姚秀才见了，（荒）［慌］忙进前施礼。老丈答曰："衰老无力出庄，请邀文旆，切乞恕罪！"姚卞答曰："江南晚进，得造贵地，幸蒙见召，敢不奉命！"邀入草堂之上，分宾主坐。

姚卞看草堂左右，松柏交加，琴书罗列，遂问："老丈世居此处耶？"老丈答曰："老丈世居成都，近辞职闲居于此。昨蒙庙中仰观佳章，今日又闻朗诵杰作，下怀不胜健羡。不敢拜问解元，入川何干？"姚卞曰："晁安抚乃先人至交，特令人呼唤一行。"

老丈命童子取茶以进。茶罢，老丈问曰："老夫僻居村落，闻见甚浅，胸中有少疑之事，欲求解元一决，可乎？"姚卞曰："晚生虽不才，愿闻丈丈胸中之疑。但恐有辱下问。"

老丈曰："昔日汉室衰微，奸雄竞起，跨州连郡，以众击寡，不可胜计。且如魏有张辽、张郃、徐晃、李典、司马懿等辈，吴有周瑜、鲁肃、吕蒙、陆逊。此数子运谋决胜，用武行师，未尝败北，解元并无一言称道盛德。诸葛孔明困守一隅之地，六出祁山，虚费钱粮，功业不成，何如此之浅陋！解元以为世之罕比，莫非太过否？此乃老夫胸中之疑，愿足下察之！"

姚卞听罢，仰面大笑而言曰："丈丈乃坐井观天矣！"老丈拱手而问曰："□赐教益，一洗尘垢！"

姚卞正容而言曰："丈丈可听晚生以世间二物譬喻之：蚊虫运翅，终日不能抚越廊庑；若附凤尾，片时可以周游四方。骐骥展（之）

[足],瞬息可以至千里;若遭羁绊,经年不能移寸步。蚊虫,至微之物,夏日间飞腾,终日只在门里门外而止;若附凤尾,一霎时,那里不去了?骐骥者,千里马之名,一日可走一千里路;若是绳子缚了,经年只在这里,待走那里去?是这等譬喻:曹孟德专权,挟天子而令诸侯,占据中原,偷攘神器,钱粮浩大,军马极多。司马懿仗其镃基,坚守取胜。孙仲谋袭父兄之势,开国江南,倚冲霍险,抗拒西蜀。陆逊赖其声名,偶然一胜之法,此非用武之能,乃蚊虫附凤尾者也。诸葛孔明晦迹南阳,不求闻达。刘先主四海无家,兵微将寡,三请先生,力举大事,创业未半,而中道崩殂。嗣子刘禅,懦弱愚蒙,事[无]大小,并得总裁,尽力存心,死而后已。六出祁山,无人敢敌,师进不可迎,兵退不可追。自古以来,全才全德,一人而已!盖为粮食不进,汉历数终,致使功业不成而卒。此非用兵之不能,乃骐骥遭羁绊者也。二事灼然而见,公复何疑!"

老丈起身谢曰:"非解元无以启蒙,愿求作文以记之,若何?"姚卞(掀)[欣]然曰:"愿赐纸笔。"老丈命童子抬几案于前,挥过文房四宝。姚卞拂开玉版纸,涴饱紫毫笔,长揖一声,下笔便写,片时写就,乃(明)[朗]吟曰:

> 灰飞烟灭,倾危事始于桓灵;地覆天(番)[翻],叛逆祸生于操卓。四方之盗贼蚁聚,六合之奸雄鹰扬。血浸郊原,骨填沟壑。孙仲谋袭父兄之势,割据江东;曹孟德挟将相之权,跨存中夏。豫州奔逃江表,孔明奋起南阳。领兵于已败之间,授任在危难之际。运谋决策,使周公瑾如治婴孩;羽扇纶巾,破司马懿似摧枯朽。佐主,抱忠贞之节;处事,怀公正之心。望重两朝,名高三国。天时将革,贤不及愚;汉历数终,才怎及庸?然管(仰)[仲]霸齐,难同盛德,自开辟以来,一人而已!信笔成文,聊记实迹云耳。

老丈大喜,命童子取银一锭,以酬润笔之资。姚卞再三推却而不肯受。忽见堂下,紫衫、银带、锦衣、花帽从者十数人,牵玉骢马一匹。一人上阶,手执蒜(办)[瓣]骨朵,唱云:"请丞相上马!"老丈趋步下阶,回顾姚卞曰:"白帝城外,老柏荫中,亮之所居。如到彼处,从容下访。”攀鞍上马。

姚卞大惊，（荒）［慌］速下阶，再拜于地。见老丈回首，以鞭答云：“亮之形迹，君已知之，不敢久留，容图后报。”言讫，望西而去。但见碧油红旆翩翩，簇拥于云烟之内。回顾视之，童子并庄院不知所在，却立于沙滩之上。

姚卞回至庙中，登殿再拜，尽书其文于壁间。回邸驿，收拾行李，乘驴，与李承局望成都而去。不则一日，到。见晁尧臣，叙旧事了，遂言神会诸葛之事。晁尧臣曰：“城外祠堂尚存，何不往祭？”次日，牵黑猪白羊，往庙中祭祀。其庙亦有大柏树，甚异。唐杜工部亦曾有诗。庙内诗词歌赋，不计其数。祭罢，回府。每日与晁尧臣攀话。尧臣曰：“吾始初间，指望取你来成都府，就些小功名，不想你如此饱学，栋梁之才，安可小用者！勉力读书，后举必登甲第。”

次年，春榜动，选场开，晁尧臣备鞍马衣装，使二仆从送姚卞赴京应举。客店安下（以）［已］定，将次入院，忽然夜至三更，梦一黄巾使者，手执文书，进前声喏，云：“某乃武侯之所使。今奉主命，预告试题。”姚卞启封视之，见上写：“明堂赋、田赋策。”觉来作文，如有神助。次日入院，果是此题，并不思量，一笔挥就而出。考试官见了大喜，取为头名状元。面君赐赏，丹墀（奉）［奏］对答如流。

初任嘉禾县令。次后便除察院。累任官拜吏部尚书。升参知政事。寿□□□，无病而卒。前人曾有诗云：

> 茅庐未出已三分，鱼腹空遗八阵存。
> 谁想归天千载后，江边犹得拜英魂！

霅川萧琛贬霸王

入话：

三桥横镇碧波中，绕廓芙蕖映水红。

晚后小舟游玩处，只因身在水晶宫。

这四句诗题着湖州风景，号为吴兴郡，自三代时，便有州治。后秦时有两家造酒最好，诸处皆来沽去。一家姓乌，一家姓程，直到如今，乌程坊是乌程县也，自古号吴兴郡，地名霅川。城濠镇于水中，多栽荷花。两条桥镇于渡上，一条名骆驼桥，一条名仪凤桥。周围景致(及)[极]多，故号“水晶宫”。

昔日，晋朝建都金陵，吴兴郡乃鱼米之地，最为上郡，钱粮(及)[极]广。此时未有杭州、嘉兴。晋后至南朝，齐太祖萧道成，字绍，乃汉萧何二十四代孙，即位以来，天下太平，无刀兵士马，江南丰稔，足有余钱，御用足备。建元二年，御笔点差御弟萧猷来任吴兴太守。

猷平生为人，心慈好善，敬天地，重神明。到任之初，郡民敬(伏)[服]。历任将及半载，时遇暮春，太守命左右，安排画船，下乡劝农，就观村景。此时就将带祗候十数人，船中自备酒肴。出到城(廓)[郭]外，舟中坐看，满目山川似画，一条绿水如蓝，山桥边酒旆(番)[翻]风，垂柳畔渔舟下钓。太守心中喜乐。

劝农回来，舟行之后，见山顶松阴之中，有一庙宇，太守问曰：“此何神所居耶?”吏答曰：“此是西楚霸王之庙。”太守曰：“霸王乃临淮人也。他后死于乌江，安得建庙于此?”吏曰：“山后有一村，名曰(顼)[项]村，此乃霸王昔日与叔项梁避乱于此，尚有子孙存焉。此山名弁山，霸王曾于此显灵，故立庙于山顶，已经百余年矣。”

太守命舟到岸，登上谒庙，上殿焚香。拜罢，观庙中多年崩损，神像毁剥。太守问：“庙祝何在?”吏曰：“多年无人祭赛，庙祝已去。”太守(交)[教]唤本处乡司：“唤集人民，重修庙宇，再整神像，吾亦助半年俸金，共成胜事。”

太守回州,令人并工完备,不过百日,庙宇一新。太守具黑猪、白羊,往弁山致祭。自此,乡民祈祷日盛。

忽一夜,太守在堂中秉烛观书,座间阴风飒[飒],灯灭复明。太守观之,有一黄衣人,立于堂上。太守问云:“汝是何人?黹夜入府堂门,有甚紧急之事?”黄衣人答曰:“弁山神君特来相访。”太守大惊,急离座榻,问:“神何在?”但见一人自外而入,头带凤翅兜鍪,身穿锦袍金带,半身现于云雾之中。太守(荒)[慌]忙下拜。神令黄衣扶起:“项籍奉玉帝敕命,守镇弁山,百有余年。香火废弛已久,深感重兴,今特称谢。请勿惊疑!”太守又拜。神曰:“你乃金枝玉叶,一路诸候,吾焉敢受礼!”太守曰:“萧猷早知有尊神庙堂,不敢稽迟许久,望乞恕察!”神曰:“君能与吾祭祀,必图后报!”言讫,风掀帘幕,不知所在。

次日,太守聚集郡中父老,宰大牢,往弁山,大祭霸王而回。乡民见太守如此致敬,城里城外,都兴社火,昼夜不绝。

太守每夜于中堂焚香秉烛,陈设酒肴,伺候神降。果然,霸王引从者五七人,降于堂前。太守拜请,(筵)[延]之上座。神曰:“项籍深谢君劳力作成,安敢(妄)[忘]报!”太守曰:“但恐恭敬不周,怎敢希报乎?”神乃享祭而去。

次日,太守传台旨,令合属人等各办事,于正厅上妆塑霸王神像,修设从人。面前罗列供具什物,轩下窗棂、神帘、祭器俱全。每月初一、十五日,官司支用猪羊祭赛。四季宰大牢以享之。任民间入府烧香祈祷。太守另于正厅侧畔,造一小厅,理断公事。

自此,居民皆赴公府烧香,日有数千,事无巨细,尽来祈祷。霸王不时降于中堂,与太守攀话,郡民皆知此事,不敢作私事。三年之间,风调雨顺,田禾倍收,里无盗贼。人皆以为霸王之力也。

萧猷任满,改除西川成都刺史,上马管军,下马管民,御赐金牌、宝剑,便宜行事。代官已至,箫猷将弁山神事诉与代官,再三叮咛:“倍加钦敬,不可纤毫轻慢;忽恐遭嗔。”代官谨听萧猷之言,如法祭赛,季用大牢。

却说萧猷往弁山辞庙,夜宿庙中,梦神告曰:“君往成都,但有危难,当呼吾名,必来救护。”次日舟行,将带钧眷往西川赴任。远接,近接,到成都公廨,选择吉日礼上。西川之人闻其威权,无不畏惧。

不觉在西川又早一年。忽有人报:“云南地面,齐狗儿聚众作(耗)[乱],劫掠州郡,攻打西川城池,无人敢当,渐近成都,事在紧急!”萧相闻得,聚集大小军官,商议退寇之策。众皆推举统领官二员,[任]本部先锋。一人姓韩名晃,一人姓崔名平,世居四川,将门之子。先点成都官兵一万五千,出境迎敌,然后萧相自统远近官军,并本州民兵接应。

先说韩晃、崔平,领军马出成都境界,正遇齐狗儿贼兵。两军相迎,列成阵势。韩晃提刀,跃马出阵,见贼势浩大,心中惧怯。对阵齐狗儿顶盔贯甲,跨马轮枪,冲开阵势而(去)[来]。韩晃大骂:“打脊匹夫,怎敢聚众谋反?大军到此,(由)[犹]自抗拒!”齐狗儿大笑:“量你等黄口孺子,素不习战,吾何惧哉!”挺枪骤马。韩晃舞刀来迎,战不三合,齐狗儿大喝一声:“着!”一枪正中韩晃面门,倒撞于马下。崔平在门旗影里见了,大怒,随后赶去。被齐狗儿带住铁枪,去马鞍前鞒暗取流星锤在手,觑得崔平较清,飘一锤飞来,打个正中,(番)[翻]身落马。二将俱休。

齐狗儿回身招群寇向前一掩,杀散官军,夺其军器、马匹,连夜杀入本境。

败残军马奔告,萧相大惊。人报:“贼兵至!”萧相闻得,面如(地)[土]色,无计可施,视左右将,只待要走。正(荒)[慌]之间,老仆言道:“向日吴兴弁山神道曾许救难,何不祷之?”萧相曰:“江南至此,路隔数千,神安能救吾耶?”仆曰:“主当唤之。令众军皆呼西楚霸王名号,以宽众心。”萧相下令:“一齐(交)[教]三军称霸王名号,自然神佑其力。”贼兵渐近。皆大呼曰:“西楚霸王,当来救难!”贼众闻之,大笑。

自对阵之时,忽然天昏地黑,阴风怒起,走石飞沙。齐狗儿当先出马,萧相拈弓搭箭,望齐狗儿射之,正中额角,拨(回马)[马回]走,众贼掩面皆倒。萧相大驱军马一掩,数千贼不战而败。齐狗儿斩为肉泥,生擒活捉不可胜计。杀得横(屁)[尸]遍野,血流成河。奔散逃命者，萧不追赶，回成都。

擒捉贼众，约有千余，问其："临敌何故掩面受死?"贼言："但见交锋之际，阴云中有一铁骑飞来，交战极是雄猛，因此俱各掩面受死。"

少刻，乡老数对，到来府中，告说："某等到处，贼众败走，皆被擒捉。但有一将，面如紫玉，目若朗星，金盔金甲，跨马持枪，背后铁甲马军，约有数千。乡民皆惊倒地上。金甲(上马)[马上](犬)[大]将(马上)曰：'乡老休惊怕！可往城中告知萧相，吾乃弁山神也，特来报恩。'今不敢隐，特来告知相公。"

萧相见数个乡老所说皆同，方知是西楚霸王来川中救应，火急写表，申奏朝廷。一面使人直到弁山庙、吴兴城中二处，宰大牢祭祀。朝廷加赐"弁山灵应"敕额。祭赛人回，告称："弁山庙祝言说：'一月之前，这日正殿上，神像并从人汗如雨，(入)[人]皆惊(俱)[惧]，后方知助战之神也。'"

萧相在(城)[成]都，亦与吴兴[一般]，立建西楚霸王庙，令居民享祭。

后，萧猷回金陵，病卒。

至齐武帝朝，永明四年秋，朝廷除李仁为吴兴太守。郡吏禀复："前任太守到任，必用大牢享祭弁山并公廨神位。"太守李仁大怒，曰："吾平生文武兼齐，未尝信邪，何神敢近吾耶？不祭，看如何?"吏曰："前官夜静，常见神降，极是威猛。"李仁曰："但能武艺，吾岂不如耶？吾披甲仗剑以待之！"是夜，身披重铠，坐列画戟，从者十余人，大张灯烛，坐于堂中。

夜至三更，忽然狂风骤起，见一(个)[人]身长一丈，腰大十围，叱咤而来，从者皆走，李仁欲持戟迎之。霸王大喝曰："无端小辈，敢谤吾耶!"李仁被其人威(赫)[吓]惊倒。众人至晓方散，看视李仁太守，已死，七窍内迸流鲜血。人皆惊愕。李仁家自具棺木殡葬，申闻朝廷。自此后，吴兴百姓谁敢乱言，四时祭赛不绝。

北齐之主，共做二十四年，被梁灭了。武帝登基，改元天监。至天监十年，除孔靖为吴兴太守。靖乃是至圣文宣王三十九代孙，挈家赴任,吏等接着,先言此事。靖曰:"吾乃先圣之后,未尝信邪神,如何宰杀大牢,祀之于国无益之神?此前官愚之甚也!"吏亦告曰:"其神至灵,但有亵渎者,神立降祸。前后损人多矣!齐永平年间,李太守不信,亦然受责而亡。"靖曰:"江南邪地,多有邪神,倚草附木,妄害平民。吾欲断此事。"吏再三告复,终不听信,移家眷于府中,歇定,并不烧香祭祀。父老亦来告说此事。靖怒,皆喝退堂。

夜坐于中堂,约有三更,但见阴风拂面,有人大喝而来,靖视之,乃霸王,提剑在手,直至中堂座前,责骂曰:"汝祖尚云:'鬼神之为德,其盛矣乎!'尔乃乳臭小儿,焉敢对众谤言,以绝吾之祭祀!"靖无可答。霸王手起剑落,一声响亮,火光四起,将中堂掀了半角。家人急往视之,孔靖已死。郡中大惊。自此,弁山祖庙,舍钱物者,舍田土者,不可胜计。府中行祠、祭器皆以金玉为之,将正厅倍增华饰。

孔靖家小,行殡葬,回乡。

之后,绝无人敢来吴兴为太守。但有得除者,便推事故,不来赴任。郡中事务俱废。居民只得迎赛弁山神君,以为正事。

天监十二年,御笔点差进士出身,西川(加)[嘉]陵人氏,姓萧名琛。天子玉音道:"吴兴久缺太守,郡事俱废。卿可以重新整治,勿负朕心!"琛回奏曰:"臣无学不才,滥叨厚禄,今领重爵,敢不尽心!"御赐酒,以饯其行。

琛妻小留京师,止带一仆,携琴剑、书箱,投吴兴来。路上人皆接不着。琛乘小舟,暗行打听,足知居民专一祭赛弁神君,以为大事。

琛留老仆于店中,自背琴剑、书箱,径到州衙前[对]门子,曰:"吾乃本郡太守萧琛也。公吏安在?"门子飞报,郡吏毕集。琛上厅阶,见珠帘窣地,香烟缭绕,指而问曰:"此厅上何故珠帘悬挂?"吏跪于阶下而告曰:"乃弁山神也,系西楚霸王。前朝太守建祠于此,容郡民四时享祭。太守到任,必用大牢祭之,一年自有一祭常例。东首为公厅署事。"琛大笑曰:"自古及今,立州治公厅,号为'黄堂',日与天子理民间之疾苦,安得以奉神耶!"郡吏皆再拜而告曰:"其神至灵,不可轻亵。前朝李仁,本朝孔靖,二位太守,皆不信敬,到郡不二日,而受其祸。居民轻慢者,打死十数人矣。"

琛大怒曰："汝等愚匹之辈！古言：'非其鬼祭之，谄也。'吾今奉天子来守本郡，安令吾侧厅署事？此大乱之道也。吾于打碎泥神躯，看今宵如何降祸？"众吏皆力告。琛大怒，拔所佩之剑，直入正厅，扯下黄罗帐幔，先斫下头，然后把泥神推倒，唤郡吏上厅，曰："若不听吾言者，吾立斩之！将泥神尽皆打碎！供(卓)[桌]、祭器尽皆毁之！洒扫厅堂，吾将夜坐，以待神至。"当日，谁敢不从？就正厅礼上，参贺以毕。郡吏以为今夜必死。

当夜大张灯烛于厅上。交从人皆散，独自焚香，按剑而坐。谯楼禁鼓，以待三更。但见风扑灯光，冷气满厅。只见其神霸王，仗剑咬牙，怒目而来。琛大喝一声："来者是谁？"神曰："吾乃西楚霸王也！"琛曰："汝是临淮项籍，死已数百载，来此何干？"神曰："吾乃在于弁山为神，前官塑吾于此。汝何人？敢毁吾像，占据其位？"琛噀其面曰："汝非霸王，是邪鬼耶！"神曰："汝焉知吾也？"琛曰："项籍吴楚八千子弟，纵横天下，挫灭强秦，聚十万之师，七十二阵，未尝败北。一旦势去，九里山败(迹)[绩]，羞见江东父老，自刎而死于乌江。生时尚无面目渡江东，死后却为江东之何神也？以此论之，知汝非项籍霸王也。"神曰："吾奉玉帝敕命，为弁山神。"琛曰："令汝守弁山，自合守分，润国利民，今却来(古拒)[占据]诸候[公厅]，理论王事(公厅)，其罪一也。前来辄杀太守二员，其罪二也。要求祭祀，损害良民，其罪三也。牛乃国家有用之物，汝有何功，辄取大牢之祭？其罪四也。生不能与汉高祖争天下，死后妄逞神威，大无廉耻，其罪五也。据此五罪，当处极刑。尚自提剑而来，何不(忿)[奋]神力于垓下乎？"神乃顿首伏罪，曰："君至言责项籍，曲尽其理，望以祭之，以图后报！"琛曰："吾一毫之私不敢取于人，安得曲从，以图报效？汝当退去，来日听吾发落！"其神惶恐，化阵清风，飘然不见。

琛坐而待旦。郡吏见琛无事，惊拜阶下。琛呼郡吏上厅，大写文榜张挂。北门立一庙，苦不(要)甚大，(交)[教]百姓烧香。其榜曰：

当职奉天子命，守镇吴兴，见治为神所(拒)[据]，前后二千石棺椁杀者百，询之则曰："西楚霸王，弁山神也。"吾思之，乃临淮项籍也,生为人时,有扛鼎之力,勇敌万夫,遂灭秦而有天下。复独专自大,不能任人;群贤皆去,诸侯皆叛,数十万之师,闻楚歌而散,乌骑不逝,虞姬自刎,单马奔逃,(尤)[犹]叹曰:"天亡我!"由其不明也如此。至乌江岸口,与舟师曰:"吾无面目见江东父老!"遂自刎而死。则为有耻矣。今则却为江东弁山之神,何无耻也如此!自合(净)[静]守弁山,润国利民。不即安分,却来(拒)[据]吾之公厅。此又不知耻也如此。希宰牛为祭,前后妄杀太守于公厅,何不仁也如此。生不能与汉高祖争天下,死(拒)[据]一州之厅;一厅之大,何比天下?生而惜爵,死而望祭;一牛之祀,何比诸侯?而其愚也甚。今毁庙绝祀。然项籍为人刚毅,亦当世之豪杰,世之罕有者也。除已迁庙于本州北门之左,此后,士民除用三牲祭享之外,毋得擅宰大牢。如犯者,当治极刑。亦不许迎神、赛社,扇惑愚民,有妨生理。神当以润国泽民,永保香火。神若无灵,亦当毁。故榜。

自此之后,不复再兴。萧琛后为梁大丞相。至今湖州有霸王门,即当时立庙之地也。

有诗曰:

楚汉兴亡(自)[事]已陈,威灵空作弁山神!
像如虎战三河日,碑叙鹰扬六合晨。
兵败岂知逢韩信,毁祠(尤)[犹]自遇萧琛。
至今徒有虚名在,谁是焚香酹酒人?

李元吴江救朱蛇

入话：

劝人休诵经，念甚消灾咒？
经咒总慈悲，冤业如何救？
种麻还得麻，种豆还得豆。
报应本无私，作了还自受。

这八句言语乃徐神翁所作，言人在世，积善逢善，积恶逢恶。古人有云：

积金以遗子孙，子孙未必能守；积书以遗子孙，子孙未必能读；不如积阴骘于冥冥之中，以为子孙长久之计。

昔日，孙叔(傲)[敖]晓出，见两头蛇一条横截其路。孙叔(傲)[敖]用砖打死而埋之，归家，告其母曰："儿必死矣！"母曰："何以知之？"(傲)[敖]曰："常闻人见两头蛇者必死，儿今日见之。"母曰："何不杀乎？"叔(傲)[敖]曰："儿已杀而埋之，免(之)[使]后人[再]见，以伤后人之命，儿宁一身受死！"母曰："此乃阴骘，儿必不死！"后叔(傲)[敖]官拜丞相。

今日说一个秀才，救一条蛇，亦得后报。

(南)[北]宋(仁)[神]宗朝，熙(巳)[宁]年[间]，汴梁有个官人，姓李名懿，历任官杞县知县，除佥杭州判官。本官世本陈州人氏，有妻韩氏，子李元，学儒。李懿到家收拾行李，不将妻子，只带两个仆人，[到杭州赴任。在任]闲看经史。倏忽一年，猛思子李元在家攻书，不知近日学业如何，写封家书，使王安往陈州，取孩儿李元来杭州，早晚作伴，就买书籍。

王安辞了本官，不一日，到陈州，参见恭人，呈上家书。书院中唤出李元，令读了父亲家书，收拾行李。

李元在前，曾应举不第，近日琴书意懒，止以游山玩水，以自娱乐。闻父命呼召，收拾琴剑、书箱，拜辞母亲，与王安登程。沿路觅

船,不一日,到扬子江。李元看了江山景物,观之不足,乃赋诗曰:

西出昆仑东到海,惊涛(泊)[拍]岸浪掀天。

月明满耳风雷吼,一派江声送客船。

渡江至润州,一只小船来杭州。迤逦到常州,过苏州,至吴江。

是日申牌时分,李元舟中看见吴江风景,不减潇湘图画,心中大喜,令(稍)[艄]公泊舟近长桥之侧。元登岸上桥,来垂虹亭上,凭栏而坐,望太湖晚景。

李元观之不足,忽见桥东一造粉墙,中有殿堂,不知何所,却值渔翁卷网而来,揖而问之:“桥东粉墙,乃是何处?”渔人曰:“三高士祠也。”李元问曰:“三高士何人也?”渔人曰:“乃范蠡、张翰、陆龟蒙,此三高士之堂也。”

元喜,寻路渡一横桥,至三高士祠。入侧门,观石碑。上堂,见三人列坐,中间范蠡,左张翰,右陆龟蒙。李元寻思间,一老人策杖而来。问之,乃看祠堂之人。李元曰:“此祠堂几年矣?”老丈曰:“近千余年矣。”元曰:“吾闻张翰在朝,曾为显官,因思鲈鱼、莼菜之美,弃官归乡,彻老不仕,乃是急流中(涌)[勇]退之人,世之高士也。陆龟蒙绝代诗人,隐(为)[居]吴淞江上,惟以养鸭为乐,亦世之高士。此二人立祠,正当其理。范蠡乃越国之上卿,因献西施(为)[于]吴王夫差,就中(其)[取]事,破吴国。后见越王义薄,(遍)[偏]舟遨游五湖,自号鸱夷子,此人虽贤,乃吴国之仇人,如何于此受人享祭?”老人曰:“前人所建,不知何意。”李元于老丈处借笔砚,题诗一绝于壁间。以明鸱夷[子]不可于此受享。诗曰:

地灵人杰夸张陆,共预清祠是可宜。

千载难消亡国恨,不应此地着鸱夷。

题罢,还老丈笔砚,相辞出门,见数个小孩儿,用竹杖于深草中戏打小蛇,李元近前视之,见小蛇生得奇异,金眼黄口,赭身锦鳞,体如珊瑚之状,腮下有绿毛,可长寸余。其蛇长尺余,如瘦竹之形。元见尚有游气,(荒)[慌]忙止住小童:“休打,我与你铜钱百文,可将小蛇放了,卖与我!”

小童簇定要钱。李元将朱蛇用衫袖包裹,引小童[到]船边,与了铜钱自去,唤王安开书箱,取艾叶煎汤。少等,温贮于盘中,将小蛇洗去污血。命(稍)[艄]公开船。远望岸上草木茂盛之处,急无人到,就那里将朱蛇放于草中。蛇乃回头数次看李元。元曰:"李元今日放了你,可于僻静去处躲避,休再(交)[教]人见!"朱蛇探于水中,穿波底而去。

李元令移舟望杭州而行,三日已到,拜见父亲,言讫家中事了毕。父问其学业,李元一一对答,就言三高士祠话。父喜。李元曰:"母亲在家,早晚无人侍奉,儿欲归家,就赴春选。"父乃收拾俸余之资,买些土物,令元回乡,又令王安送归。行李已搬下船,拜辞父亲,与王安二人离了杭州,出东新桥官塘大路,过长安坝,至嘉禾,近吴江,从旧岁所观山色江湖景迹,意中不舍。到长桥时,日已平西,李元(交)[教]暂住行舟,且观景物,宿一宵,来早去。就桥下湾住船。上岸独步,上桥,登垂虹亭,凭栏伫目,遥望湖光潋滟,山色溟蒙,风定渔歌聚,波摇雁影分。

正观玩间,忽见一青衣小童进前作揖,手执名榜一纸,曰:"东人有名榜在此,欲见解元,未敢擅便。"李元曰:"汝东人何在?"青衣曰:"在此桥左,拱听呼唤。"李元看名榜纸上,一行书云:"学生朱伟谨谒。"元曰:"汝东人莫非误认我乎?"青衣曰:"正欲见解元,安得误耶?"李元曰:"我自来江左,并无相识,亦无姓朱者来往为友,多敢同姓者乎?"青衣曰:"正欲见通判相公李衙内李伯元,岂有误耶?"李元曰:"既然如此,必是斯文,请来相见何碍?"

青衣去不多时,引一秀才至,眉青目秀,齿白唇红,飘飘然有凌云之志,挺挺乎绝尘世之姿,见李元先拜。元(荒)[慌]忙答礼。朱秀才曰:"家尊与令祖相识甚厚,闻先生自杭而回,特命学生伺候已久。倘蒙不弃,少屈文旆,至舍下,与家尊略备叙旧,可乎?"李元曰:"元年幼,不知先祖与君家有旧,失于拜探,幸乞恕察!"朱秀才曰:"蜗居只在(只)[咫]尺,幸勿见却!"

李元见朱秀才坚意叩请,乃随秀才出垂虹亭,至长桥尽处。柳阴之中,泊一画舫,上有数人,容貌魁梧,衣装鲜丽,邀元下船,见船内五彩装画,裀褥铺设,皆极富贵。元早惊异。朱秀才(交)[教]开船者荡浆,舟去如飞,两边搅起浪花,如雪飞舞。

须臾之间,船已到岸。朱秀才请李元上岸。元见一带松柏,亭亭如盖。沙草滩头,摆列紫衫银带约二十余人,两乘紫藤兜轿。李元问曰:“此公吏,何府第之使也?”朱秀才曰:“此家尊之所使也。请上轿,咫尺便是。”

李元惊(感)[惑]之甚,不得已上轿。左右呵喝,入松林。行不一里,见一所宫殿,背靠青山,面朝绿水。水上一桥,桥上列花石栏杆。宫殿上盖琉璃瓦。两廊下皆捣红泥墙壁。朱门三座,上有金字牌,题曰“玉华之宫”。轿至宫门,请下轿。李元不敢(那)[挪]步,战栗不已。宫门内有两人出迎,皆头顶貂蝉冠,身披紫罗襴,腰系黄金带,手执花纹简,进前施礼,请曰:“王上有命,谨请解元!”李元半(饷)[晌]不能对答。朱秀才在侧,曰:“吾父有请,慎勿惊疑!”李元曰:“此何处也?”秀才曰:“先生到殿上便知也。”

李元勉强随二臣宰行,从东廊历阶而进,上月台,见数十个人,皆锦衣,簇拥一老者出殿上。其人蟾冠大袖,朱履长裾,手执玉圭,进前迎迓。李元(荒连)[慌忙]下拜。王者命左右扶起。王曰:“坐邀文旆,甚非所宜。幸沐来临,万乞情恕!”

李元但只唯唯答应而已。左右迎引入殿。王升御座。左手下设一绣墩,请解元(得)[登]席。元再拜于地,曰:“布衣寒生,王上御前,安敢侍坐?”王曰:“解元[于]吾家处有大恩,今令长男邀请至,坐之何碍?”二臣宰请曰:“王上敬先生,勿辞!”李元再三推却,不得已,低首躬身,坐于绣墩。王乃唤:“小儿来拜恩人。”

少顷,屏风后宫女数人,拥一郎君至。头带小冠,身穿绛衣,腰系玉带,足蹑花靴,面如傅粉,唇似抹脂,立于王侧。王曰:“小儿外日游于水(济)[际],不幸遇顽童所获,若非解元一力救之,则身为齑粉矣! 众族感戴,未尝忘报。今既至此,吾儿可拜谢之!”小郎君近前下拜。李元(荒)[慌]忙答礼。王曰:“君是吾儿之大恩人也,可受礼!”命左右扶定,令儿拜讫。

李元仰视王者,满面虬髯,目有神光。左右之人,形容皆异。方悟此处是水府龙宫,所见者,龙君也。旁立年少郎君,即向日三高士祠后所救之小蛇也。元(荒)[慌]稽颡顿[首],拜于阶下。王起身曰:“此非待恩人处,请入宫殿后,少进杯酌之礼。”

李元随王转玉屏。花砖之上,皆铺绣褥。两旁皆绷锦步障。出殿后,转行廊,至一偏殿。但见金碧交辉,内列龙灯、凤烛,玉炉喷沉麝之香,绣幕飘流苏之带。中设二座,皆是鲛(销)[绡]拥护。李元惊怕而不敢坐。王命左右扶李元上座,两旁仙音(嘹)[缭]绕,数十美女,各执乐器,依次而入。前面执宝杯盘进酒献果者,皆绝色美女。但闻异香馥郁,瑞气氤氲。

李元不知手足所措,如醉如痴。王曰:“钦敬回答。”须臾,(今)[令]二子进酒,皆再拜。抬上果(卓)[桌],伫目观之,器皿皆是玻璃、水晶、琥珀、玛瑙为之,曲尽巧妙,非人间所有。王自起身,与李元劝酒,其味甚佳。肴馔极多,不知何物。王令诸宰臣轮次举杯相劝。李元不觉大醉,起身拜王,曰:“臣实不胜酒矣!”俯伏在地,而不能起。王命侍从扶出殿外,送至客馆(交)[安]歇。

李元酒醒,红日已透窗前,惊起视之,房内床榻帐幕,皆是(绞销)[鲛绡]围绕。从人安排洗漱已毕,见夜来朱秀才来房内相邀,并不穿世之儒服,裹毬头帽,穿绛(销)[绡]袍,玉(滞)[带]皂靴,从者各执斧钺。

李元曰:“夜来大醉,甚失礼仪。”朱伟曰:“无可相款,幸乞情恕!父王久等,请恩家到偏殿进膳。”引李元见王。曰:“解元且宽心怀,住数日去,亦不迟。”李元再拜,曰:“荷王上厚意。家尊令李元归乡侍母,就赴春选,日已逼迫。更兼仆人久等,不见必忧,倘回杭报父得知,必生远虑。因此不敢久留,只此告退。”王曰:“既解元要去,不敢久留。虽有纤粟之物,不足以报大恩。但欲者,当一一奉纳。”李元曰:“安敢过望!平生但得称心,足矣。”王笑曰:“解元既欲吾女为妻,敢不奉命!但三载后,须当复回。”王乃传言:“唤出称心女子来。”

须臾,众侍女簇拥一美女至前。元乃偷眼视之,雾鬓云鬟,柳眉星眼,有倾国倾城之貌,沉鱼落雁之容。王指此女曰:“此是吾女称心也。君既求之,愿奉箕帚。”李元拜于地,曰:“臣所欲称心者,但得一举登科，以称此心，岂敢望天女为配偶(耳)[耶]！”王曰：“此女小名称心，既以许君，不可悔矣。若欲登科，只问此女，亦可(辩)[办]也。”王乃唤朱伟：“送此妹与解元同去。”李元再拜谢。

朱伟引李元出宫，同到船边，见女子(以)[已]改素妆，先在船内。朱伟曰：“尘世阻隔，不及亲送，万乞保重！”李元曰：“君父王，何贤圣也？愿乞姓名。”朱伟曰：“吾父乃西海群龙之长，多立功德，奉玉帝敕命，令守此处。幸得水洁波澄，足可荣吾子孙。君此去，切不可泄漏天机，恐遭大祸。吾妹处，亦不可问仔细。”

元拱手听罢，作别上船。朱伟又付金珠一帕相送。但耳畔闻风雨之声，不觉到长桥边。从人送女子并李元登岸，与了金珠，火急开船，两浆如飞，倏忽不见。李元似梦中方觉，回观女子在侧，惊喜。元与女子曰：“汝父令汝与吾为夫妇，你还随我去否？”女子曰：“妾奉王命，令吾事奉箕帚，但不可以告家中人。若泄漏，则妾不能久住矣。”

李元引女子同至船边。仆人王安惊疑，接于船中，曰：“东人一夜不回，小人何处不寻，竟不知所在！”李元曰：“吾见一友人，邀于湖上饮酒，就以此女与我为妇。”王安不敢细问情由，请女子下船，将金珠藏于囊中，收拾行船官河。一路涉河渡坝，看看来到陈州。升堂参见老母，说罢父亲之事，跪而告母曰：“儿在途中，娶得一妇，不曾得父亲之言，不敢参见。”母曰：“男婚女聘，古之礼也。你既娶妇，何不领归？”母命引称心女子拜见老母，合家大喜。

自搬回家，不过数日，(以)[已]近试期，李元见称心女子聪明智(惠)[慧]，无有不通，乃问曰：“前者汝父曾言，若欲登科，必问于汝。来朝吾入试院，你有何见识教我？”女子曰：“今晚吾先取试题，汝在家中先做了文章，来日依本去写。”李元曰：“如此，甚妙。此题目从何而得？”女子曰：“吾闭目作用，慎勿窥(戏)[觑]！”李元未信。

女子归房，坚闭其门，但闻一阵风起，帘幕皆卷。约有更余，女子开户而出，手执试题与元。元大喜，恣意检本，做就文章。来日入院，果是此题，一挥而出。后日亦如此，连二场，皆是女子飞身入院，盗其题目。

李元待至开榜，李元果中高科。初任陈州佥判，闾里作贺，走马上任。一年,(夫)[改]除奏院。李元三年任满,除江南吴江县令,引称心女子并仆从五人,辞父母,来本处之任。

到任(礼)上不数日,称心女子忽一日辞李元曰:“三载之前,为因小[弟蒙君救命之恩,父母教奉箕帚。今已过期,即当辞去。君宜保重。”李元不舍,欲向前拥抱,被一阵狂风,女子已飞于门外,足底生云,冉冉腾空而去。李元仰面大哭。女子曰:“君勿误青春,别寻佳偶。官至尚书,可宜退步。妾若不回,必遭重责。聊有小诗,永为表记。”空中飞下花笺一幅。有诗云:

三载酬恩已称心,妾身归去莫沉吟。
玉华宫内浪埋雪,明月满天何处寻。

李元终日悒怏。后三年官满,回到陈州。除秘书。王丞相招为婿。累官至吏部尚书。直至如今,吴江西门外有龙王庙尚存,乃李元旧日所立。有诗云:

昔时柳毅传书信,今日李元逢称心。
恻隐仁慈行善事,自然天降福星临。]

附录一

清平山堂话本序目

马 廉

柳耆卿诗酒玩江楼记
简帖和尚
西湖三塔记
合同文字记
风月瑞仙亭
蓝桥记
快嘴李翠莲记
洛阳三怪记
风月相思
张子房慕道记
阴骘积善
陈巡检梅岭失妻记
五戒禅师私红莲记
刎颈鸳鸯会
杨温拦路虎传

上《清平山堂话本》残存十五种，不著序目及刊刻年月、姓氏；今藏日本内阁文库。日友长泽规矩也氏去春来游，携其照片相示，并著《京本通俗小说与清平山堂》一文论之（《东洋学报》十七卷二号）。余既译刊其文于北平孔德学校 A. C. 月刊，复由古今小品书籍印行会以照片付京华印书局影印流传。

考清平山堂本明嘉靖时钱塘人洪楩《斋名》。楩字子美；以其祖钟荫，仕至詹事府主簿；藏刻书籍甚富：朱睦㮮《万卷堂书目》著录中有洪子美书目，所刻书版心刊“清平山堂”，今见而可考者，话本而外有《夷坚志》《唐诗纪事》，六臣注《文选》《罗泌路史》（但后二者版心未刻堂名）；大都皆出家藏古籍复刻，多为今收藏家所珍秘云。

此本原书若干，今不可考。盖洪氏当时，搜罗所及，便为梓行，别类定卷，初未之计也。度绎体例，类似丛刻，故多收话本而亦复杂文言小说。日本内阁文库目录尚有万历时《熊龙峰刊话本四种》，并与此书同例。他如明晁瑮（君石）《宝文堂分类书目》所录百余种，清钱曾《也是园书目》所录十二种，悉篇各立名，不与《京本通俗小说》及“三言”“二拍”之合刻诸篇别标总名相同。今辄因其内容话本系统之小说居多，名曰《清平山堂话本》。刊刻年月，以洪刻他书序注系者证之，当在嘉靖二十年至三十年间（1541—1551）。

此十五种残存中，有存传奇之旧而较《太平广记》所引稍略者如《蓝桥记》，有与明初小说《剪灯新话》《余话》相类者如《风月相思》；二者虽与其他有形似之点，而特为文言，绝非话本，为可异耳。《李翠莲》乃民间传说故事之最广远者；演变至今，秦腔剧中有《十万金》，通常名《李翠莲上吊》；而小说《西游记》第十一回《刘全进瓜》，早采之为说部资料矣。此本所记李翠莲为快嘴媳妇，别出《西游记》中故事以外，是则考究风俗学者所更足珍贵者也。

十八年，六月，三十日。

附录二

记嘉靖本《翡翠轩》及《梅杏争春》

——新发现的《清平山堂话本》二种

阿 英

《梅杏争春》这小说,究竟有无完本存在人间,实是一个疑问。就手边所有的书目,和关于小说研究的专册看来,是在中国、日本和法国,都没有这一书名。此书的名字,也仅见于晁瑮的《宝文堂书目》。不意竟得大小四十残页于传经堂废纸簏中,且除《梅杏争春》外,尚有《翡翠轩》一种,撕折归来,真有如获至宝之想。

其所以成为大小不一之残页者,是因为当时人用此书裱衬书面,书品甚大,不免拼凑,很多的是受了裁截之刑。今翻更易新面,为主人弃去,却想不到被我发现,搜索以归。

得到此残页虽可喜,亦甚感到失望。《梅杏争春》仅存五页,而《翡翠轩》一种,又并非什么上品,只是《巫山艳史》之类的文言才情小说而已。这一类小说,也只有明人写作的最多。要说此发现值得欢喜,其欢喜处当在借此可以知道《梅杏争春》的一点内容,和《翡翠轩》究竟是一种什么样的小说,以及它的版式如何而已。

把这些大小残页拼凑起来,能以知道《翡翠轩》故事的时代,是被写作元至正。浙江临安府钱塘县有一个举人诸葛章,奉母命到苏访舅,爱上舅舅的女儿汪婵英。她是一个多才的女娇娃,"年方二八,聪明俊雅,识字能文,有倾国之姿,西施莫比"。两人本已一见倾心,七夕复相遇于园中,时婵英正以金盆乞巧。两人谈话甚是投机,语意多在言外。女念之不已,作书挑生,使婢楚莲携往,生亦题诗于女扇上以答。于是女遂效文君之私奔,两人对月宣誓,秘密成婚。

会诸葛章母病，生不得不返杭，凄恻以别。在此期间，女父忽欲以女妻他姓，家庭间遂生风波。其经过如何，残叶中已无可追迹，所能知的，是后来诸葛章中状元，选福建省大参，重至苏寻女，大概前姻因女坚拒未成。结果是"有情人终成眷属"。

《梅杏争春》一种，只残存五纸，有二纸可连成一页，另一纸已不能连续成文。就其页数观之，都是第三、第四、第五共三页中的残纸。其内容写梅娇与杏俏春日游园，畅谈梅杏，引经据典，各说其好。事为郡王得知，嫌其喧闹，加以责罚。二人大恐。旋由郡王命彼等各作诗赋自赎。入后如何，不得而知。

现在结构，颇有类于邓志谟之数种"争奇"，其内容大体如此，是同一类型的。邓编中有《梅雪争奇》一种，大概和此种颇有类似之点。若然，则第五页以下，当系二人所作之诗词赋曲，最后以猥亵描写结束，有如童婉争奇。不知此假定是否可靠也。兹特抄录其残叶原文于下，以见其风格一斑：

（残页一）

……轻移莲步，款簇罗裙，入到后花园中，打一观望。正是景色春时，百花竞放，百蕊争开。怎见得？但见：

风光胜王母园中，景物类武陵溪上。

寻香粉蝶翩翩舞，酿蜜游蜂队队飞。

二人来到杏花深处，正见繁花开得茂盛艳冶，满树芳菲。只见杏俏叫："梅娇姐姐，你看那杏花恁开得好看。正是万物各得其时，有千般娇媚，万种妖娆，百花见了，都无颜色……"

（残页二）

"……有人吟咏。我曾记得宋子京留下《玉楼春》词，记□□□□时若不赏玩，也虚过时节。你若不信，念与你：

东城渐觉风光好，皱縠波纹迎客棹。

绿杨林□□□□，红杏枝头春雨闹，

浮生长恨欢娱少，谩把千□□□□。

与君对酒莫踌躇，且向花间沉醉倒。"

杏俏念罢，梅娇道："姐姐差了。这杏花不及梅花。"二人一来一去,一声高一声。争了半晌,却不知道郡王府中解□,□□□无甚事,迅步行到后花园中。见百花盛开,抬头一望。□□□这两个细人在那里争闹。当时郡王就四望亭上,□□□□。叫堂后官去唤那两个贱人来。堂后官领了钧旨,□□□□花深处。这两个姊姊兀自争不了。堂后官道:"钧旨……。"

(残页三)

"……春光明媚,景色可人,日长困倦,无处消遣。来此园中,闲玩一遭。不知贵人到此,有失回避。"郡王道:"春意可人,谁不游玩?这件不责你们。只见你两个在那里高声大语,指手划脚,争是争非,快说将来。如说得是,饶你;若说得不是,各人二十竹篦。"这个小姐吓得颤颤兢兢。

闷似长江水,涓涓不断流。
犹似秋夜雨,一点一声愁。

只见梅娇向前道:"复贵人,杏俏姐与侍儿来到园中闲玩。他说,那杏花强似梅花。侍儿道,杏花不如梅花清幽淡□。因此一句论一句争将起来。望贵人乞赐免罪!"郡王道:"原来如此说,我且不打你们。你两个或词或赋,各作一篇,要见梅、杏花好处。作得好者有赏,如不好者加罪。"即时堂后官将文房四宝放于亭下。只见梅娇先作《满庭芳》:

一种阳和,玉英初绽,云天分外精神。冰肌玉骨,别是一家春。楼上笛声三弄,百花都未知音。窗畔临风对舞,曾结岁寒盟。　　笑杏花何太晚,迟疑不发,□待春深。只……

此外一残纸,第一行存"争春百花魁首,数枝"八字。第二行存"驿畔亭前雅称,疏篱"八字。第三行引诗存"疏影横斜"四字。第四行存"这梅花多有吟咏"七字。第五行存"梅花好处,你"五字。第六行引词存"天然标格"四字。第七行引词存"宫额"二字。第八九行引词,各存一字:"有""色"。大约仍是梅娇与杏俏争论梅杏,未被唤到郡王前时的文字。

在版本上是极讲究的,大本,楷书宋字,很宽的单栏,页二十二行,行二十二字,白皮纸印,明嘉靖年间刻。郑振铎先生见到,疑是

《清平山堂话本》的二种，出话本书影对阅，果如其言。马隅卿先生曾刊《清平山堂话本》两部，皆无此二种目，是则残叶之发现，可以证明话本除已影印者外，尚有此二种目。其二，则除马氏所发现之黄纸本外，尚有白纸本一种也。可惜马先生去岁已经故世，否则，得此消息，当不知如何欢喜也。

附录三

影印天一阁旧藏《雨窗》《欹枕集》序

马 廉

民国十八年秋天北平古今小品书籍印行会曾经影印过日本内阁文库藏的明版清平山堂。那是十五种话本小说居多数的丛刻,日本人因书版刻“清平山堂”字样,取以为名,原本可也没有总称,我们就给它定名为《清平山堂话本》。明朝人刻书用“清平山堂”字样的有嘉靖年间钱塘洪楩的《夷坚志》和《唐诗纪事》。我们认定这话本也是洪氏刻的书,并且还不止十五篇,日本保存着十五篇罢了;这几年来不断的注意访求清平山堂的书,想证明那个假设。二十二年秋天,我在故乡(宁波)预备回北平的时候,有一天无意之中买了一包残书,居然整理出洪氏刻的《绘事指蒙》和十二篇话本来了!这十二篇话本与日本本所出十五篇没有相同的,版心刻字情形却是相同,有些刻了,有些不刻。因此初步证明了清平山堂话本至少有二十七篇。

这十二篇话本是嘉靖时黄棉纸印,分订三册。每册好像是五篇,与日本本十五篇分三册可以互证。现在三册,书根有题字:

《雨窗集上》话本五篇。

《欹枕集上》话本二篇,共残存七叶。

《欹枕集下》话本五篇。

从题字的款式上看,我们知道《雨窗集》与《欹枕集》是两回插架的。然则我们第二步可以证明洪氏刻的《清平山堂话本》随刻随出,每五篇一册。

依照《雨窗》《欹枕》两集的分配应该还有五篇《雨窗集下》的佚本和三篇《欹枕集上》的佚本。我们不能知道是否也还与日本本不同;如果不同,便可以设想《清平山堂话本》有三十五篇。又依照《雨窗》《欹枕》十篇一集的事实,我们也可以设想日本本三册的数目也是有残佚的,至少应为四册二十篇。那么《清平山堂话本》也许该有四十篇之数了。假使日本本所缺与《雨窗集》所缺相同或两本所缺与所存相复的话,就该是三十篇。

现在两本篇数已有三十篇(连《欹枕上》缺数算),其中内容很够研究小说史的人参考。我曾经大略的考证了一下,觉得与洪氏同时的开州藏书家晁瑮《宝文堂分类书目》子杂类著录的许多话本也许就是收罗的洪氏刻本;而洪氏刻的话本却大半是后来冯梦龙选集"三言"的蓝本;至于洪刻本身结构的笨拙,语气的质朴,都还显得出宋元旧作的风味和影响。我们据晁氏著录和冯氏的选集去探求洪氏的刻本,继续访问,一定很便利,因此特别附列一表,以见分晓。(表中并出钱曾《也是园书目》和《京本通俗小说》《熊龙峰四种》的目录。)

以上是关于话本问题的话。

当我整理出书根上题字的时候,看字体和形式很像吾乡天一阁的藏本,手头所有阮元《天一阁书目》、薛福成《天一阁见存书目》查遍了都不见著录,直到回了北平将玉简斋丛书本无名氏的《四明天一阁藏书目录》检阅,在"藏"字号橱居然有《雨窗集》二本、《欹枕集》二本的纪载。《四明天一阁藏书目录》末了题记云:

嘉庆壬戌岁六月二十日客寓金阊录。

壬戌是嘉庆七年(1802),比阮元编目早六年,可算天一阁书目存世最早的一本。目中已著录《图书集成》;天一阁后人范懋柱在乾隆三十九年(1774)进书,受赐《图书集成》就是当年五月的事。无名氏书目编订的时代自然不出1774到1802的三十来年之中了。阮元编目书成于嘉庆十三年(1808),已经不载《雨窗》《欹枕》两集的名目。如果无名氏目录的编订就与钞录的年代同时,这两部书散佚出了天一阁应该在1802到1808的五六年中间,不然也就是1774到1808之间,我们算来这书离开了天一阁至少也有一百三十年了。这一百三十年中间的变乱多极了,天一阁的书也遭了不少的浩劫,居然展转丧乱存留至今,书根题字竟依然如故,教我们既得知是天一阁的佚藏,又明白阁藏中这两部书便是清平山堂的话本。因此我很乐于将它影印出来,还照用天一阁原藏的名称。这是这十二篇话本所以独称“雨窗”和“欹枕”的缘故,也是引起我印行兴趣的原因。

洪氏原刻话本的时候没有总名。天一阁插架题字的款式显然是两次的。我很觉得范氏入藏的时候,随意给取上了一个雅号,“雨窗”“欹枕”都与话本小说的作用相关;说不定便是范东明先生亲自定的呢！范先生和洪氏的时代相同,这于我们设想《清平山堂话本》刻行的情形上很有相当力量的。我们希望再能发现些新的材料,现在先将这十二篇继日本本十五篇之后公之于世。

民国二十三年(1934)
六月三十日,北平。

图书在版编目(CIP)数据

清平山堂话本/(明)洪楩编. —长沙:岳麓书社,2019.9(2023.11 重印)
(中国古典小说普及文库)
ISBN 978-7-5538-1108-6

Ⅰ.①清… Ⅱ.①洪… Ⅲ.①话本小说—小说集—中国—明代
Ⅳ.①I242.3

中国版本图书馆 CIP 数据核字(2019)第 066685 号

QINGPINGSHANTANG HUABEN
清平山堂话本
编　　者:[明]洪　楩
责任编辑:曾　倩
责任校对:舒　舍
封面设计:浙江有观文化创意有限公司
特约插画:田刚强

岳麓书社出版发行
地址:湖南省长沙市爱民路 47 号
直销电话:0731-88804152　0731-88885616
邮编:410006

版次:2019 年 9 月第 1 版
印次:2023 年 11 月第 2 次印刷
开本:890mm×1240mm　1/32
印张:6.625
字数:190 千字
印数:5 001—8 000
ISBN 978-7-5538-1108-6
定价:26.00 元

承印:湖南鑫成印刷有限公司

如有印装质量问题,请与本社印务部联系
电话:0731-88884129